Südosteuropa, 58. Jahrgang 2010,

INHALTSVERZEICHNIS

Rafael BIERMANN: Die Länder des westlichen Balkan auf dem Weg in die NATO. Vom Krisenmanagement zur Integration 146-172

Vedran DŽIHIĆ, Angela WIESER: Krise(n) im Sandžak als Testfall für die Demokratie in Serbien: Alte Konflikte, neue Konstellationen 173-197

Tatjana PETZER: Blickregime und Bildgewalt. Eine Inventur des neuen makedonischen Films 198-219

Nenad STEFANOV: Jargon der eigentlichen Geschichte: Vom Nichtverstehen und dem Fremden. Zur Diskussion um Holm Sundhaussens Geschichte Serbiens in der serbischen Öffentlichkeit 220-249

Alexander VEZENKOV: Das Projekt und der Skandal „Batak" 250-272

DOKUMENTATION

Michael SCHMIDT-NEKE: Skanderbegs Gefangene: Zur Debatte um den albanischen Nationalhelden 273-302

BUCHBESPRECHUNGEN

Augusta DIMOU (Hg.), „Transition" and the Politics of History Education in Southeast Europe (*Ann Low-Beer †*) 303-306

Sabrina P. RAMET, Serbia, Croatia and Slovenia at Peace and at War. Selected Writings, 1983-2007 (*Jure Ramšak*) 306-308

Anđelko MILARDOVIĆ, Zapadni balkon. Fragmenti o ideologiji i politici Zapada (*Tomislav Maršić*) 308-310

Emir SULJAGIĆ, Srebrenica – Notizen aus der Hölle

Carla DEL PONTE / Chuck SUDETIC, Im Namen der Anklage. Meine Jagd nach Kriegsverbrechern und die Suche nach Gerechtigkeit (*Heike Karge*) 311-315

CONTENTS

Rafael BIERMANN: The Path of the Western Balkan States to NATO. From Crisis Management to a Policy of Integration 146-172

Vedran DŽIHIĆ, Angela WIESER: Crises in Sandžak as Test Cases for Democracy in Serbia: Old Conflicts, New Arrangements 173-197

Tatjana PETZER: Visual Regimes and the Power of Images. An Inventory of New Macedonian Films 198-219

Nenad STEFANOV: Jargon of Real History: Of the Lack of Understanding and the Foreign. On the Debates over Holm Sundhaussen's History of Serbia in the Serbian Public 220-249

Alexander VEZENKOV: The "Batak" Project and Scandal 250-272

DOCUMENTATION

Michael SCHMIDT-NEKE: Skanderbeg's Prisoners: On the Debate Regarding the Albanian National Hero 273-302

BOOK REVIEWS

Augusta DIMOU (Hg.), "Transition" and the Politics of History Education in Southeast Europe (*Ann Low-Beer †*) 303-306

Sabrina P. RAMET, Serbia, Croatia and Slovenia at Peace and at War. Selected Writings, 1983-2007 (*Jure Ramšak*) 306-308

Anđelko MILARDOVIĆ, Zapadni balkan. Fragmenti o ideologiji i politici Zapada (*Tomislav Maršić*) 308-310

Emir SULJAGIĆ, Srebrenica – Notizen aus der Hölle

Carla DEL PONTE / Chuck SUDETIC, Im Namen der Anklage. Meine Jagd nach Kriegsverbrechern und die Suche nach Gerechtigkeit (*Heike Karge*) 311-315

Editorial

Das Motiv des „Zuviel an Geschichte pro Quadratkilometer" ist angesichts der zahlreichen Konflikte auf dem Balkan seit 1990 immer wieder bemüht worden. Beispiele aus Serbien, Bulgarien und Albanien illustrieren im aktuellen Heft von *Südosteuropa* die Wirkmächtigkeit historischer Mythen in der südosteuropäischen Gegenwart. Nenad Stefanov analysiert die Reaktionen, die Holm Sundhaussens 2008 in serbischer Übersetzung erschienene „Geschichte Serbiens" vor Ort hervorrief, Alexander Vezenkov jene, die in Bulgarien im Frühjahr 2007 die Behauptung auslöste, ein mit deutschen Forschungsmitteln finanziertes Forschungsprojekt leugne ein für die bulgarische Nationalgeschichte zentrales, von den Osmanen begangenes Massaker im Dorf Batak. Michael Schmidt-Neke dokumentiert die albanischen Reaktionen auf eine von Oliver Jens Schmitt verfasste Skanderbeg-Biographie – die abgedruckten Dokumente für den albanischen Fall wirken wie eine Illustration auch für die analytischen Zugänge der beiden anderen Beiträge. In allen drei Fällen gab es aggressive Polemiken, persönliche Beleidigungen und sogar Drohungen. Die Emotionen, die solche – eigentlich längst überfällige – Dekonstruktionen der Nationalgeschichte auszulösen imstande sind, verweisen zuförderst auf die vielfältigen Unsicherheiten, und nicht nur identitärer Art, die die Transitionsprozesse nach sich gezogen haben. Die Erfahrungen von Krieg, Krise und tiefgreifendem gesellschaftlichem Wandel bedingen die besondere Legitimationsfunktion nationaler Meisternarrative.

Tatjana Petzers Analyse des neuen makedonischen Films fügt sich thematisch zu diesem kleinen Schwerpunkt: Sie sieht in den Erzählungen der makedonischen Regisseure vom Krieg, vom Überleben und von der Beschaffenheit ihrer Nation den Spiegel einer weiteren wirkmächtigen Metapher für den Balkan, der allzu häufig als Europas Unterbewusstsein, als Ort von dessen primitivsten und skandalösesten Leidenschaften wahrgenommen werde.

Eingeleitet wird diese Ausgabe von einem Überblick über die Sicherheitspolitik der NATO auf dem westlichen Balkan. Rafael Biermann analysiert ihren Erweiterungsprozess und postuliert eine Entwicklung weg vom Krisenmanagement der 1990er Jahre hin zu einem konsolidierenden Integrationsprozess, der allerdings auf vielfältige Hindernisse treffe, sowohl vor Ort als auch vor dem Hintergrund internationaler politischer Entwicklungen, nicht zuletzt im Kaukasus. Vedran Džihić sieht im gegenwärtigen, im September gewaltsam eskalierten Konflikt im Sandžak einen Demokratietest für Serbien. Dessen Umgang mit seiner bosniakischen Minderheit sei auch ein Indikator für die bestehende Diskrepanz zwischen dem Anspruch der EU-Konditionalität und der Realität vor Ort.

Sabine Rutar
– Redaktion –

RAFAEL BIERMANN

Die Länder des westlichen Balkan auf dem Weg in die NATO.
Vom Krisenmanagement zur Integration

Abstract. This article analyzes the strategy, critera and evolution of NATO's enlargement towards the Western Balkans, a topic largely neglected in the research literature thus far. Based on an in-depth discussion of the specific design of NATO's enlargement process, particularly the criteria for accession and the socialization strategy, the author investigates the process up to the present, including the recent accession of Albania and Croatia. He presents the state of affairs for individual countries, including Serbia and Kosovo, and draws conclusions for the future. The author argues that a paradigm change from crisis management to integration has been taking place since 1999. Secondly, he maintains that the war in Georgia in 2008 has triggered a shift of priorities with regard to the Western Balkans. And thirdly, he expects NATO's enlargement strategy in the Western Balkans to slow down in the medium-term, due to the grave structural impediments faced by almost all the successor states of the former Yugoslavia.

Rafael Biermann hat den Lehrstuhl für Internationale Beziehungen am Institut für Politikwissenschaft der Friedrich-Schiller-Universität Jena inne.

„We warmly welcome Albania and Croatia into our Alliance", heißt es prominent gleich im zweiten Absatz des Kommuniqués, das die Staats- und Regierungschefs der NATO am 4. April 2009 auf ihrem Jubiläumsgipfel in Baden-Baden, Kehl und Straßburg verabschiedeten. Dann jedoch widmet sich das Dokument erst einmal anderen Themen der NATO-Agenda: der kollektiven Verteidigung als Kernauftrag der Allianz, dem Afghanistan-Einsatz als „key priority", dem Verhältnis zur EU, der Rückkehr Frankreichs in die militärische Integration sowie dem neuen Strategischen Konzept. Die Jubiläumsfeierlichkeiten zum 60. Bestehen können nicht darüber hinwegtäuschen, dass hinter jedem dieser Punkte grundlegende und kontroverse Fragen lauern, die auf eine tiefe Identitätskrise der Allianz hindeuten: Wie sollen die Lasten der Einsätze verteilt werden? Wie kooperativ kann und soll das Verhältnis zu Russland nach dem Einmarsch in Georgien gestaltet werden? Inwieweit soll sich die NATO auf ihre Kernfunktion der kollektiven Verteidigung rückbesinnen? Wie sehr soll sie sich mit neuen Risiken wie Energiesicherheit oder Klimawandel befassen, wie weitgehende Kompetenzen im zivilen Wiederaufbau erhalten? Wie sollte hier die Aufgabenabgrenzung zur Europäischen Sicherheits- und Verteidigungspolitik aussehen?[1]

Wenn nachfolgend die NATO-Erweiterung im westlichen Balkan thematisiert wird, so ist zu bedenken, dass dieses Thema keinesfalls mehr so prominent wie in den 1990er Jahren ist, als die „doppelte Erweiterung" (Zbigniew Brzezinski) um neue Mitglieder (geographisch) und neue Missionen (funktional) die *raison d'être* der Allianz nach dem Fortfall der sowjetischen Bedrohung begründete. Seit der ersten Osterweiterung 1999 wird der Beitrittsprozess viel zurückhaltender und nüchterner betrieben. Wie auch in der EU zeichnet sich unter dem Leitmotiv der „Überdehnung" Erweiterungsmüdigkeit ab.[2] Die Differenzen beim Bukarester Gipfel 2008 zwischen George W. Bush einerseits und Angela Merkel und Nicolas Sarkozy andererseits um die Mitgliedschaftsperspektive Georgiens und der Ukraine deuteten in die Zukunft. Die USA, die 2004 noch die zweite („big bang") Erweiterung mit Blick auf eine effektivere Terrorismusbekämpfung vorantrieben, dürften künftig, unter Präsident Obama, vorsichtiger agieren.

Allerdings gibt es markante Unterschiede zur EU: Eine Debatte um geographische Finalität (mit Blick auf die Türkei) findet bisher nicht statt,[3] das Konsensprinzip wird mit Blick auf die Handlungsfähigkeit der NATO bisher nur vereinzelt in Frage gestellt,[4] und explizite Aufrufe zu einer Aussetzung des Beitrittsprozesses wie in der EU, zumindest bis zum Inkrafttreten des Vertrags von Lissabon, gibt es nicht. Ebenso wie in der EU vollzieht sich jedoch ein sukzessiver Schwenk der Erweiterungsprioritäten hin zum westlichen Balkan. Ausgangspunkt dieses Schwenks war der Kosovo-Krieg 1999, als die NATO, wenn auch zögerlicher als die EU, in ihrer Balkanpolitik einen Paradigmenwechsel vom Krisenmanagement zur Integration anzubahnen begann. Der russische Einmarsch in Georgien 2008, der den umstrittenen Prozess der Heranführung Georgiens und der Ukraine an die NATO zum Stillstand brachte, hatte dabei einen verstärkenden Effekt. Ob dies zu einer nachhaltigen Beschleunigung des Beitrittsprozesses für den Balkan führt, bleibt abzuwarten. Mittelfristig ist eher mit einer erheblichen Verlangsamung zu rechnen, wenn es nicht gelingt,

---

[1] Rafael BIERMANN, NATO's Institutional Decline in Post-Cold War Security, in: Jan HALLENBERG / James SPERLING / Charlotte WAGNSSON (Hgg.), European Security Governance. London 2009; siehe auch Daniel HAMILTON u. a., Alliance Reborn: An Atlantic Compact for the 21st Century. Washington/D.C. 2009.

[2] So bereits Karl-Heinz KAMP in der *Frankfurter Rundschau* am 21.03.2006 unter dem Titel „Wer darf aufs Familienfoto? Die globalen Interessen der USA und Erweiterung und Partnerschaften bergen die Gefahr einer Überdehnung in sich".

[3] Vgl. dazu Rafael BIERMANN, Türkei ante portas. Zur Finalität des europäischen Einigungsprozesses, *Historisch-Politische Mitteilungen* 12 (2005), 49-80.

[4] Leo G. MICHEL, NATO Decisionmaking: Au Revoir to the Consensus Rule?, Institute for National Strategic Studies, National Defense University, Strategic Forum 202. August 2003, unter <http://www.au.af.mil/au/awc/awcgate/ndu/sf202.pdf>, 21.05.2009.

die sehr grundlegenden Hinderungsgründe für einen Beitritt in Bosnien und Herzegowina, Makedonien, Serbien und Kosovo zu überwinden.

Diese Kernthese wird nachfolgend entfaltet. Dabei stehen folgende Fragen im Vordergrund: Wie hat sich die Erweiterung in den südosteuropäischen Raum bisher vollzogen? Wo stehen die einzelnen Länder im Annäherungprozess? Welche Perspektiven zeichnen sich ab? Bevor jedoch diese Fragen erörtert werden, muss das Design des Beitrittsprozesses der NATO verdeutlicht werden, ihre Heranführungsstrategie und auch ihre Kriterien für eine Erweiterung.

Konditionalität

Bereits 1949 wurde, nicht zuletzt mit Blick auf einen künftigen Beitritt der Bundesrepublik, dem NATO-Vertrag Artikel 10 beigefügt, der die Grundlage für ihre immer wieder bekräftigte „Open Door Policy" ist. Darin heißt es:

> *„Die Parteien können durch einstimmigen Beschluß jeden anderen europäischen Staat, der in der Lage ist, die Grundsätze dieses Vertrags zu fördern und zur Sicherheit des nordatlantischen Gebiets beizutragen, zum Beitritt einladen. Jeder so eingeladene Staat kann durch Hinterlegung seiner Beitrittsurkunde bei der Regierung der Vereinigten Staaten von Amerika Mitglied dieses Vertrags werden [...]."*[5]

Das Einstimmigkeitserfordernis, inklusive der Ratifikation der Beitrittsprotokolle in allen Hauptstädten, bedeutet eine große Hürde bereits für eine Einladung zum Beitritt; die Möglichkeit einer subjektiven Einschätzung, inwieweit ein Kandidat einen Sicherheitsgewinn darstellt, dokumentiert den großen *politischen* Beurteilungsspielraum, den die Mitglieder für sich reklamieren.

Die Kriterien der Erweiterung wurden erst im Zuge der Osterweiterung, nach zuvor vier Beitrittsrunden, in der „Study on NATO Enlargement" von 1995 niedergelegt und dann, formell wie informell, sukzessive erweitert. Diese Erweiterungsstudie ist allerdings viel vager gehalten als das entsprechende Dokument der EU, das Kommuniqué von Kopenhagen von 1993. Sie betont:

> *„There is no fixed or rigid list of criteria [...]. Enlargement will be decided on a case-by-case basis [...]. Allies will decide by consensus whether to invite each [would-be member] to join according to their judgement of whether doing so will contribute to security and stability in the North Atlantic area."*[6]

Die Erweiterungsstudie spricht lediglich von „Erwartungen" an die Bewerber, nicht von Kriterien.[7] Stark mit den Kopenhagener Kriterien der EU überschnei-

---

[5] Der Nordatlantikvertrag, Webseite der NATO, unter <http://www.nato.int/docu/other/de/treaty-de.htm>, 05.08.2010.

[6] NATO, Study on NATO Enlargement, September 1995, Kap. 1, Abs. 7, unter <http://www.nato.int/docu/basictxt/enl-9501.htm>, 17.05.2008.

[7] Zum Folgenden auch David Greenwood (Hg.), The Western Balkan Candidates for NATO Membership and Partnership. A Report by the Staff of the Centre for European Security Stud-

den sich die politischen Erwartungen: Demokratieerfordernis, Rechtsstaatlichkeit, Ausschluss der Androhung oder Anwendung von Gewalt. Konsensuale Entscheidungsfindung „in good faith" kommt hinzu. In der Praxis sind dies Minimalstandards, die auch den (zumeist längeren) Weg in die EU ebnen und beide ansonsten formal völlig autonom organisierten Beitrittsprozesse miteinander verbinden. Ein neuralgischer Punkt nicht nur für Georgien, sondern auch für Bosnien und Herzegowina, Serbien und Kosovo ist jene Passage in der Studie, welche die Respektierung der OSZE-Normen einfordert:

> *„States which have ethnic disputes or external territorial disputes, including irredentist claims, or internal jurisdictional disputes must settle those disputes by peaceful means in accordance with OSCE principles. Resolution of such disputes would be a factor in determining whether to invite a state to join the Alliance."*[8]

Während für die EU vor allem ökonomische Kriterien hinzukommen, sind es für die NATO militärisch-sicherheitspolitische. Allen voran steht die demokratische Kontrolle der Streitkräfte, vor allem durch das Parlament, was sich auch in der zivilen Führung des Verteidigungssektors dokumentiert. Hinzu kommen eine aktive Teilnahme an der „Partnerschaft für den Frieden" (PfP), finanzielle Beiträge zu den NATO-Budgets, personelle zur Kommandostruktur, die Einhaltung der NATO-Geheimhaltungsregeln sowie der „Minimalstandards" in Bezug auf materielle wie humane Interoperabilität der Streitkräfte. Letztere ist eine *conditio sine qua non* für gemeinsame Operationen.

Wie im Stabilisierungs- und Assoziierungsprozess der EU wurden die Anforderungen in den vergangenen Jahren schrittweise erhöht. Die Verschärfung der Konditionalität erfolgte überwiegend informell, jedoch im Rahmen des 1999 eingeführten „Membership Action Plan" (MAP), um Defiziten, wie sie im Zuge der ersten Osterweiterungsrunde (Polen, Ungarn, Tschechien) sichtbar wurden, künftig vorzubeugen. Diese Pläne werden für jeden Kandidaten individuell ausgearbeitet, umfassen jedoch jeweils die folgenden fünf Bereiche: politische und ökonomische Umstände, militärische Überlegungen, Ressourcenfragen, Sicherheitsstatus sowie Rechtsangelegenheiten. Die NATO spricht zwar manchmal auch von ihrem „Acquis", führt jedoch die Beitrittsverhandlungen im Gegensatz zur EU nicht kapitelweise durch.

Der MAP wird zwar nicht veröffentlicht, jedoch wurde in den letzten Jahren deutlich, dass vier Aspekte die Prioritätenliste der NATO anführen: erstens die aktive Teilnahme an NATO-Operationen wie in Afghanistan und Kosovo, die ein schrittweises Hineinwachsen in den *modus operandi* der NATO ermöglicht und eine konstruktive Mitwirkung auch für die Zukunft signalisiert; zweitens eine überwiegend positive Einstellung der Öffentlichkeit zur NATO, die Voraus-

---

ies. Groningen 2005, 11-17, unter <http://www.ciaonet.org/wps/cess/0018167/f_0018167_15581.pdf>, 20.07.2010.
[8] Study on NATO Enlargement (wie Anm. 6), Kap. 1, Abs. 6.

setzung für die innenpolitische Durchsetzungsfähigkeit von Kriseneinsätzen ist; drittens die tatsächliche Implementierung der *de jure* beschlossenen Reformvorhaben; und viertens die „volle Kooperation" mit dem Kriegsverbrechertribunal in Den Haag – eine Bedingung, die bisher sehr restriktiv ausgelegt wurde und spezifisch für die Nachfolgestaaten des sozialistischen Jugoslawien gilt.

Die Heranführungsstrategie

Seit der Einführung der „Partnerschaft für den Frieden" (PfP) 1994 und der prinzipiellen Entscheidung für eine Osterweiterung hat die NATO einen stufenweisen Prozess der Heranführung erarbeitet, den heute alle Kandidaten durchlaufen müssen. Er ist Spiegel eines markanten institutionellen Lernprozesses. Die Heranführung vollzieht sich demnach in sechs Etappen:

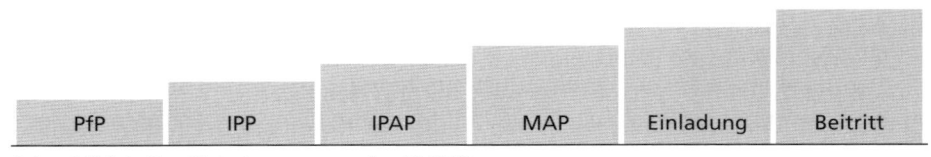

| PfP | IPP | IPAP | MAP | Einladung | Beitritt |

Schaubild 1. Der Beitrittsprozess der NATO.

Dieser Prozess wurde weitgehend standardisiert und verläuft in hochgradig technisch-administrativer Manier, obwohl letztlich die politischen Parameter den Entscheidungsprozess bestimmen. Auch aufgrund der notwendigen Geheimhaltung vieler Dokumente ist das öffentliche wie auch das wissenschaftliche Interesse deutlich geringer als am EU-Erweiterungsprozess, was vor allem für die NATO-Mitgliedsländer gilt. Die Kandidatenländer messen dem NATO-Beitritt ein sehr hohes Gewicht zu, da erstens die Allianz über ihren Artikel 5 die ausgeprägten Sicherheitsbedürfnisse dieser Länder zu befriedigen verspricht, zweitens über die NATO eine institutionalisierte Kooperationsschiene mit den USA aufgebaut werden kann und drittens die NATO-Mitgliedschaft überwiegend als „fast track" in Richtung EU-Mitgliedschaft begriffen wird.

Der erste Schritt der Heranführung besteht darin, dass ein interessierter Staat eingeladen wird, das PfP „Framework Document" zu unterzeichnen, das ihn, wenn auch noch nicht rechtsverbindlich, zur Einhaltung wesentlicher internationaler Normen verpflichtet, wie sie in der UN-Charta, der Allgemeinen Erklärung der Menschenrechte und der Helsinki-Charta festgelegt sind.[9] Mit

---

[9] Zum Folgenden vgl. The Partnership for Peace, Webseite der NATO, unter <http://www.nato.int/issues/pfp/index.html>, 19.05.2009. Siehe auch David Yost, NATO Transformed: The Alliance's New Roles in International Security. Washington/D.C. 1998, 97-100; Jeffrey Simon, Partnership for Peace: Charting a Course for a New Era, Institute for National Strategic Studies, National Defense University, Strategic Forum 206. März 2004, unter <http://www.isn.ethz.ch/

der Unterzeichnung ist auch das Recht zur Teilnahme am Euro-Atlantischen Kooperationsrat verbunden, wo sich die NATO-Mitglieder seit 1997 regelmäßig mit den PfP-Mitgliedern zu politischen Konsultationen treffen. Die „Presentation Documents", welche die einzelnen Kandidaten hierfür vorbereiten, reflektieren erstmals das Prinzip der Selbstdifferenzierung, das für den gesamten weiteren Annäherungsprozess an die NATO maßgeblich ist. Demnach legen die PfP-Partner eigenverantwortlich fest, in welchem Ausmaß sie mit der Allianz zusammenarbeiten wollen und wie rasch die Annäherung erfolgt. Der Fokus liegt auf der Reform des Sicherheitssektors sowie auf der militärischen Ausbildung. Für manche Staaten, wie die Schweiz oder auch Serbien, geht es um eine begrenzte Zusammenarbeit in ausgewählten Bereichen, für andere, wie Makedonien, um möglichst intensive Einblicke in die interne Funktionsweise der Allianz als Vorbereitung auf eine künftige Mitgliedschaft.

Die PfP wurde schrittweise substanziell ausgeweitet. Heute sind die Partner mit eigenen diplomatischen Missionen im NATO-Hauptquartier sowie in den beiden Strategischen Kommandos im belgischen Mons und in Norfolk/Virginia vertreten; umgekehrt sind Verbindungsoffiziere der Allianz in ausgewählten Partnerländern beratend tätig. NATO-Offiziere und Partner arbeiten in der „Partnership Coordination Cell" in Mons gemeinsame militärische Aktivitäten aus. Es gibt eigene Aktionspläne zur Terrorismusbekämpfung (PAP-T) sowie zur Reform des Verteidigungssektors (PAP-DIB). Der „Planning and Review Process" (PARP), der inzwischen dem NATO-internen Planungsprozess nahekommt, ist das zentrale Instrument, um Interoperabilität herzustellen.

Albanien etwa designierte im Rahmen des PARP eine Reihe von Einheiten mit hohem Bereitschaftsgrad und vergleichsweise guter Ausrüstung, die in PfP-Übungen ausgebildet wurden, für NATO-Operationen (u. a. Spezialkräfte). Ziel ist die Herausbildung sogenannter „Nischenfähigkeiten". Die grundlegende Modernisierung seiner Streitkräfte in Personal (Reduzierung von 120.000 auf 14.400 Soldaten bis 2008, Auslaufen der Wehrpflicht bis 2010) und Ausrüstung wurde im Rahmen des PARP eng mit der NATO koordiniert, um die Transformation von Anfang an auf NATO-Standards auszurichten. Dazu gehört auch die Zerstörung von 85.000 Tonnen Munition in 48 Depots bis zum Jahr 2015 mit finanzieller Hilfe der NATO.

Die Aspiranten bleiben PfP-Mitglied, bis sie der NATO beitreten. Die Kooperation wird schrittweise vertieft. Der zweite Schritt beinhaltet die Erstellung von „Individual Partnership Plans" (IPP). Jährlich erarbeitet die NATO mit allen Partnern gemeinsam einen „Euro-Atlantic Partnership Workplan", der mehr als 30 funktionale Kooperationsbereiche und 1.500 multilaterale und bilaterale Aktivitäten umfasst. Die Bandbreite reicht von der Zivilverteidigung

---

isn/Digital-Library/Publications/Detail/?ord516=OrgaGrp&ots591=0c54e3b3-1e9c-be1e-2c24-a6a8c7060233&lng=en&id=10563>, 20.07.2010.

über das Luftverkehrsmanagement bis hin zu den Kriseneinsätzen. In den IPP wählen die interessierten Partner nach eigenem Gusto alle zwei Jahre diejenigen Aktivitäten aus, die sie durchführen wollen. Die IPP werden mit Brüssel abgestimmt und von beiden Seiten unterzeichnet. In individuellen Treffen mit dem NATO-Rat erhalten die Partner regelmäßig Feedback über den Verlauf dieser Kooperationen.

Im Jahr 2002 wurde eine dritte Stufe im Heranführungsprozess eingeführt: die „Individual Partnership Action Plans" (IPAP).[10] Das Ziel sind vertiefte Konsultationen, eine Harmonisierung der militärischen Programme und eine stärker fokussierte finanzielle Unterstützung der Partnerländer. Die Partner reichen jährlich ihre „Presentation Documents" ein, die ihre außen- und sicherheitspolitischen Ziele, ihre konkreten Reformvorhaben mit Benchmarks und Anfragen um eine NATO-Unterstützung enthalten. In enger Konsultation mit dem Internationalen Stab in Brüssel werden darauf aufbauend die individuellen IPAP erarbeitet, vom NATO-Rat und den Partnerregierungen gebilligt und anschließend vom Partner umgesetzt, begleitet durch einen detaillierten Feedback-Mechanismus der NATO.

Als richtungsweisende, vierte Stufe auf dem Weg zum Beitritt wurde 1999 der erwähnte „Membership Action Plan" (MAP) eingeführt, der – anders als die Assoziierungsabkommen der EU – zwar keine Zusage einer künftigen Mitgliedschaft enthält, einer solchen jedoch *realiter* nahekommt.[11] Wer einen „Membership Action Plan" zugesprochen bekommt, beendet die Phase des „Individual Partnership Action Plan", bleibt jedoch „Partnership for Peace"-Mitglied. In jährlich ausgearbeiteten Programmen zur Beitrittsvorbereitung erstellen die Partner konkrete Ziele und Arbeitspläne, die jeweils aktualisiert und im NATO-Rat ebenso wie in Arbeitsgruppen mit NATO-Experten diskutiert werden. Dabei geht es auch um den Aufbau effizienter Verwaltungsstrukturen, die Bekämpfung organisierter Kriminalität und die Förderung gutnachbarschaftlicher Beziehungen. Auf nationaler Ebene sind über die Außen- und Verteidigungsministerien hinaus nunmehr eine Vielzahl weiterer Ministerien involviert. Jährlich erstellen NATO-Mitarbeiter einen Fortschrittsbericht, der den Außen- und Verteidigungsministern auf ihren Frühjahrstreffen vorgelegt wird.

---

[10] Individual Partnership Action Plans, Webseite der NATO, unter <http://www.nato.int/issues/ipap/index.html>, 19.05.2009.

[11] Membership Action Plan (MAP), Webseite der NATO, unter <http://www.nato.int/docu/pr/1999/p99-066e.htm>, 19.05.2009; Jeffrey SIMON, Roadmap to NATO Accession: Preparing for Membership, INSS Special Report, National Defense University. October 2001, unter <http://permanent.access.gpo.gov/websites/nduedu/www.ndu.edu/inss/press/Spelreprts/sr_02/sr_02.pdf>, 19.05.2009; Claire BIGG, NATO: What Is a Membership Action Plan?, *Radio Free Europe / Radio Liberty*, 02.04.2008, unter <http://www.rferl.org/content/Article/1079718.html>, 19.05.2009.

Die erwähnten fünf Kapitel des MAP dienen der Übernahme des NATO-Acquis, noch bevor die eigentlichen Beitrittsverhandlungen begonnen haben. Der politische Acquis hat im MAP eine grundlegende Bedeutung. Die Beitrittsländer der Erweiterungen von 2004 und von 2009 durchliefen als erste den MAP-Prozess. Bulgarien und Rumänien waren fünf Jahre lang im MAP, Kroatien sieben und Albanien zehn. Aufbauend auf dem „Defense Review" von 2002 organisierte Albanien seine Streitkräftereform im Rahmen konkreter Teilreformen, die mit der NATO anhand von „MAP Cycles" eng abgestimmt wurden.

Bis zu diesem Zeitpunkt bleibt das Prinzip der Selbstdifferenzierung handlungsleitend, und die NATO ist nur beratend aktiv. Es ist jedoch verständlich, dass nach diesem langen Lernprozess, der Kern der Sozialisierungsstrategie der NATO ist, die eigentlichen Beitrittsverhandlungen im Vergleich zur EU relativ rasch vonstatten gehen. Von der Einladung (Bukarest, April 2008) bis zum Beitritt (Straßburg und Kehl, April 2009) Albaniens und Kroatiens dauerte es lediglich ein Jahr. Der Einladung, auf Gipfelebene ausgesprochen, folgen die Beitrittsverhandlungen im NATO-Hauptquartier.[12] In einer ersten Sitzung werden politische und militärische Voraussetzungen verhandelt, in einer zweiten technische, finanzielle und rechtliche. Im Falle Albaniens dauerte jede dieser Sitzungen nur einen Tag.

Anschließend erarbeiten die Kandidaten mit den beiden Strategischen Kommandos der NATO einen Aktionsplan mit „Target Force Goals", die vorrangig bis zum Beitritt, teilweise aber auch noch mehrere Jahre danach umgesetzt werden. Die Implementierung dieser Pläne für die Beitrittsrunde von 2004 dauert noch an; Albanien plant diese Implementierung bis zum Jahr 2018. Die Aktivitäten reichen von der Integration in die NATO-Verteidigungsplanung über die Herstellung und Standardisierung sicherer Informationssysteme bis hin zur Zertifizierung assignierter Einheiten gemäß NATO-Standards. Das Ziel ist die möglichst reibungslose Integration in die Strukturen und Arbeitsweisen des Bündnisses.

Danach erklärt der Außenminister des Kandidaten schriftlich gegenüber dem NATO-Generalsekretär die Bereitschaft zur Übernahme der Mitgliedsverpflichtungen. Brüssel erarbeitet nun die Beitrittsprotokolle als Amendment zum NATO-Vertrag, die vom künftigen Mitglied wie von allen NATO-Regierungen unterzeichnet werden. Bis zur Ratifizierung in allen Mitgliedsstaaten sind die Kandidaten „silent members" und nehmen an allen Sitzungen ohne Stimmrecht teil. In dieser „warm up phase" werden zentrale Defizite, etwa in der Sprach-

---

[12] Die folgenden Hinweise entstammen zum Teil Hintergrundinformationen, die der Autor vom albanischen Verteidigungsministerium erhielt; vgl. auch Phil PARK, ACT Prepares Albania and Croatia For NATO Membership, *US Fed News Service*, 06.04.2009, unter <http://www.act.nato.int/news.asp?storyid=361>, 20.07.2010.

ausbildung oder in der Bereitstellung einer ausreichenden Zahl qualifizierter Offiziere für die Hauptquartiere erkannt und ausgeglichen. Es folgen die formale Einladung zum Beitritt, die Hinterlegung der Urkunden in Washington und die Beitrittszeremonie.

Die bisherigen Südosterweiterungen

Seit 1949 fanden sieben NATO-Beitrittsrunden statt.[13] Die neue Qualität der Beitrittsproblematik wird aus der nachfolgenden Tabelle ersichtlich:

?	Bewerber: BIH, MAK, MNE, GEO, UKR
2008	7. Erweiterung: ALB und KRO
2004	6. Erweiterung: BUL, EST, LET, LIT, RUM, SK, SLO
1999	5. Erweiterung: POL, UNG, TSR
1990	4. Erweiterung: vereintes (Ost-)DEU
1982	3. Erweiterung: SPA
1955	2. Erweiterung: BRD
1952	1. Erweiterung: GRIE und TÜR
1949	Zwölf Gründungsmitglieder: B, CAN, DK, F, IS, I, L, NL, N, P, UK und US

Schaubild 2. Bisherige Erweiterungsrunden der NATO.

Abgesehen von der Erweiterung um Griechenland und die Türkei 1952 erfolgten erst 2004, also fünfzehn Jahre nach dem Mauerfall, die ersten südosteuropäischen Beitritte, und zwar zunächst jener Länder, die nicht (Bulgarien und Rumänien) oder nur kurzzeitig (Slowenien) von den Jugoslawienkriegen der 1990er Jahre betroffen waren. Diese Kriege hatten demnach eine erhebliche Verzögerungswirkung für die kriegführenden Länder (wiewohl gleichzeitig eine beschleunigende für die anderen). Noch 1999, als die EU den damals fünf Staaten des westlichen Balkan mit dem Stabilisierungs- und Assoziierungsprozess eine explizite, wenn auch zeitlich in weiter Ferne liegende Beitrittsperspektive eröffnete, lehnte es die NATO in den Verhandlungen zum Stabilitätspakt für Südosteuropa ab, diesen Ländern ihrerseits eine solche zu eröffnen.[14] Während

---

[13] Zur Osterweiterung der NATO siehe v. a. Ronald D. Asmus, Opening NATO's Door. New York 2002; Yost, NATO Transformed (wie Anm. 9), 100-131.

[14] Rafael Biermann, The Stability Pact for South Eastern Europe – Potential, Problems, Perspectives. Discussion Paper C56, Zentrum für Europäische Integrationsforschung. Bonn

die EU zudem Bulgarien und Rumänien zu Beitrittsverhandlungen einlud, wartete die NATO auch hier noch bis 2002 ab.

Dennoch markiert das Jahr 1999 im Rückblick auch für die NATO eine Zäsur. Die erste Hälfte der 1990er Jahre war vom politischen wie militärischen Krisenmanagement der Allianz auf dem Balkan geprägt. Nach anfänglicher Abstinenz im Slowenien- und Kroatienkrieg wurde sie *nolens volens*, je mehr sich die mangelnde Durchsetzungsfähigkeit von EU, UN und OSZE herauskristallisierte, Schritt für Schritt in den Bosnienkrieg hineingezogen. Das Engagement reichte von der Embargoüberwachung in der Adria über die humanitäre Versorgung der Bevölkerung aus der Luft, die Überwachung der Flugverbotszone und die Sicherung der Schutzzonen im Rahmen der „dual-key arrangements" mit den UN bis hin zu den Luftoperationen im Herbst 1995, die (zusammen mit der kroatischen Offensive in der Krajina) den Boden für die Friedenskonferenz von Dayton bereiteten. Der Balkan war in diesen Jahren das erste und einzige Operationsgebiet der NATO, in dem sie „out of area", also außerhalb des eigenen Vertragsgebiets, agierte.[15]

Die zweite Hälfte der 1990er Jahre war ebenfalls ganz auf Kriseneinsätze des Bündnisses im westlichen Balkan fokussiert. Stand zunächst die militärische Friedensimplementierung in Bosnien im Zentrum – die IFOR umfasste zu Beginn 60.000 Soldaten –, so verschob sich der Fokus 1998/99 nach Kosovo, bis hin zu den NATO-Luftoperationen gegen Jugoslawien und der anschließenden Friedensimplementierung durch die KFOR. Auch wenn der KFOR-Einsatz nach der Unabhängigkeitserklärung Kosovos im Februar 2008 andauert, hat sich seit 1999 ein Paradigmenwechsel vom Krisenmanagement hin zur Integration vollzogen.[16]

Dieser besteht aus drei Elementen: Zum einen modifizierte die NATO ihre sequentielle Grundannahme, die bei der Erweiterung in Ostmitteleuropa handlungsleitend war, nämlich dass eine Stabilisierung *vor* der Integration erfolgen müsse – diese wurde in der Folge abgeschwächt.[17] Die Einladung von Albanien, Bulgarien, Mazedonien und Rumänien zum MAP auf dem Washingtoner NATO-Gipfel im April 1999, noch während der Luftoperationen gegen Jugoslawien, signalisierte erstmals eine ernsthafte Bereitschaft, über eine Mitgliedschaftsperspektive auch des westlichen Balkan nachzudenken.

Zweitens reduzierte die NATO seit 1999 sukzessive ihr militärisches Engagement auf dem Balkan. Die Bosnien-Mission SFOR, bereits auf einen Umfang

---

1999, 22-25, unter <http://aei.pitt.edu/288/01/dp_c56_biermann.pdf>, 20.07.2010.
[15] Vgl., auch für weiterführende Literatur, DERS., Deutsche Konfliktbewältigung auf dem Balkan. Erfahrungen und Lehren aus dem Einsatz. Baden-Baden 2002.
[16] Vgl. DERS., Als Sicherheitsnetz unverzichtbar. Warum die NATO auch in Zukunft auf dem Balkan wichtig bleiben wird, *Internationale Politik* 63 (2008), H. 3, 38-43.
[17] GREENWOOD (Hg.), The Western Balkan Candidates (wie Anm. 7) diskutiert dies mit anderer Schlussfolgerung.

von 7.000 Mann reduziert, wurde 2004 an die EU übergeben; zurück blieb lediglich ein kleines Hauptquartier in Sarajewo zur Unterstützung der bosnischen Streitkräftereform sowie zur Verfolgung von Kriegsverbrechern. Die KFOR ist inzwischen auf eine „deterrent presence" von etwa 10.000 Mann (fast ausschließlich europäischer Provenienz) reduziert, war vor allem mit der Auflösung des „Kosovo Protection Corps" und dem Aufbau der neuen „Kosovo Security Force" befasst und ist nun der einzige verbleibende NATO-Einsatz auf dem westlichen Balkan.

Drittens vollzog die NATO seit dem 11. September 2001 einen Schwenk hin zu globalen Friedenseinsätzen, die von Afghanistan über den Irak, Pakistan, Sudan bis ins Mittelmeer und ans Horn von Afrika reichen. Mit der Prioritätenverschiebung hin zur Terrorismusbekämpfung und zur Eindämmung von Proliferation verlor der Balkan für die NATO deutlich an Bedeutung.

Die Reduzierung des Krisenmanagements machte zunehmend den Blick für die Integrationsperspektive frei. Dabei ist eine gewisse Zögerlichkeit nicht zu übersehen. Ähnlich wie in der EU halten die Zweifel an der Mitgliedschaft Bulgariens und Rumäniens an, auch nach deren Beitritt im Jahr 2004. Im Fall Rumäniens hatte dies dazu geführt, dass die Einladung zum Beitritt, 1996 in Madrid erstmals aufgrund französischen Drängens auf die Tagesordnung gesetzt und in letzter Minute am amerikanischen Veto gescheitert, bis 2002 immer wieder verschoben wurde.

Angesichts der mentalen Disposition, den westlichen Balkan als „Zone der Instabilität"[18] wahrzunehmen, brauchte ein solcher Paradigmenwechsel Zeit. Auch war er mit Rückschlägen behaftet, wie der Gewaltausbruch in Makedonien 2001 demonstrierte, der die Stationierung von NATO-Streitkräften zur Überwachung des Ohrid-Abkommens erforderlich machte, insbesondere zur Entwaffnung der makedonischen UÇK (*Ushtria Çlirimtare Kombetare* / Nationale Befreiungsarmee). Doch blieben diese Einsätze kurzfristiger Natur und werden seit 2003 von der EU durchgeführt. Insgesamt zeigt Schaubild 3, wie der Paradigmenwechsel vom Krisenmanagement zur Integration seit 1999 an Fahrt gewonnen hat:

Mit Albanien und Kroatien wurden zwei ausgesprochen NATO-loyale und proamerikanisch orientierte Länder aufgenommen, die vor dem Beitritt bereits mehrmals ihre Bereitschaft zur Übernahme von Verantwortung im Bündnis demonstriert hatten.

Albanien wurde im Kommuniqué von 1999 erstmals im Erweiterungskapitel erwähnt, allerdings nicht als Kandidat.[19] Die Staats- und Regierungschefs

---

[18] Vgl. Max SINGER / Aaron WILDAWSKY, The Real World Order. Zones of Peace / Zones of Turmoil. Chatham/NY 1996, 1-15.

[19] Vgl. zum Folgenden auch Ryan C. HENDRICKSON / Jonathan CAMPBELL / Nicholas MULIKIN, Albania and NATO's „Open-Door" Policy: Alliance, Enlargement and Military Transformation,

2009	Gipfel Kehl/Strasbourg: Beitritt ALB und KRO; MAP für MNE (Dez.)
2008	Gipfel Bukarest: Einladung ALB und KRO, nicht MAK (GRIE Veto)
2006	Gipfel Riga: SRB, MNE und BIH in PfP
2004	Gipfel Istanbul: 2. Osterweiterung mit BUL, RUM und SLO
2002	Gipfel Prag: „Big Bang"-Einladung: u. a. SLO, RUM und BUL; MAP für KRO
2000	Treffen NATO-Außenminister Florenz: KRO in PfP
1999	Jubiläumsgipfel Washington: 1. Osterweiterung: MAP für ALB, BUL, MAK und RUM; SEEI geschaffen
1997	Gipfel Madrid: Einladung von RUM und SLO scheitert
1994/5	Gipfel Brüssel/Treffen NATO-Verteidigungsminister: ALB und MAK in PfP

Schaubild 3. Bisheriger Verlauf der NATO-Erweiterung nach SOE.

dankten dem Land damit für seine konstruktive Rolle im Kosovo-Konflikt, einschließlich der Aufnahme hunderttausender Flüchtlinge – eine erstaunliche Entwicklung für ein Land, das bis 1991 isoliert von der Außenwelt einen Weg des autarken Kommunismus ging und noch 1997 im „Pyramidenskandal" seine interne Fragilität offenbarte. Bereits seit 1996 hatte Albanien an der SFOR teilgenommen, danach an der EU-Operation „Althea" in Bosnien und Herzegowina. Der MAP-Aufnahme 1999 folgten 2002 die Einrichtung eines regionalen NATO-Hauptquartiers in Tirana zur logistischen Unterstützung der KFOR sowie die Teilnahme an der Internationalen Sicherheitsunterstützungstruppe (*International Security Assistance Force*, ISAF) in Kabul und Herat (Afghanistan).[20] 295 albanische Soldaten sind dort derzeit im Rahmen eines türkisch-italienischen Kontingents im Einsatz; hinzu kommt ein gemeinsames albanisch-kroatisch-mazedonisches medizinisches Team. Die Beteiligung am Hauptquartier der US-Operation „Iraqi Freedom" in Bagdad seit 2003 demonstriert noch einmal die Nähe zu den USA. 2008 befanden sich insgesamt 450 albanische Soldaten im Auslandseinsatz. Vielfach erforderten diese Einsätze logistische Unterstützung durch Partnerländer. Sie trugen allerdings erheblich zur Professionalisierung der albanischen Streitkräfte in Bezug auf Sprachausbildung, Training, Planung und

---

The Journal of Slavic Military Studies 19 (2006), H. 2, 243-257; und Fatmir MEDIU, NATO Membership – Our Time has Come!, *NATO's Nations and Partners for Peace* 53 (2008), H. 1, 126-129. Mediu war zwischen September 2005 und März 2008 Verteidigungsminister Albaniens. Eine Explosion aus ungeklärter Ursache in einem Munitionsdepot in Gërdec, die 26 Todesopfer forderte, zwang ihn zum Rücktritt.

[20] Das Folgende beruht auf Unterlagen, die der Autor vom albanischen Verteidigungsministerium erhielt.

Ausrüstung bei. Der NATO-Beitritt wurde von etwa 95 Prozent der albanischen Bevölkerung und von allen Parteien unterstützt; in den Straßen Tiranas kam es am Tag des Beitritts zu ausgelassenen Feierlichkeiten.[21]

Insgesamt zeigte sich die Allianz bereit, dem Leitmotiv Stabilisierung *durch* Integration zu folgen. Zweifel an der demokratischen Kultur Albaniens hatten dazu geführt, dass Albanien nicht schon 2002, wie die meisten anderen MAP-Teilnehmer, eingeladen wurde. Noch 2005 stellte eine Studie fest:

> „*The basic political prerequisite for NATO (and EU) entry is that a candidate should be a law-governed democracy with a market economy. This country is not.*"[22]

Die Polarisierung des Parteiensystems, Defizite in der Unabhängigkeit der Justiz und bei Wahlen (laut Berichten der OSZE-Wahlbeobachter) wie auch die weitverbreitete Korruption und organisierte Kriminalität[23] hatten im Jahr zuvor die EU zur Verschiebung des Verhandlungsbeginns für ein Stabilisierungs- und Assoziierungsabkommen veranlasst. Diese Defizite bleiben bestehen, wie die jährlichen EU-Fortschrittsberichte dokumentieren, obwohl positive Entwicklungen feststellbar sind.

Letztlich wurde der beachtlichen Transformation des Sicherheitssektors das größte Gewicht beigemessen,[24] wie auch dem verantwortlichen Umgang Albaniens mit der Kosovo-Frage, zuletzt bei der Unabhängigkeitserklärung. Die NATO-Mitgliedschaft soll dabei weiterhin zu befürchtende groß- oder kleinalbanische Ambitionen in Kosovo, West-Makedonien und im Preševo-Tal in Serbien eindämmen helfen. Der verlässlichen Verankerung Albaniens in den euro-atlantischen Strukturen und damit der Entschärfung der „albanischen Frage" dürfte für die regionale wie für die gesamteuropäische Sicherheit hohe Bedeutung zukommen. Der militärische Beitrag Albaniens zur Allianz bleibt hingegen gering.[25]

Wie Albanien war auch Kroatien Mitglied der von Washington 2003 etablierten und protegierten „Adriatic Charter".[26] Kroatien galt, vor allem in den USA, von Anfang an als äußerst loyales und aktives PfP-Mitglied, das gerade

---

[21] Nato-Beitritt von Albanien und Kroatien vollzogen, *Die Welt*, 02.04.2009, unter <http://www.welt.de/welt_print/article3487227/Nato-Beitritt-von-Albanien-und-Kroatien-vollzogen.html>, 05.08.2010.

[22] GREENWOOD (Hg.), The Western Balkan Candidates (wie Anm. 7), 95.

[23] Im Transparency International Corruption Perceptions Index 2009 befindet sich Albanien auf Platz 95 (nach Platz 85 im Jahr 2008 und 105 in 2007), unter <http://www.transparency.de/Tabellarisches-Ranking.1526.0.html>, 05.08.2010.

[24] „From a purely military standpoint, therefore, the country should be „ready" to join in a not-too-distant future", urteilte Greenwood bereits 2005. GREENWOOD (Hg.), The Western Balkan Candidates (wie Anm. 7), 95.

[25] Paul GALLIS u. a., Enlargement Issues at NATO's Bucharest Summit, CRS Report for Congress, 12.03.2008, 10, unter <http://www.fas.org/sgp/crs/row/RL34415.pdf>, 21.07.2010.

[26] Außerdem gehörte noch Makedonien dazu. Zum Folgenden vgl. Ryan C. HENDRICKSON / Ryan P. SMITH, Croatia and NATO: Moving Toward Alliance Membership, *Comparative Strat-*

auch als potentielles Gegengewicht oder auch Brücke zu Serbien seit Ende der Tuđman-Ära gezielt aufgebaut wurde. Mit einem Militärbudget, das viermal so groß wie dasjenige Albaniens ist, stellt Kroatien einen größeren Sicherheitsgewinn für die Allianz dar, auch aufgrund seiner geostrategischen Lage an der Adria. Sein Verhältnis zur NATO war während der Tuđman-Jahre ambivalent. Auf der einen Seite hatte amerikanische Militärhilfe 1995 die Rückgewinnung der Krajina und Slawoniens ermöglicht und den Weg nach Dayton geebnet. 1999 stellte Kroatien seinen Luftraum für die NATO-Luftoperationen gegen Serbien zur Verfügung. Enge Konsultationen Kroatiens mit der NATO begleiteten auch die kritische Phase des Endes der Milošević-Herrschaft. Auf der anderen Seite löste die „Befreiung" der Krajina 1995, nicht zuletzt wegen der ethnischen Säuberungen und der Überrumpelung von UNPROFOR, in den europäischen Hauptstädten tiefes Befremden aus. Daher reagierte die NATO freundlich-distanziert, als Kroatien 1996 eine PfP-Mitgliedschaft beantragte und die NATO- und EU-Mitgliedschaft zum Ziel seiner Außenpolitik erklärte. Tatsächlich wurde Kroatien erst nach Tuđmans Ableben im Jahr 2000 in das PfP-Programm aufgenommen.

Der militärische Reformprozess verlief auch nach Tuđman zunächst sehr schleppend, nicht zuletzt deswegen, weil der kroatische Verteidigungssektor in Kriegszeiten aufgebaut und damit überdimensioniert, abgeschottet und auf Territorialverteidigung ausgerichtet war.[27] Die Folge dieser Reformverzögerung war, dass sich das hohe anfängliche Tempo der Annäherung an die Allianz (2000 PARP, 2001 erstes IPP, 2002 MAP) verlangsamte. Der „Strategic Defence Review" erfolgte erst 2005. Kroatien sei weniger auf einen Beitritt vorbereitet, als es glauben mache. Konkret wurde verwiesen auf die mangelnde Transparenz des Verteidigungssektors und die ausbleibende Umsetzung vieler Gesetze, Defizite in der parlamentarischen Kontrolle der Streitkräfte („formal rather than substantial"), die Heroisierung von als Kriegsverbrecher gesuchten Generälen des „Homeland War", wie Ante Gotovina, und das große Ausmaß an Reformvorhaben, die sich erst im Planungsstadium befanden. Die gesellschaftlichen und zum Teil auch administrativen Vorbehalte Kroatiens gegen eine Rückkehr der über 300.000 serbischen Vertriebenen in ihre Heimat kamen hinzu. Dies kontrastierte mit den politischen und wirtschaftlichen Reformen, die 2005 so weit vorangeschritten waren, dass Kroatien im Oktober Beitrittsverhandlungen mit der EU beginnen konnte.

---

egy 25 (2006), H. 4, 297-306; Ivo Sanader, Croatia Stands Ready to Join the Alliance, *NATO's Nations and Partners for Peace* 53 (2008), H. 1, 58-60.

[27] Ein Beobachter kommentierte: „Through the 1990s, the Ministry of Defense, run by Gojko Šušak, the most corrupt of all of Tudjman's ministers, was a hotbed of graft, kickbacks, and outright theft." John R. Schindler, Europe's Unstable Southeast, *Naval War College Review* 61 (Herbst 2008), H. 4, 15-33, 20; siehe auch Slavko Barić, The Croatian Armed Forces and NATO, Conflict Studies Research Centre, Balkans Series. November 2006, unter <http://www.da.mod.uk/colleges/arag/document-listings/balkan/06(20)SB.pdf>, 21.07.2010.

Dennoch stimmten zunehmend die politischen Rahmenbedingungen für den NATO-Beitritt. Die Beziehungen zu Belgrad intensivierten sich, die separatistischen Ambitionen der Kroaten in der bosnisch-herzegowinischen Region Herzeg-Bosna wurden nicht länger von der Regierung und der HDZ gefördert, und Kroatien beteiligte sich aktiv an der regionalen sicherheitspolitischen Kooperation im Rahmen der „Southeast European Defense Ministerials" (SEDM), der „South East European Brigade" (SEEBRIG) wie auch der von der NATO gesponserten „South East European Initiative" (SEEI). Das „Regional Arms Control Verification and Implementation Assistance Centre" (RACVIAC) bei Zagreb, ursprünglich eine Initiative des Stabilitätspaktes, wird derzeit in ein regionales sicherheitspolitisches Ausbildungszentrum umstrukturiert.

Zudem gelang zumindest die Einleitung einer Streitkräftereform, die diesen Namen verdient.[28] Die Aussicht auf die NATO-Mitgliedschaft fungierte hier als entscheidender Transformationsanreiz. Die kroatischen Streitkräfte wurden in Richtung professioneller, mobiler und einsatzfähiger Einheiten reformiert, die interoperabel mit der NATO außerhalb der Region einsetzbar sind. 40 Prozent der derzeit 17.600 Mann umfassenden Streitkräfte sollen für internationale Einsätze zur Verfügung stehen. Seit 2003 beteiligt sich Kroatien mit 530 Soldaten an der Internationalen Sicherheitsunterstützungstruppe (ISAF) in Afghanistan und stellt Überflugrechte, Flughäfen und Häfen für die NATO-Operation in Kosovo zur Verfügung. Eine Beteiligung an Training und Ausrüstung der irakischen Sicherheitskräfte im Rahmen der „NATO Training Mission in Iraq" ist angelaufen, obwohl Kroatien zunächst die US-Operation im Irak dezidiert abgelehnt hatte. Die Wehrpflicht wurde 2008 abgeschafft.

Letztlich konzentrierte man sich auf die bedenklich niedrige Zustimmung zur NATO-Mitgliedschaft in der Bevölkerung (nicht unter den Parteien), die lange bei unter 50 Prozent lag. „This is what makes Croatia different from almost all new NATO members, as well as candidates for full membership", schrieb Mladen Staničić noch 2007.[29] Vorbehalte existierten vor allem gegen eine Einrichtung von NATO-Basen im Land, gegen ein globales Engagement kroatischer Streitkräfte im Rahmen von NATO-Operationen sowie gegen eine Involvierung in den Kampf gegen den internationalen Terrorismus. Erst energische Anstrengungen der kroatischen Regierung unter Ivo Sanader im Verbund mit der „Public Diplomacy Division" der NATO konnten dieses letzte Hindernis für den Beitritt beseitigen.[30]

---

[28] NATO's Relations with Croatia, Webseite der NATO, unter <http://www.nato.int/issues/nato_croatia/index.html>, 20.05.2009.

[29] Mladen STANIČIĆ, Croatia and NATO, *Western Balkans Security Observer* 5 (April–Juni 2007), 11-13, 11.

[30] GALLIS u. a., Enlargement Issues (wie Anm. 25), 13.

Die verbliebenen westlichen Balkanstaaten

Mit der Integration Albaniens und Kroatiens signalisierte die NATO, dass ein Beitritt auch für die anderen Länder dieser krisengeschüttelten Region realistisch ist. Alle weiteren Kandidaturen sind allerdings mit großen Unwägbarkeiten behaftet und werden zum Teil erst in mittel- bis langfristiger Perspektive zu verwirklichen sein.

Makedonien

Makedonien wurde bereits 1999 infolge seiner konstruktiven Rolle im Kosovo-Konflikt (u. a. der Bereitstellung seines Territoriums für die „Extraction Force" der NATO und der Aufnahme von über 200.000 kosovo-albanischen Flüchtlingen) zum MAP eingeladen. Während die Bevölkerung die Unterstützung der NATO-Operationen überwiegend ablehnte, verstand sie die politische Elite als Vorschuss mit Blick auf eine spätere NATO-Mitgliedschaft. Es folgte jedoch eine Serie von Rückschlägen: Zunächst die Gewalteskalation zwischen slawischen und albanischen Makedoniern im Februar 2001, die nur durch Vermittlung des damaligen NATO-Generalsekretärs George Robertson, zusammen mit dem Hohen Repräsentanten der EU für die Gemeinsame Außen- und Sicherheitspolitik, Javier Solana, beendet werden konnte; die Nicht-Einladung Makedoniens zum NATO-Gipfel in Prag 2002; die zögerliche Umsetzung des Ohrid-Abkommens; die anhaltende ethnische Segregation in Makedonien, gerade auch in den Streitkräften, die etwa in den Unruhen in Brodec 2007 erneut offenbar wurde;[31] schließlich das Scheitern aller Bemühungen um eine Beilegung des Namensstreits mit Griechenland, das die Einladung Makedoniens zu den NATO-Gipfeln in Bukarest 2008 und auch in Straßburg und Kehl 2009 blockierte.

Derzeit ist es diese Blockade Griechenlands, die Skopje vom Beitritt fernhält. Der Einsatz im Land bis zum März 2003 gab der Allianz einen guten Einblick in die innenpolitische Lage und die Reformnotwendigkeiten. Der „Strategic Defense Review" war schon 2005 so weit fortgeschritten, dass ein NATO-Berater Makedonien als Musterfall für die Reform des Sicherheitssektors in der Region bezeichnete.[32] Das Land sei „at least as well prepared for NATO membership as its Adriatic Charter partners".[33] 2007 wurde die Streitkräftereform beendet, inklusive einer umfangreichen Personalreduzierung (auf 7.500 Mann) und

---

[31] James PETTIFER, Macedonia – Names, Nomenclaturas and NATO, Advanced Research and Assessment Group, Balkans Series. Februar 2008, 4f., unter <http://www.da.mod.uk/colleges/arag/document-listings/balkan/08(04)JP.pdf/view>, 21.07.2010. Der Anteil ethnischer Albaner in den Streitkräften Makedoniens liegt derzeit bei 10 Prozent, die Zielgröße liegt bei 25 Prozent, was etwa dem albanischen Anteil an der Gesamtbevölkerung entspräche.
[32] GREENWOOD (Hg.), The Western Balkan Candidates (wie Anm. 7), 100.
[33] Ebd., 101.

Modernisierung. Makedonien leistete weiterhin „Host Nation Support" für die KFOR im NATO-Hauptquartier in Skopje und beteiligt sich derzeit mit 240 Soldaten an ISAF.[34] Der makedonische Einsatz im Irak wurde im Dezember 2008 beendet. Alle Bevölkerungsgruppen und Parteien befürworten den NATO-Beitritt. Im Oktober 2008 erkannte Skopje Kosovo an und leistete damit nicht zuletzt einen Beitrag zur Entspannung der interethnischen Beziehungen im eigenen Land, trotz der noch offenen Frage der Grenzziehung.

Im Kommuniqué von Straßburg und Kehl wiederholen die Staats- und Regierungschefs der NATO-Mitglieder ihre Formel von Bukarest, dass Makedonien zum Beitritt eingeladen werde, „as soon as a mutually acceptable solution to the name issue has been reached within the framework of the UN".[35] Diese Verhandlungen dauern bereits seit 15 Jahren an, nachdem 1995 das „small package agreement" zumindest den Flaggenstreit gelöst hatte. Manche Beobachter sehen beide Konfliktparteien in den letzten zwei Jahren „further apart than at any time since the early 1990s".[36] Die fundamentale Kollision zweier nationaler Identitäten hat sich zu einem diplomatischen „frozen conflict" ausgewachsen.

Seit 2008 ist Makedonien damit von den anderen beiden „Adriatic Charter"-Ländern abgekoppelt. Griechenland hatte bereits 1992 eine diplomatische Anerkennung Makedoniens durch die EU verhindert, so dass das Land im März 1993 unter dem provisorischen Namen Former Yugoslav Republic of Macedonia (FYROM) in die UN aufgenommen wurde. Seitdem erkannten über 120 Staaten das Land mit seinem konstitutionellen Namen an, einschließlich der USA 2004. Athen nutzte den NATO-Gipfel in Bukarest 2008 dazu, den Namensstreit zu einer NATO-Angelegenheit zu erheben.[37] Ebenso blockiert Griechenland den Beginn der Beitrittsverhandlungen Makedoniens zur EU.

Dieser Sachverhalt ist ebenso schmerzlich wie problematisch. Aufgrund der noch jungen und in der Nachbarschaft (durch Griechenland, Serbien, Bulgarien) wie im eigenen Land (durch die albanische Minderheit) aus unterschiedlichen Gründen infrage gestellten Staatlichkeit Makedoniens diente die NATO-Mitgliedschaft der slawisch-makedonischen Elite vor allem dazu, die territoriale

---

[34] NATO's Relations with the Former Yugoslav Republic of Macedonia, Webseite der NATO, unter <http://www.nato.int/issues/nato_fyrom/index.html>, 20.07.2009; Troop Numbers and Contributions, Webseite der ISAF, unter <http://www.isaf.nato.int/troop-numbers-and-contributions/index.php>, 05.08.2010.

[35] Strasbourg / Kehl Summit Declaration, Webseite der NATO, 04.04.2009, Abs. 22, unter <http://www.nato.int/cps/en/natolive/news_52837.htm?mode=pressrelease>, 21.07.2010.

[36] International Crisis Group (ICG), Macedonia's Name: Breaking the Deadlock, Europe Briefing 52, 12.01.2009, 1, 5, unter <http://www.crisisgroup.org/~/media/Files/europe/b52_macedonias_name___breaking_the_deadlock.ashx>, 21.07.2010.

[37] Ebd., 6-8; vgl. auch Edward P. JOSEPH, Den nächsten Balkan-Krieg verhindern: Wie kann der griechische Streit um Mazedoniens Namen gelöst werden?, *Internationale Politik* 63 (2008), H. 6, 54-61.

Integrität und Überlebensfähigkeit der Landes zu sichern.[38] Zugleich steigerte die Mitgliedschaft in dieser in makedonischen Augen prestigeträchtigen, an demokratischen Normen orientierten westlichen Organisation das Selbstbild des Landes und symbolisierte seine euro-atlantische Ausrichtung. Schließlich ermöglichte der NATO-Beitritt einem kleinen Land wie Makedonien, über die gleichberechtigte Mitsprache in internationalen Organisationen – in der NATO gilt das Prinzip „one state – one vote" – das internationale politische Gewicht des Landes erheblich zu erhöhen. Das Hinauszögern des Beitritts sowohl zur NATO als auch zur EU berührt das Land daher in existenzieller Weise, zumal ein Ende des griechischen „hostage taking" nicht absehbar ist. Es stellt letztendlich die gesamte Stabilisierungsstrategie von NATO und EU, einschließlich der Einhaltung des Ohrid-Abkommens, in Frage.[39]

Anders als im Fall des slowenischen Vetos in Bezug auf die kroatischen EU-Beitrittsverhandlungen birgt die griechische Blockade, die sich mit makedonischer Intransigenz koppelt, ernste Gefahren für die innere Stabilität Makedoniens.[40] Das griechische Verhalten widerspricht sowohl der Erweiterungsstudie von 1995, die eine Blockade weiterer Beitritte durch einzelne Mitglieder ausschließt („The Alliance expects new members not to ‚close the door' to the accession of one or more later candidate countries"[41]) als auch der Interimsvereinbarung aus demselben Jahr, derzufolge der Namenskonflikt nicht die makedonische Mitgliedschaft in internationalen Organisationen behindern solle. Den USA, die in Bukarest trotz intensiver Vermittlungsbemühungen schließlich dem Athener Standpunkt gefolgt sind, wird eine Schlüsselrolle bei der Konfliktlösung zukommen.

Montenegro

Aufgrund der derzeitigen Sachlage erscheint es möglich, dass Montenegro Makedonien auf dem Weg in die NATO überholt. Im Dezember 2009 wurde Montenegro eingeladen, dem MAP beizutreten. Im Kommuniqué hieß es:

> „Montenegro has made significant progress in reform, and continues to contribute actively to security in the region. On that basis, we are pleased today to invite Montenegro to move towards NATO membership by joining the Membership Action Plan (MAP)."[42]

---

[38] Cvete KONESKA, Macedonian Discourse on NATO, *Western Balkans Security Observer* 5 (April – Juni 2007), 4-10, 5.

[39] ICG, Macedonia's Name (wie Anm. 36).

[40] Michael MARTENS, Auf Alexanders Pferd in die NATO, *Frankfurter Allgemeine Zeitung*, 31.03.2009.

[41] Study on NATO Enlargement (wie Anm. 6), Kap. 5, Abs. 71.

[42] Final Statement, Meeting of the North Atlantic Council, Brüssel, Webseite der NATO, 04.12.2009, Abs. 7, unter <http://www.nato.int/cps/en/natolive/news_59699.htm?mode=pressrelease>, 21.07.2010.

Nach dem Referendum und der Unabhängigkeit 2006 konnte Montenegro seine Annäherung an die Allianz rasch vorantreiben und den Ballast abwerfen, den die Staatsunion mit Serbien für seine NATO-Perspektive bedeutet hatte.[43] Der Abschluss der jahrelangen Zerreißprobe um die nationale Unabhängigkeit verschob den innenpolitischen Diskurs in Montenegro. Im Juni 2006 forderte die Regierung in ihrer Nationalen Verteidigungsstrategie die NATO- wie die EU-Mitgliedschaft „in the shortest possible time" ein.[44] Im November 2006 wurde Montenegro zur PfP-Mitgliedschaft eingeladen. Montenegro kämpft mit vergleichsweise wenig gravierenden „Altlasten" in Form von Territorialkonflikten oder Kriegsverbrecherfragen. Es ist proatlantisch ausgerichtet, hat Kosovo anerkannt, treibt seine Verteidigungsreformen rasch voran und genießt eine wachsende Reputation in NATO-Kreisen und auch in der Region.[45] Der nichtserbischen Bevölkerung Montenegros gilt ein NATO-Beitritt vor allem als Garantie der staatlichen Unabhängigkeit. Im Vordergrund stehen auch hier die Sicherheitsgarantie der NATO – und nicht etwa Missionen im Ausland – sowie die Stärkung des internationalen Gewichtes des kleinen Landes. Argumentiert wird auch damit, dass die notwendigen Reformen im Sicherheitssektor mit der NATO „besser, schneller, rationeller und kostengünstiger" zu bewerkstelligen seien.[46]

Wesentliche Hindernisse sind zum einen Korruption und organisierte Kriminalität bis in höchste Staatsämter (jedoch kaum im Verteidigungsministerium), zum anderen die entlang ethnischer Demarkationen gespaltene öffentliche Meinung zur NATO-Mitgliedschaft.[47] Im Juni 2007 befürworteten nur 32,9 Prozent der Bevölkerung eine solche, 39,7 Prozent lehnten sie ab, 27,4 Prozent waren unentschieden.[48] Da die öffentliche Zustimmung zu einer EU-Mitgliedschaft wesentlich höher liegt, nutzt die Regierung vor allem das „fast track"-Argument für ihre Propagierung der NATO-Mitgliedschaft. Dennoch bleiben die Stimmen gewichtig, die eine Neutralisierung oder gar Demilitarisierung Montenegros sowie ein diesbezügliches Referendum fordern, insbesondere im serbischen Teil des Parteienspektrums.

---

[43] Umfassend zum postsozialistischen Montenegro Florian BIEBER (Hg.), Montenegro in Transition. Baden-Baden 2003.
[44] Jelena RADOMAN, Montenegrin Debate on Accession to NATO, *Western Balkan Security Observer* 5 (April-Juni 2007), 14-21, 14, unter <http://www.ccmr-bg.org/upload/document/montenegrin_debate_jelena_rado.pdf>, 21.07.2010.
[45] Persönliches Gespräch des Verfassers mit einem Berater des montenegrinischen Verteidigungsministeriums aus einem NATO-Land.
[46] Montenegrinisches Verteidigungsministerium, zitiert in RADOMAN, Montenegrin Debate on Accession (wie Anm. 44), 17.
[47] GREENWOOD (Hg.), The Western Balkan Candidates (wie Anm. 7), 91.
[48] RADOMAN, Montenegrin Debate on Accession (wie Anm. 44), 15.

Bosnien und Herzegowina

Für Bosnien und Herzegowina sind die Aussichten deutlich trüber, auch wenn die Verteidigungsreformen durchaus voranschreiten und zumindest Bosniaken und Kroaten ambitioniert den NATO-Beitritt im Auge haben. Die SFOR, die EUFOR wie auch das NATO-Hauptquartier in Sarajewo verfolgen den Reformprozess im Land aufmerksam. 2006 wurde Bosnien, in Anerkennung der bis dahin erfolgten Reformen unter der Ägide der „Defence Reform Commission" zur Teilnahme am PfP-Programm eingeladen;[49] im September 2008 folgte der „Individual Partnership Action Plan" (IPAP). Seither steht Bosniens Heranführungsprozess an die NATO nahezu still. Bosniens Antrag auf einen MAP wurde 2009 in Straßburg und Kehl zurückhaltend kommentiert, nicht zuletzt aufgrund der ethnischen Polarisierung und politischen Lähmung der letzten drei Jahre. Die fragile Staatlichkeit Bosniens ist neben der Kriegsverbrecherfrage das gravierendste Problem der Heranführung. Die sezessionistischen Ambitionen insbesondere in der Republika Srpska und die Schwäche des Zentralstaates trotz massiven externen Drucks stellen die gesamte Staatskonstruktion von Dayton und damit die Partnerfähigkeit für die NATO in Frage.[50] Die Unabhängigkeitserklärung Kosovos hat den sezessionistischen Ambitionen zusätzlich Nahrung verschafft.[51] Das Straßburger Kommuniqué formulierte:

> „We [...] remain deeply concerned that irresponsible political rhetoric and actions continue to hinder substantive progress in reform. We urge Bosnia and Herzegovina's political leaders to take further genuine steps to strengthen state-level institutions."[52]

Der „Steering Board" des „Peace Implementation Council" in Sarajewo hatte im November 2008 von „deep concern about the frequent challenges to the constitutional order of BiH and, in particular, to the sovereignty and territorial integrity of BiH" gesprochen.[53] Ein Beobachter brachte die Lage auf den Punkt: „The problems everyone complains about ultimately derive from a single source: a lack of allegiance to a shared state."[54] Die Herausforderungen seien noch immer die gleichen, die 1992 in den Krieg geführt hätten. Deshalb stehe eine

---

[49] Manche Beobachter registrierten daraufhin bereits einen „seismic shift" in der Republika Srbska, vgl. GREENWOOD (Hg.), The Western Balkan Candidates (wie Anm. 7), 81.

[50] Partice C. MCMAHON / Jon WESTERN, The Death of Dayton: How to Stop Bosnia From Falling Apart, *Foreign Affairs* 5 (September/Oktober 2009), 69-83.

[51] Vedran Džihić, Bosniens Reaktionen auf die Unabhängigkeit Kosovos: Zuspitzung der Staatskrise, *Südosteuropa. Zeitschrift für Politik und Gesellschaft* 56 (2008), H. 3, 424-428.

[52] Strasbourg / Kehl Summit Declaration (wie Anm. 35), Abs. 26.

[53] Zitiert in Douglas DAVIDSON, A Few Bumps in the Road: Obstacles to State-Building in Bosnia and Herzegovina, Vortrag am Woodrow Wilson International Center for Scholars, Washington/D.C., 04.02.2009, unter <http://www.wilsoncenter.org/topics/pubs/MR358Davidson.doc>, 21.07.2010.

[54] Ebd. Ähnlich schon Chris PATTEN, Get Tough to Break Bosnian Deadlock, *European Voice*, 26.03.2006.

Neuauflage der 2006 gescheiterten Verfassungsreform weiter aus. Das Ergebnis der Polizeireform, nach der Streitkräftereform ein kritischer Gradmesser für den Willen der Republika Srpska zur Aufgabe ihres militärischen Potentials, fiel ernüchternd aus.[55] Das Land bleibt ethnisch tief gespalten.[56] Zustimmung und Ablehnung eines NATO-Beitritts verlaufen ebenfalls entlang ethnischer Linien. Hinzu kommt ein zunehmender islamischer Radikalismus.[57] Die immer wieder verschobene Auflösung des Büros des Hohen Repräsentanten (Office of the High Representative, OHR) zeugt von der wachsenden Besorgnis der internationalen Gemeinschaft. Die genannten Probleme rücken die NATO- wie auch die EU-Beitrittsfähigkeit des Landes in weite Ferne.

Serbien und Kosovo

Die NATO-Perspektiven von Serbien und Kosovo bleiben vorerst eng verbunden. Der NATO-Diskurs in Serbien verläuft fundamental anders als in allen anderen Balkanländern.[58] Die NATO-Luftoperationen 1995 (Bosnien) und 1999 (Kosovo, ohne UN-Sicherheitsratsresolution) und ihre propagandistische Aufbereitung durch das Milošević-Regime haben ebenso wie die Anerkennung der Unabhängigkeitserklärung Kosovos durch bisher 24 der 28 NATO-Mitglieder (gegen das Veto sowohl Serbiens wie Russlands) eine tiefe Distanz zur NATO geschaffen. Serbiens territoriale Dezimierung ist unbestreitbar mit der NATO verbunden. Folglich ist es kaum verwunderlich, dass eine seriöse Debatte um einen NATO-Beitritt öffentlich nicht stattfindet. EU- und NATO-Erweiterung

---

[55] Solveig RICHTER, Ende einer Odyssee in Bosnien-Herzegowina, SWP-Aktuell 41. Mai 2008, unter <http://www.swp-berlin.org/common/get_document.php?asset_id=4972>, 21.07.2010.

[56] Vidana SKOCAJIĆ / Anes ALIĆ, Understanding Bosnia, *ISN Security Watch*, 4 Teile, 26.02.-12.03.2009, unter <http://www.isn.ethz.ch/isn/Current-Affairs/Security-Watch/Detail/?lng=en&id=96990>, 21.07.2010; International Crisis Group, Bosnia's Incomplete Transition. Between Dayton and Europe, Europe Report 198, 09.03.2009, unter <http://www.crisisgroup.org/~/media/Files/europe/198_bosnias_incomplete_transition___between_dayton_and_europe.ashx>, 21.07.2010.

[57] SCHINDLER, Europe's Unstable Southeast (wie Anm. 27), 25.

[58] Aufschlussreich sind für das Folgende v. a. vier Aufsätze, die im *Western Balkans Security Observer* 5 (April – Juni 2007) erschienen sind, der vom Center for Civil-Military Relations in Belgrad herausgegeben wird: Zorana ATANASOVIĆ, Public Opinion of Serbia on Joining NATO, 22-30, unter <http://www.ccmr-bg.org/upload/document/public_opinion_of_serbia_on_jo.pdf>, 21.07.2010; Predrag PETROVIĆ, An Attempted Debate. Mapping the Debate About NATO in Serbia's Civil Society, 31-40, unter <http://www.isn.ethz.ch/isn/Digital-Library/Publications/Detail/?ots591=0c54e3b3-1e9c-be1e-2c24-a6a8c7060233&lng=en&ord582=grp1&id=43772>, 21.07.2010; Đorđe POPOVIĆ, NATO Accession and Serbian Domestic Politics, 41-47, unter <http://www.ccmr-bg.org/upload/document/nato_accession_djordje_popovic.pdf>, 21.07.2010; Jelena PETROVIĆ, Foreign Policy Aspects of the Republic of Serbia's Accession to NATO, 55-63, unter <http://www.ceeol.com/aspx/getdocument.aspx?logid=5&id=c43a95ebaea844f7bc800335cb085a56>, 21.07.2010.

werden in Serbien entkoppelt. Das „fast track"-Rational wird negiert, und das Misstrauen gegenüber dem Bündnis dominiert.

Serbiens interne Meinungsbildung verharrt in dieser Frage in einem Stadium diffuser Tabuisierung, mit mancherlei Inkonsistenzen. Einerseits erklärte das Parlament im Dezember 2007, kurz vor der kosovarischen Unabhängigkeitserklärung, einer entsprechenden Resolution von Vojislav Koštunicas Demokratischer Partei Serbiens (*Demokratska stranka Srbije*, DSS) folgend, demonstrativ Serbiens „bewaffnete Neutralität"; andererseits soll diese Neutralität nur so lange gelten, bis ein Referendum eine endgültige Entscheidung bringt. Einerseits wurde Serbien 2006 PfP-Mitglied, verfügt seit Januar 2009 über einen „Individual Partnership Plan" (IPP) mit weitgehend NATO-finanzierten Aktivitäten und unterhält eine diplomatische Vertretung in Brüssel – schließlich, so wird argumentiert, erlaube das PfP-Programm die Selbstdifferenzierung, und auch Russland sei Mitglied. Andererseits wächst die Einsicht, langfristig weder um die NATO noch um die USA einen Bogen machen zu können. In den Konferenzräumen mancher NGOs und in den Parteizentralen des liberalen Parteienspektrums diskutiert man durchaus nuanciert darüber.[59] Einerseits wird das Verhalten der NATO in Kosovo, das sich nach der Unabhängigkeitserklärung des Landes weiterhin am Ahtisaari-Plan orientiert, heftig kritisiert – etwa was den Aufbau der „Kosovo Security Force" durch die NATO angeht. Serbien brach als Reaktion darauf alle hochrangigen militärischen Kontakte zur NATO vorerst ab. Andererseits ist es primär die NATO, die die Serben in Kosovo gegen Übergriffe der albanischen Bevölkerungsmehrheit schützt und damit nicht zuletzt deren Flucht aus den Enklaven verhindert. Schließlich sah Serbien bisher in Russland den besten Garanten für seinen Territorialanspruch auf Kosovo, zeigte sich jedoch andererseits über das russische Verhalten im Georgienkonflikt konsterniert, nicht nur hinsichtlich der Verletzung territorialer Integrität, sondern mehr noch der Unterstützung der Sezession, was in den Augen Serbiens die Unterminierung der eigenen Argumentationslogik im Kosovo-Konflikt bedeutete.

Die NATO, die Serbien 2006 auf dem Gipfel in Riga überraschend die PfP-Tür öffnete, was weithin kritisiert wurde, weiß um dessen geostrategische Schlüsselstellung für die Zukunft des Balkan. Ebenso weiß sie um die demokratische Sozialisierungswirkung, die bereits die NATO-Heranführung entfaltet. Und sie weiß um die regionale Stabilisierungswirkung, sollten eines Tages alle Balkanländer Mitglied der Organisation sein und damit kontinuierlich ihre Sicherheitsinteressen in Brüssel abstimmen müssen. Daher wirbt sie unverhohlen um eine weitere Annäherung Serbiens an die NATO, etwa im Straßburger Kommuniqué:

---

[59] So etwa im Rahmen einer Konferenz des „Belgrade Fund for Political Excellence" am 9. Mai 2009 in Palić, an der der Verfasser teilnahm.

„We stand ready to further develop our partnership, in particular through elaboration of an IPAP and continued support to Serbia's defence reform efforts. All NATO partnership opportunities for political consultation and practical cooperation remain open to Serbia. The will and performance of the Serbian authorities are crucial for the further deepening of our partnership."[60]

Als – gravierende – Einschränkung werden anschließend jene Stichworte genannt, die maßgeblich für die serbische Distanz zur NATO sorgen: Kosovo und die „volle Kooperation" mit dem Internationalen Gerichtshof in Den Haag (ICTY), vor allem in Bezug auf die noch immer nicht gefassten mutmaßlichen Kriegsverbrecher Ratko Mladić und Goran Hadžić.

Letztlich geht es um die Frage der sicherheitspolitischen Identität Serbiens, die das Land, wie viele andere politische Fragen auch, spaltet. Die Argumente der NATO-Gegner erscheinen auf den ersten Blick plausibel: Aufgrund der bisherigen Erfahrungen wird die Allianz vor allem als militärisches Bündnis gesehen, seine politische Qualität dagegen vernachlässigt; und wie in Kroatien wird die Teilnahme an globalen Missionen abgelehnt, zumal wenn diese über kein UN-Sicherheitsratsmandat verfügen, da das Bewusstsein für eine Verantwortung Serbiens jenseits der eigenen Region weitgehend fehlt. Insbesondere befürchtet man, wohl zu Recht, eine Distanzierung von Russland, sollte Serbien ins „Lager" der NATO wechseln – Rückwirkungen auf die russische Kosovopolitik wären wahrscheinlich.

Dennoch wird sich die serbische Politik langfristig drei diffizilen Fragekomplexen stellen müssen. Der erste kreist um die NATO-Perspektive an sich. Sind Neutralität und Demilitarisierung oder aber Anlehnung an Russland veritable Alternativen zur NATO-Mitgliedschaft? Oder sollte eine NATO-Annäherung als Vehikel genutzt werden, um die Beziehungen zu Washington zu erneuern?[61] Welche Auswirkungen hätte es für Serbien, wenn alle seine Nachbarn NATO-Mitglieder wären? Serbische Ambitionen für eine weitere NATO-Annäherung könnten künftig blockiert werden, wenn Länder wie Albanien oder Kroatien, ähnlich wie Griechenland, ihre NATO-Mitgliedschaft als Hebel nutzten, um nationale Sonderinteressen zu verfolgen. Beraubt sich Serbien nicht langfristig wichtiger Einflussmöglichkeiten, wenn es keine Stimme in einem zentralen Gremium internationaler Sicherheit wie dem NATO-Rat anstrebt? Ließe es in diesem Fall nicht andere über sein Schicksal entscheiden?[62]

Der zweite Fragenkomplex betrifft die derzeit betriebene Abkoppelung der (angestrebten) EU- von der (abgelehnten) NATO-Mitgliedschaft. Tragen die EU-Staaten nicht ebenfalls in Bosnien und in Kosovo seit Jahren an führender

---

[60] Strasbourg / Kehl Summit Declaration (wie Anm. 35), Abs. 27.
[61] Serbian President Wants to Turn Page in Ties with US, *Agence France Presse*, 10.03.2009.
[62] Enclosed by NATO, Serbia Ponders Next Move, *Agence France Presse*, 06.04.2009, unter <http://www.eubusiness.com/news-eu/1238985121.47>, 21.07.2010.

Stelle Verantwortung? Haben sie die wesentlichen Entscheidungen der NATO etwa nicht mitgetragen, ja zum Teil initiiert? Schließlich sind die USA und Kanada die einzigen nichteuropäischen Staaten in der NATO. Mehr noch, kann eine solche Abkoppelung grundsätzlich überhaupt Sinn ergeben, wenn sich die politischen Bedingungen für beide Mitgliedschaften in wichtigen Bereichen überschneiden? Beispielsweise ist „volle Kooperation" mit dem Jugoslawien-Tribunal eine Grundbedingung sowohl für den NATO- als auch für den EU-Beitritt. Die unzureichende Kooperation mit dem ICTY hatte schon die ersten Schritte der Annäherung Serbiens an die NATO in Form der PfP-Mitgliedschaft zwei Jahre lang verzögert[63] und verhindert derzeit die Implementierung des Stabilisierungs- und Assoziierungsabkommens mit der EU (aufgrund des niederländischen Vetos). Ebenso ist die Klärung ethnischer und territorialer Konflikte (laut der NATO-Erweiterungsstudie 1995) eine fundamentale Bedingung für eine Einladung zum NATO- wie auch zum EU-Beitritt. Die EU ist diesem „conversation stopper"[64] aus guten Gründen in den bisherigen Verhandlungen mit Serbien ausgewichen. Doch ist eine einmütige Ratifizierung des EU-Beitritts Serbiens durch alle Mitgliedsstaaten kaum denkbar, solange Belgrad Kosovo nicht anerkennt, alle internationalen Treffen mit Beteiligung Kosovos boykottiert und die EU-Mission in Kosovo (EULEX) behindert.[65]

Andererseits könnte der EU-Beitritt Serbien langfristig auch eine sicherheitspolitische Identität bieten, welche die NATO-Mitgliedschaft weniger dringlich machte – ein Aspekt, der bislang in Belgrad noch kaum diskutiert wurde. Im Rahmen der Europäischen Sicherheits- und Verteidigungspolitik (ESVP) entwickelt die EU zunehmend eine eigene militärische Dimension – derzeit laufen weltweit 23 Missionen. Anders als in der NATO fehlt hier zwar (noch) jede Sicherheitsgarantie, doch würde Belgrad damit zumindest regelmäßig an einem Tisch mit seinen Nachbarn und europäischen Partnern Sicherheitsfragen koordinieren. Über die „Berlin plus"-Vereinbarungen von 2003 würde Serbien darüber hinaus sogar indirekt Einfluss auf die Geschicke der NATO gewinnen.

Dies klänge sicherlich verlockend, gäbe es nicht gleichzeitig die NATO-Perspektive Kosovos. Die Kosovo-Albaner haben äußerst positive Erfahrungen mit der NATO gemacht und werden bald ihrerseits den Heranführungsprozess an die Allianz beginnen wollen.[66] Dieser Weg ist weit angesichts des Mangels an ethnischer Toleranz und Demokratie, der Breitenwirkung von Korruption

---

[63] GREENWOOD (Hg.), The Western Balkan Candidates (wie Anm. 7), 85-93.

[64] Srdjan CVIJIĆ, The New Serbia: Fast Forward Towards the EU?, European Policy Centre, Policy Brief. Januar 2009, 4, unter <http://www.epc.eu/documents/uploads/14631245_The%20 new%20Serbia.pdf>, 21.07.2010.

[65] Ebd., 1, 3.

[66] Im Juli 2010 wurde in Prizren gar ein NATO-Ehrenmal errichtet, vgl. Inauguration of the NATO Monument in Prizren, *KFOR Press Release*, 15.07.2010, unter <http://www.nato.int/ kfor/docu/inside/2010/07/i100715d.htm>, 05.08.2010.

und organisierter Kriminalität, der ungeklärten Territorialfragen wie auch der fehlenden Anerkennung durch einige NATO-Staaten. Doch der Prozess könnte allmählich verlaufen und bescheiden mit der Teilnahme am PfP-Programm beginnen. Dies würde allerdings zu einer weiteren Verhärtung von Belgrads Haltung gegenüber der NATO führen und damit die Isolation Serbiens verstärken. Das Zeitfenster für Belgrad wird sich sukzessive schließen. Eine Enttabuisierung der NATO-Perspektive scheint deshalb dringend angeraten: Serbien stünde eine spannende Sicherheitsdebatte bevor.

Ausblick

Das sicherheitspolitische Umfeld bedingt seit Beginn der 1990er Jahre stark den Erweiterungsprozess von NATO und EU, sowohl in Bezug auf dessen Tempo als auch auf die Modalitäten und die Kandidatenauswahl. Die Interdependenz von NATO-Erweiterung und strategischem Umfeld wurde am Kompensationsverhalten der NATO gegenüber Russland sichtbar – der Einrichtung des NATO-Russland-Rates vor den ersten Einladungen 1997 und dessen Aufwertung vor der zweiten Runde 2002 –, an der Zurückstellung der Beitritte der drei baltischen Staaten bis 2004 sowie an der Beschleunigung des Erweiterungsprozesses nach dem 11. September 2001 infolge des veränderten US-amerikanischen Kalküls. Der Georgien-Konflikt vom August 2008 hatte eine ähnliche Wirkung und prägte damit mittelbar auch das weitere Vorgehen in Bezug auf die westlichen Balkanstaaten.

Seit der aufgrund des starken Drängens der Bush-Administration auf dem Bukarester Gipfel 2008 erfolgten prinzipiellen Zusage der Mitgliedschaftsperspektive für Georgien und die Ukraine vollzieht sich der Erweiterungsprozess in zwei miteinander korrespondierenden geographischen Dimensionen: Der südöstlichen Dimension des Westbalkans steht die östliche Dimension Georgien/Ukraine gegenüber. Erstere ist geographisch begrenzt, letztere indes offen, da sie eine spätere Mitgliedschaft aller Länder der ehemaligen Sowjetunion, einschließlich Russlands, analog zur OSZE und zum Europarat, denkbar macht.

Der Georgienkrieg hat die östliche Erweiterungsdimension eingefroren.[67] Mit der Intervention hat Russland de facto der Osterweiterung einen Riegel vorgeschoben, auch wenn die NATO weiterhin betont, kein Staat außerhalb der Allianz habe „ein Veto oder *droit de regard*".[68] Auf dem Bukarester Gipfel hatten vor allem Deutschland und Frankreich einen MAP für Georgien u. a. mit dem Argument abgelehnt, die NATO solle keine Staaten mit eingefrorenen territorialen

---

[67] Vgl. Egbert JAHN, Neue Fronten nach dem Krieg: Russland, der Westen und der Südkaukasus, *Osteuropa* 58 (2008), H. 11, 5-18.

[68] So schon die Erweiterungsstudie 1995. Study on NATO Enlargement (wie Anm. 6), Kap. 1, Abs. 8.

Konflikten aufnehmen, um nicht in diese hineingezogen zu werden, zumal wenn dadurch eine direkte Konfrontation mit Russland drohe.[69] Nach dem russischen Einmarsch und der unilateralen Anerkennung Abchasiens und Südossetiens hat dieses Argument – ein gewisser Zynismus lässt sich hier nicht leugnen – stark an Überzeugungskraft gewonnen. In NATO-Kreisen herrscht Einigkeit, dass eine georgische Mitgliedschaft in der Allianz nicht möglich ist, solange keine politische Lösung für die abgespaltenen Territorien gefunden ist. Hinzu kommt, dass das Verständnis für die russische Argumentation beträchtlich ist. Eine Überforderung Russlands durch Kosovo-Anerkennung, Missile Defense und Osterweiterung will man vermeiden, eine Haltung, die durch die Zuschreibung einer beträchtlichen Eigenverantwortung Georgiens am Augustkrieg und den damit einhergehenden Vertrauensverlust in die georgische Führung noch verstärkt wird. Diese Wahrnehmung stärkt in der Summe die Legitimität der russischen Forderungen und führt zu einer ausgeprägten Bereitschaft, diesen künftig stärker entgegenzukommen. Allerdings gilt dies mehr für Westeuropa als für die USA und für Ostmitteleuropa.[70] Die Perspektive eines georgischen MAP, die in Bukarest nahe schien, erscheint so auf lange Zeit verbaut – in der Tat fiel das Top-Thema von Bukarest in Straßburg und Kehl stillschweigend unter den Tisch.[71] Mehr noch, die gesamte Osterweiterung der NATO ist durch diese Dynamik in Frage gestellt.[72]

Die Entwicklungen in der Ukraine verstärken diesen Trend. Zunächst waren es vor allem die Europäer, die auf dem Bukarester Gipfel 2008 Bushs allzu offensive Annäherung an die Ukraine ausbremsten. Die Argumente, die in Bukarest gegen eine Mitgliedschaft der Ukraine anklangen – der Mangel an demokratischer Kultur, die permanente politische Gespaltenheit der ukrainischen Elite, die starke Ablehnung einer NATO-Mitgliedschaft in den südlichen und östlichen Landesteilen – rückten eine NATO-Integration in die Ferne. Nach dem

---

[69] Paul GALLIS, The NATO Summit at Bucharest, CRS Report for Congress. 05.05.2005, 3-5, unter <http://www.fas.org/sgp/crs/row/RS22847.pdf>, 21.07.2010; Victor MAUER, Cracks in the Foundations: NATO After the Bucharest Summit, CSS Analyses in Security Policy, Bd. 3, Nr. 33. Zürich Mai 2008, unter <http://www.isn.ethz.ch/isn/Digital-Library/Publications/Detail/?ots591=0c54e3b3-1e9c-be1e-2c24-a6a8c7060233&lng=en&id=55470>, 21.07.2010; Karl-Heinz KAMP, The NATO Summit in Bucharest. The Alliance at a Crossroads, Research Paper 33, NATO Defense College. November 2007, unter <http://www.isn.ethz.ch/isn/Current-Affairs/Security-Watch/Detail/?q51=nato&ots591=0c54e3b3-1e9c-be1e-2c24-a6a8c7060233&lng=en&id=45808>, 21.07.2010.

[70] Ronald Asmus wirft den Europäern „timidity" vor. Ronald D. ASMUS, A New NATO Bargain, *The Wall Street Journal Europe*, 06.03.2009.

[71] Benjamin BIDDER, Gescheiterte NATO-Erweiterung. Der Preis für Moskaus Hilfe, *Spiegel Online*, 03.04.2009, unter <http://www.spiegel.de/politik/ausland/0,1518,617272,00.html>, 21.07.2010.

[72] Brian WHITMORE, NATO at 60: Has Expansion Reached Its End?, *Radio Free Europe / Radio Liberty*, 31.03.2009, unter <http://www.rferl.org/content/Has_NATO_Expansion_Reached_Its_End/1565285.html>, 21.07.2010.

Georgienkrieg traten die Nachbarschaft zu Georgien und die neue Empfindsamkeit gegenüber Russland hinzu und bremsten die Beitrittsperspektive. Seit der Wahl des russlandfreundlichen Viktor Janukowitsch zum neuen Präsidenten der Ukraine im Februar und der Ablehnung einer weiteren NATO-Annäherung durch das Parlament im Juli 2010 ist nun der ukrainische Beitrittsprozess zum Stillstand gekommen. Die Krim-Problematik, einschließlich der Verlängerung des Stationierungsabkommens für die russische Schwarzmeerflotte um weitere 25 Jahre, verschärft diese Problematik. Hinfort stehen sich zwei erweiterungsskeptische Partner gegenüber, die pragmatisch unterhalb der Beitrittsschwelle zusammenarbeiten und, dies gilt zumindest für die USA, die Option eines wann auch immer wieder für möglich erklärten Beitritts offenhalten.[73]

Der Stillstand der NATO-Erweiterung nach Osten bewirkt nun die diesbezügliche sukzessive Aufwertung des westlichen Balkan. Die, wenn auch noch immer fragile, Stabilisierung und Demokratisierung der Region erlaubt künftig eine Gewichtsverschiebung der Erweiterung von Ost- nach Südosteuropa. Tendenziell dürften die westlichen Balkanstaaten also vom Stillstand im Osten profitieren. Die Aufnahme von Albanien und Kroatien deutet bereits in diese Richtung. Russland ist hier weit entfernt und betrachtet die Region nicht als „nahes Ausland", was Handlungsspielraum eröffnet. Die sezessionistischen Konflikte auf dem westlichen Balkan erscheinen zudem für viele Beobachter nach der kosovarischen Unabhängigkeitserklärung – anders als im Kaukasus – in der Substanz als gelöst.

Tatsächlich steht dem westlichen Balkan die diesbezügliche Nagelprobe noch bevor. Montenegros Heranführung dürfte sich am unproblematischsten gestalten. Was aber, wenn der griechisch-makedonische Namensstreit keine Lösung findet, wenn Bosniens Staatskrise andauert und wenn Serbien weiterhin ambivalent bleibt? Und dieses Szenario ist nicht einmal unwahrscheinlich.

---

[73] GALLIS u. a., Enlargement Issues (wie Anm. 25), 22-25; Steven WOEHREL, Ukraine: Current Issues and U.S. Policy, CRS Report for Congress, 05.03.2009, 7, unter <http://www.fas.org/sgp/crs/row/RL33460.pdf>, 21.07.2010; Jeffrey SIMON, Ukraine Against Herself: To Be Euro-Atlantic, Eurasian, or Neutral?, National Defense University, Institute for National Strategic Studies, Strategic Forum 238. Februar 2009, unter <http://www.isn.ethz.ch/isn/Digital-Library/Publications/Detail/?ord516=OrgaGrp&ots591=0c54e3b3-1e9c-be1e-2c24-a6a8c7060233&lng=en&id=98858>, 21.07.2010.

VEDRAN DŽIHIĆ/ANGELA WIESER

Krise(n) im Sandžak als Testfall für die Demokratie in Serbien: Alte Konflikte, neue Konstellationen

Abstract. Sandžak, the region in southwest Serbia with a large Bosniak population, has been largely neglected in academic debates about the Western Balkans. This article contends that the general status and quality of democracy in Serbia, a state with a recent history of involvement in ethnic conflicts, can be examined through the lens of the relationship between the ethnic majority, the Serbs, and ethnic minorities, such as the Bosniaks. The authors argue that the case of Sandžak shows that a substantial difference exists between the formal provisions for minority protection and inclusion at the state level, adopted in the course of Europeanization, and the de facto situation of the minorities living in Sandžak. The latter is characterized by considerable political and economic isolation, frustration with the status of Sandžak within Serbia, and even by a hostile relationship towards Belgrade. This article explores the situation of the Bosniak minority since the Milošević era, the relationship between Belgrade and Sandžak, and the profound internal divisions within the Bosniak community. It focuses on the rapidly deteriorating relationship between Sandžak and Belgrade in 2010 in the course of the electoral process for the "National Council of Bosniaks", and on the emergence of a new powerful movement among the Bosniak population led by Mufti Muamer Zukorlić.

Vedran Džihić ist Senior Researcher und Lektor am Institut für Politikwissenschaften und am MA-Postgradualen Lehrgang der Universität Wien „Balkan Studies". Zur Zeit ist er Austrian Marshall Plan Fellow in Washington/D.C. am Center for Transatlantic Relations, Paul H. Nitze School of Advanced International Studies, Johns Hopkins University.
Angela Wieser ist wissenschaftliche Mitarbeiterin im Projekt „Transformations- und Demokratisierungsprozesse am Balkan" am Institut für Politikwissenschaften der Universität Wien.

Serbien konnte in den letzten Jahren Fortschritte auf dem Weg in die EU erzielen. Trotz der weiterhin offenen Frage nach dem Verbleib und der Auslieferung des mutmaßlichen Kriegsverbrechers Ratko Mladić sowie kontinuierlicher Irritationen wegen des Status Kosovos konnte Serbien das Stabilisierungs- und Assoziierungsabkommen mit der EU ratifizieren. Ende 2009 wurde die Visumspflicht für die serbischen Bürger und Bürgerinnen aufgehoben, nahezu gleichzeitig stellte Serbien den offiziellen Antrag auf Mitgliedschaft in der EU. Es stellt sich die Frage, wie stark die erreichten (formalen) Fortschritte und Reformen im Europäisierungsprozess bereits einen realen Niederschlag gefunden haben, und ob gesetzliche Bestimmungen effektiv implementiert werden konnten.[1]

Im folgenden Artikel wird die These vertreten, dass die Stabilität sowie die Qualität der Demokratie in Serbien, einem Staat, der in der Vergangenheit in kriegerische ethnische Konflikte involviert war und der ein angespanntes Verhältnis zu den eigenen ethnischen Minderheiten aufwies, am staatlichen Umgang mit eben diesen Minderheiten bzw. an der Beziehung zwischen Mehrheit und Minderheit abgelesen werden können. Im Kontext der Europäisierung ließe sich von dieser These ausgehend behaupten, dass formale Schutzmechanismen für Minderheiten, die im Prozess der Europäisierung als eine zentrale Dimension der EU-Konditionalität in den innerstaatlichen Rahmen übernommen werden, ihre Wirkung erst dann entfalten können, wenn bestehende politische Konflikte und Polarisierungen in der Beziehung zwischen ethnischer Mehrheit und Minderheit überwunden sind.

Am Beispiel des Sandžak und seiner bosniakischen Bevölkerung[2] wird im folgenden postuliert, dass der komplexe Konflikt zwischen serbischer Mehrheits- und bosniakischer Minderheitsbevölkerung auch in der Zeit nach dem Sturz Miloševićs nicht gelöst werden konnte. Im Gegenteil zeigen sich hier die Nachwirkungen bzw. das Weiterbestehen einer ethnisch zentrierten Politik, die von einem Nationalstaat der Serben ausgeht und folglich die innerhalb seiner Grenzen lebenden Minderheiten als zweitrangig betrachtet. Die Folgen sind im Sandžak angesichts der jüngsten Ereignisse deutlich sichtbar: Die bosniakische Minderheit fühlt sich diskriminiert, zeigt sich mit der Behandlung des Sandžak durch die Belgrader Zentralpolitik äußerst unzufrieden und erhebt Forderungen nach mehr Autonomie. Die interne Spaltung der bosniakischen Bevölkerung und Eliten verschärft die Situation noch, wie die Wahl des „Nationalrats für die Bosniaken" 2010 zeigt, in deren Folge es zu einer politischen Radikalisierung im Sandžak, vor allem aber auch zwischen Belgrad und Novi Pazar gekommen ist.

Der Sandžak wird sowohl in Serbien allgemein als auch in der internationalen Forschung vernachlässigt.[3] Im Folgenden sollen der jüngste historische Kontext und die Hintergründe der gegenwärtigen Radikalisierung analysiert werden.

---

[1] Einen guten Überblick über rezente Entwicklungen in Serbien bietet Wolfgang PETRITSCH / Goran SVILANOVIĆ / Christophe SOLIOZ (Hgg.), Serbia Matters: Domestic Reforms and European Integration. Baden-Baden 2009.

[2] Nach den Zahlen der letzten Volkszählung lebten im Jahr 2002 in den sechs Gemeinden des serbischen Teils des historischen Sandžak 134.135 Bosniaken (56,94 %), 89.396 Serben (37,95 %) und 8.222 „ethnische Muslime" (3,49 %). Drei der Gemeinden (Tutin, Novi Pazar und Sjenica) hatten eine bosniakische, die drei übrigen (Prijepolje, Priboj und Nova Varoš) eine serbische Bevölkerungsmehrheit. Siehe Republički zavod za Statistiku, Population Census 2002, Book 1: National Identity or Ethnicity – Data by Municipalities, unter <http://webrzs.stat.gov.rs/axd/en/popis.htm>. Alle Internetseiten wurden zuletzt am 08.09.2010 eingesehen.

[3] Auf die Vernachlässigung und den nahezu „exotischen Charakter" des Sandžak verwies auch James Lyon, als er den ersten Abschnitt eines Aufsatzes ironisch „What is a Sandžak

Auf den Überblick über die Entwicklung des Sandžak vor, während und nach der Milošević-Herrschaft folgt eine Analyse der Politik Belgrads, der internen Konflikte der bosniakischen Bevölkerung sowie der Ereignisse rund um die Wahl für den Nationalrat.[4]

Die Hintergründe des Konflikts

Der Sandžak[5] und seine größte Stadt Novi Pazar gehören zu den Regionen Ex-Jugoslawiens, in denen wechselnde Herrschaftsstrukturen und Einflüsse unterschiedlicher Kulturen deutliche und widersprüchliche Spuren hinterlassen haben. In der Region befinden sich die ältesten serbisch-orthodoxen Kirchen, und osmanische Moscheen aus dem 15. Jahrhundert prägen das Stadtbild von Novi Pazar. Im Osmanischen Reich war der Sandžak administrativ von der bosnischen Provinz getrennt.[6] Wie andere Grenzregionen am westlichen Balkan befand er sich später an der Schnittstelle zwischen dem Habsburger und dem Osmanischen Reich. Obwohl mit dem Berliner Kongress 1878 die Österreichisch-Ungarische Monarchie die Region zugesprochen bekam, blieb der Sandžak unter osmanischer Verwaltung. Im Zuge der Balkankriege 1912/1913 wurde er ein Teil Serbiens. Hatten sich in der Zwischenkriegszeit viele Muslime aus dem Sandžak, aus Bosnien und der Herzegowina in einer Partei organisiert, teilten sich im sozialistischen Jugoslawien nach 1945 die Republiken Serbien und Montenegro das Gebiet.[7] Nach dem Zusammenbruch der Sozialistischen Föderation Jugoslawien bzw. seit der Auflösung des Staatenbundes Serbien und Montenegro im Jahr 2006 ist die Region in ein serbisches und ein montenegrinisches Gebiet geteilt.

---

and where I can buy one" überschrieb. Siehe James Lyon, Serbia's Sandžak under Milošević: Identity, Nationalism and Survival, *Human Rights Review* 9 (2008), H. 1, 71–92.

[4] Für diese Studie wurde neben internationaler und regionaler Forschungsliteratur vor allem die Medienberichterstattung in der Region selbst ausgewertet sowie im Sommer 2010 durchgeführte empirische Forschung in Belgrad und im Sandžak. Neben einer Reihe informeller Gespräche wurden Interviews mit Politikern, NGO-Aktivisten sowie weiteren Experten vor Ort geführt. Die Mehrzahl der interviewten Personen wird im Folgenden auf eigenen Wunsch nicht namentlich genannt.

[5] Der Name „Sandžak" ist vom türkischen Wort „Sancak" abgeleitet, das im Osmanischen Reich einen größeren, einem militärischen Befehlshaber (*Sancak Bey*) unterstehenden Verwaltungsbezirk bezeichnete. Heute umfasst das Gebiet den ehemaligen osmanischen *Sancak* von Novi Pazar; sein östlicher Teil gehört zu Serbien, sein westlicher zu Montenegro. Siehe Jean Deny / Metin Kunt, Sandjak, in: Clifford Edmund Bosworth u. a. (Hgg.), The Encyclopaedia of Islam. New Edition, Bd. 9. Leiden 1997, 11-13.

[6] Francine Friedman, The Muslim Slavs of Bosnia and Herzegovina (with Reference to the Sandžak of Novi Pazar): Islam as National Identity, *Nationalities Papers* 28 (2000), H. 1, 165-180, 168.

[7] Während des Zweiten Weltkrieges und innerhalb der Strukturen der Partisanen wurde der Region zwischen 1943 und 1945 eine kurze Phase der Autonomie zuteil.

Die Entwicklung im sozialistischen Jugoslawien bedeutete für den Sandžak zwar eine Fortführung der territorialen Zugehörigkeit zu Serbien bzw. Montenegro. Die Stärkung des Nationalgefühls der bosnischen Muslime bewirkte jedoch gleichzeitig eine Vertiefung der Verbundenheit mit Bosnien und Herzegowina. Ausschlaggebend dafür war die Tatsache, dass sich die Mitglieder der slawisch-muslimischen Bevölkerungsgruppe in Bosnien und Herzegowina seit der Volkszählung von 1961 als „Muslime im ethnischen Sinne" bezeichnen konnten. Die bosnische Republiksverfassung von 1963 sprach von „Serben, Muslimen und Kroaten". Mit den Verfassungsnovellen auf gesamtstaatlicher Ebene von 1969 bis 1974 konnten sich dann auch slawische Muslime außerhalb Bosnien und Herzegowinas als Angehörige einer eigenen Nation deklarieren. Die bosnischen Muslime (ab 1993 Bosniaken)[8] wurden als gleichwertige Nation – *narod* – innerhalb der jugoslawischen Föderation anerkannt.[9] Neben dieser schrittweisen nationalen Emanzipation der Muslime prägte die Industrialisierung die Entwicklung des Sandžak im Tito-Jugoslawien. Ab dem Jahr 1948 wurden hier eine Reihe von Industrieunternehmen angesiedelt, vor allem zur Textil- und Schuhproduktion, weiters wurde die Batterien-, Ziegel- und Autoteileherstellung etabliert.[10] Die nationale Emanzipation und der wirtschaftliche Aufschwung hatten zur Folge, dass im Sandžak ähnlich wie in Bosnien dem sozialistischen Regime ein hoher Grad an Loyalität entgegengebracht wurde.

Mit dem gewaltsamen Staatszerfall verloren die Muslime im Sandžak ihren Status als Teil einer konstitutiven und gleichberechtigten Nation im Staatsverbund. Sie wurden zu einer ethnischen Minderheit innerhalb Serbiens (damals Bundesrepublik Jugoslawien, ab 2003 Serbien und Montenegro, seit 2006 Republik Serbien). In Bosnien und Herzegowina beteiligten sich serbische militärische und paramilitärische Verbände aktiv am Krieg gegen die bosniakische und kroatische Bevölkerung und unterstützten die bosnischen Serben. Abgesehen davon, dass sie Teil einer Bevölkerungsgruppe waren, gegen die ihr Staat Krieg führte, waren die Muslime des Sandžak unter Milošević selbst offener Diskriminierung ausgesetzt, die als „Staatsterror" bezeichnet worden ist.[11]

---

[8] Im gesamtmuslimischen Rat in Sarajevo wurde im Jahr 1993 die Abkehr vom Begriff „Muslime" und die Rückkehr zum bereits zur Zeit der österreichisch-ungarischen Herrschaft verwendeten Bezeichnung „Bosniaken" im nationalen Sinne beschlossen. Fortan bezeichneten sich Muslime in Bosnien und Herzegowina sowie in den anderen Nachfolgestaaten Jugoslawiens als Bosniaken.

[9] Vedran Džihić, Ethnonationalismus und Ethnopolitik als bosnisches Schicksal, *Kakanien revisited*, 01.09.2009, unter <http://www.kakanien.ac.at/beitr/fallstudie/VDzihic1.pdf>.

[10] International Crisis Group, Serbia's Sandžak – Still Forgotten, Europe Report 162, 08.04.2005, 6, unter <http://www.crisisgroup.org/~/media/Files/europe/162_serbia_s_sandzak_still_forgotten.ashx>.

[11] Lyon, Serbia's Sandžak under Milošević (wie Anm. 3), 79.

Vor allem in den Kriegsjahren bis Ende 1995 wurden zahlreiche Bosniaken im Sandžak Opfer von ethnischen „Säuberungen", Entführungen, Zerstörungen von Eigentum oder Mord.[12] Neben zahlreichen Gewaltakten in den Gemeinden Priboj im serbischen und Pljevlja im montenegrinischen Teil des Sandžak gehört der sogenannte Fall Štrpce zu den bekanntesten Vorfällen. Hier wurden am 27. Februar 1993 19 Muslime und ein Kroate von bewaffneten serbischen Verbänden in der Nähe der Gemeinde Priboj aus dem Zug Belgrad–Bar entführt, nach Bosnien und Herzegowina verschleppt und in der Nähe von Višegrad umgebracht.[13] Noch unter dem Milošević-Regime wurde einer der beteiligten Entführer, Nebojša Ranisavljević, nach einem Geständnis vom Gericht in Bijelo Polje schuldig gesprochen und zu 15 Jahren Haft verurteilt. Das serbische Helsinki-Komitee wies jedoch darauf hin, dass es trotz einer ganzen Reihe in diesem Prozess zutage geförderter Beweise zu keinen Anklagen gegen führende Mitglieder der damaligen Jugoslawischen Volksarmee und der politischen Elite in Serbien gekommen sei.[14] Auf Grund solcher direkter Gewaltausübung und der Unterdrückung durch das Milošević-Regime sowie auf Grund der katastrophalen sozioökonomischen Situation verließ rund ein Viertel der muslimischen Bevölkerung den Sandžak:[15]

> *„For Bosniaks* [in Serbia]*, the message of the 1990s with its state-sanctioned crimes and official legalized discrimination could not have been clearer: They were second-class citizens who did not enjoy the protection of the state, an unwanted and harmful foreign organism whose life and property had no value before the law."*[16]

Obwohl es in den späteren 1990er Jahren kaum zu direkten Auseinandersetzungen zwischen der serbischen und der muslimischen Bevölkerung des Sandžak kam,[17] resultierte die ethnonationalistische Politik des Milošević-Regimes und die rechtlich ungeschützte Minderheitenposition der Muslime

---

[12] International Crisis Group, Serbia's Sandžak (wie Anm. 10), 10; Helsinški Odbor za ljudska prava u Srbiji (Hg.), Sandžak – identitet u procepu starog i novog. Beograd 2008 (Helsinške Sveske, 28), 174, unter <http://www.helsinki.org.rs/doc/sveske28.pdf>.

[13] Zum Verbrechen in Štrpce sowie anderen Ereignissen der 1990er Jahre im Sandžak vgl. vor allem Fahrudin Kladničanin, Bošnjaci u Sandžaku na velikosrpskom udaru, in: Helsinški odbor za ljudska prava u Srbiji (Hg.), Sandžak i evropska perspektiva. Beograd 2010 (Helsinške Sveske, 29), 145-158, unter <http://www.helsinki.org.rs/serbian/doc/sveske29.pdf>.

[14] Dragoljub Todorović, War Crime Cases before the Serbian National Court. O. O. o. J., unter <http://www.helsinki.org.rs/doc/dragoljub%20todorovic.doc>.

[15] Friedman, The Muslim Slavs of Bosnia and Herzegovina (wie Anm. 6), 176. Die rapide Verschlechterung der Lebensbedingungen in Serbien führte, zusammen mit dem repressiven Charakter des Milošević-Regimes, in der ersten Hälfte der 1990er Jahre in ganz Serbien zu einer starken Migration bzw. Migrationsbereitschaft. Auf ärmere und unterentwickelte Gebiete wie den Sandžak traf dies in besonderem Maße zu.

[16] Lyon, Serbia's Sandžak under Milošević (wie Anm. 3), 83.

[17] Interviews des Autors mit Vertretern der Demokratischen Partei des Sandžak (*Sandžačka demokratska partija*, SDP) und der Liste „Bosniakische Wiedergeburt" (*Bošnjački preporod*), geführt in Novi Pazar zwischen dem 20. und 25. Juni 2010.

in einem fortwährend angespannten Verhältnis zwischen beiden Gruppen.[18] Auch der rasante Verfall der wirtschaftlichen Leistungsfähigkeit im gesamten Land, das Aufblühen krimineller Netzwerke sowie die totale Erosion sozialer Strukturen geschahen im Sandžak nicht zuletzt unter spezifischen ethnischen Vorzeichen. Auf der einen Seite verloren viele Bosniaken ihre Arbeit in der öffentlichen Verwaltung, und viele von ihnen verließen das Land. Auf der anderen Seite kam es zu einer zeitweilig funktionierenden „Ökonomie des Chaos", die auf der Textil- und Schuhproduktion sowie auf frei interpretierbaren Zoll- und Exportregeln basierte. Paradoxerweise boomten diese Bereiche im Sandžak ausgerechnet in der Periode der internationalen Wirtschaftssanktionen gegen Serbien, und da vor allem die seit jeher Handel treibenden Bosniaken davon profitierten, vergrößerte dies das Misstrauen der Serben noch. Dieser am Rande und oftmals jenseits der Legalität kreierte Aufschwung wurde mit dem Ende des Krieges in Kosovo 1999 sowie nach dem Zusammenbruch des Milošević-Regimes im Oktober 2000 gestoppt.[19]

Die im Sandžak verbliebenen Bosniaken organisierten sich unter dem Eindruck der dominanten ethnonationalen Politik Belgrads ähnlich wie in Bosnien und Herzegowina verstärkt entlang ethnisch-religiöser Linien. Schon während des Krieges wurde ein lokaler Ableger der bosniakischen *Stranka Demokratske Akcije* (Partei der Demokratischen Aktion, SDA) im Sandžak gegründet. Der heute noch politisch aktive Sulejman Ugljanin wurde schon damals zu einer Schlüsselfigur der bosniakischen politischen Bewegung. Im Mai 1991 wurde ein „Muslimischer Nationalrat des Sandžak" (*Muslimansko nacionalno vijeće Sandžaka*) gegründet, der kurz darauf ein Referendum organisierte, in dem sich die muslimische Bevölkerung mit großer Mehrheit für eine starke kulturelle Autonomie gegenüber Serbien und eine stufenweise Anlehnung an Bosnien und Herzegowina aussprach.[20]

Nach 2000 wurden diese Konflikte in einer neuen Konstellation fortgeführt.[21]

---

[18] Helsinški Odbor za ljudska prava u Srbiji, Sandžak – identitet u procepu starog i novog (wie Anm. 12), 174.

[19] Lyon, Serbia's Sandžak under Milošević (wie Anm. 3).

[20] Tomislav Todorović, Symbols of the Bosniaks of Sandžak, in: Sandžak (Region, Serbia, Montenegro), 18.03.2005, unter <http://flagspot.net/flags/cs-sanja.html>; Ejub Stitkovac, Ein Sonderstatus für den Sandžak?, *Deutsche Welle*, 31.05.2006, unter <http://www.dw-world.de/dw/article/0,,2037592,00.html>. Der „Muslimische Nationalrat des Sandžak" wurde 1996 in „Bosniakischer Nationalrat des Sandžak" (*Bošnjačko nacionalno vijeće Sandžaka*) umbenannt. Valeria Heuberger, Der Sandschak von Novi Pazar, in: Walter Lukan / Ljubinka Trgovčević / Dragan Vukčević (Hgg.), Serbien und Montenegro: Raum und Bevölkerung; Geschichte; Sprache und Literatur; Kultur, Politik, Gesellschaft; Wirtschaft, Recht. Wien u. a. 2006 (Österreichische Osthefte, Sonderband 18), 823-829, 827f.

[21] Zu den Ereignissen zwischen 2000 und 2008 vgl. International Crisis Group, Serbia's Sandžak (wie Anm. 10), 9; Helsinški Odbor za ljudska prava u Srbiji, Sandžak – identitet u procepu starog i novog (wie Anm. 12); Helsinški Odbor za ljudska prava u Srbiji, Sandžak

Der Sandžak blieb eine zentrale „Problemzone" innerhalb Serbiens.[22] Zunächst einmal kam es nach dem Sturz von Milošević und der Übernahme der Regierungsgeschäfte durch Zoran Đinđić zu einer positiven Veränderung in der Belgrader Politik. Đinđić bemühte sich, Akzente im Umgang mit den Minderheiten zu setzen, inkludierte verstärkt bosniakische Vertreter in die zentralstaatlichen Institutionen und setzte auch Zeichen der Annäherung durch mehrmalige Besuche im Sandžak. Die Bosniaken erlangten in dieser Zeit wichtige Zugeständnisse und Rechte in den Bereichen Bildung und Nutzung der eigenen Sprache. In den Jahren 2002/2003 kam es zur Gründung der Internationalen Universität in Novi Pazar, die bis heute von Mufti Muamer Zukorlić geleitet wird. Der Staatsterror der Milošević-Zeit gehörte der Vergangenheit an, der neue Ton und die neue Politik fanden Anklang.

Mit der Rückkehr des national-konservativen Flügels unter Vojislav Koštunica an die Macht kehrte Belgrad zur ethnisch definierten Politik und zum Schüren von Konflikten im Sandžak zurück. In dieser Zeit begann die Macht der SDA zu bröckeln, Rasim Ljajićs *Sandžačka demokratska partija* (Demokratische Partei des Sandžak, SDP) konnte sich zunehmend profilieren, und Mufti Zukorlićs Islamische Gemeinschaft in Serbien (*Islamska zajednica u Srbiji*) distanzierte sich von Ugljanin und dessen Politik. Koštunica unterstützte letzteren und provozierte dadurch die Vertiefung der Spaltung innerhalb der bosniakischen Gemeinschaft. Der Höhepunkt war sicherlich der Angriff auf die Islamische Gemeinschaft in Serbien, die für die Bosniaken im Sandžak einen zentralen Bezugspunkt für ihre religiöse und nationale Identität darstellt. Die Spaltung innerhalb der Islamischen Gemeinschaft wurde im Oktober 2007 konfliktreich vollzogen und führte zur Schaffung der Islamischen Gemeinschaft Serbiens unter dem Reis-ul-Ulema Adem Zilkić. Die Folge waren teilweise gewalttätige Konflikte zwischen den Anhängern von Mufti Zukorlić und jenen Zilkićs, was die Situation zusehends destabilisierte. 2008 konnte Ljajićs SDP mithilfe einer Koalition die Macht in Novi Pazar erringen. Der weiter schwelende Konflikt zwischen Ugljanin und Ljajić wurde schließlich in der neuen Koalition der Jahre 2008 und 2009 unter Präsident Tadić durch die Inklusion beider in die serbische Regierung zumindest vordergründig gelöst.

Formale Minderheitenrechte und ihre Implementierung

Durch die skizzierte Widersprüchlichkeit der serbischen Politik seit dem Ende der Milošević-Ära und auch durch die Verschärfung des innerbosniakischen

---

i evropska perspektiva (wie Anm. 13); sowie die Transkription der in Novi Pazar zwischen dem 20. und 25. Juni 2010 durchgeführten Interviews.

[22] Konrad CLEWING, Der Sandžak als Problem? Bosniakisch-muslimische plurale Identitäten und die Staatskrise der BR Jugoslawien, *Südosteuropa* 50 (2001), 588-601.

Konflikts im Sandžak blieben Verbesserungen der Situation dieser Minderheit in Serbien vor allem kosmetischer Natur. Nach der kurzen Phase affirmativer Politik unter Đinđić gab es kaum mehr inkludierende Initiativen. Nicht zuletzt war es diese schlussendliche Kontinuität autoritärer Strukturen auf nationaler wie auf lokaler Ebene, die zur Verfestigung der Spaltung und Segregation beigetragen hat.[23] Es besteht eine Diskrepanz zwischen den rechtlich zugesicherten und den faktisch umgesetzten Minderheitenrechten, was auch auf europäischer Ebene bereits bemängelt wurde.[24]

Für großen Unmut bei den Vertretern der Bosniaken im Sandžak sorgt zunächst einmal der Umstand, dass in ihren Augen serbische Regierungs- und Verwaltungsstrukturen den Angehörigen von Minderheiten in nur ungenügender Weise offenstünden.[25] Unter Milošević wurden Bosniaken durch die Restrukturierung der Administration, der Gerichte und der Exekutive marginalisiert. Zwar wird in den Fortschrittsberichten der Europäischen Kommission darauf hingewiesen, dass affirmative Maßnahmen ergriffen würden, um die Vertretung von Minderheitenangehörigen in Anstellungen öffentlicher Institutionen zu stärken.[26] Menschenrechtsorganisationen weisen jedoch auf die faktisch weiterhin unverhältnismäßige ethnische Zusammensetzung in den Staatsorganen und die damit einhergehende Diskriminierung der bosniakischen Bevölkerungsgruppe hin. In Sandžak sind vor allem die Polizei, die Armee und das Rechtswesen davon betroffen.[27] So sei allein in Novi Pazar mit rund 80 % muslimischer Bevölkerung das Bild in den Polizeistrukturen genau umgekehrt, mit nur 20 % muslimischen Exekutivbeamten.[28] Ähnlich sei es in den Organen der Justiz und hier vor allem bei den Gerichten. In anderen Gemeinden des Sandžak, in denen die Bosniaken nicht wie in Novi Pazar eine ethnische Mehrheit stellen, sei dieses Missverhältnis noch ausgeprägter. So sei in den Gemeinden Priboj und Prijepolje eine ausgeglichene Repräsentanz im für die Bosniaken so wichtigen

---

[23] Goran Bašić / Katarina Crnjanski, Politička participacija i kulturna autonomija nacionalnih manjina u Srbiji. Beograd 2006, 13.

[24] Report by the Council of Europe Commissioner for Human Rights, Thomas Hammarberg, on His Visit to Serbia (13-17 October 2008), unter <https://wcd.coe.int/ViewDoc.jsp?id=1417013>; European Commission Progress Report on Serbia 2009, COM (2009) 533, 17, unter <http://ec.europa.eu/enlargement/pdf/key_documents/2009/sr_rapport_2009_en.pdf>.

[25] Interviews des Autors mit Vertretern der Islamischen Gemeinschaft in Serbien, der Liste *Bošnjački Preporod* und der Liberaldemokratischen Partei (*Liberalno demokratska partija*, LDP), geführt in Novi Pazar zwischen dem 20. und 25. Juni 2010.

[26] European Commission Progress Report on Serbia 2006, COM (2006) 649 final, 14, unter <http://ec.europa.eu/enlargement/pdf/key_documents/2006/nov/sr_sec_1389_en.pdf>; European Commission Progress Report on Serbia 2007, COM (2007) 663 final, 15, unter <http://ec.europa.eu/enlargement/pdf/key_documents/2007/nov/serbia_progress_reports_en.pdf>.

[27] Sandžački odbor za ljudska prava, Prava i slobode u Sandžaku IX. Novi Pazar 2009, 184.

[28] Interviews des Autors mit Vertretern der SDP, der Islamischen Gemeinschaft in Serbien sowie der Internationalen Universität in Novi Pazar, geführt in Novi Pazar zwischen dem 20. und 25. Juni 2010.

Bereich der Schulbildung sowie im wirtschaftlichen Bereich kaum gegeben. In Prijepolje seien nur 15 der 81 Schulratsmitglieder Bosniaken, in Priboj gebe es keinen einzigen muslimischen Direktor einer öffentlichen Einrichtung, während bei den Gerichten von neun Richtern nur zwei Bosniaken seien.[29]

Diese Dominanz der Serben stellt aus der Perspektive der Minderheitenvertreter vor allem im Kontext der hohen Jugendarbeitslosigkeit eine enorme Herausforderung dar. Da kaum Chancen auf Beschäftigung in den lokalen Strukturen und generell ein niedriges Bildungsniveau bestünden, seien es auch Versäumnisse in der Umsetzung von Minderheitenrechten, die das Gefühl der Perspektivlosigkeit verstärkten und letztlich zur wachsenden Migrationsbereitschaft der jüngeren muslimischen Bevölkerung beitrügen.

Der Bildungsbereich ist in der Tat ein weiteres Feld, das Vertreter der Zivilgesellschaft und lokale muslimische Akteure als mangelhaft in Bezug auf eine affirmative Stärkung und Sicherung der Minderheitenidentität ansehen. Auch der Europarat setzt sich für eine bessere Umsetzung und Regulierung der Verwendung von Minderheitensprachen im Unterricht im Sandžak ein.[30] Das Angebot an Unterricht in der Muttersprache für bosniakische Schüler und Schülerinnen an den Volksschulen beläuft sich auf zwei Wochenstunden, und dies auch nur als Wahlfach.[31] In Bezug auf die Schulbücher wurden zwar von europäischer Seite Fortschritte in der Umsetzung des Rechtes auf Ausbildung in der eigenen Sprache und Kultur konstatiert; das Curriculum wird jedoch weiterhin zentral in Belgrad ausgearbeitet und ist nach wie vor ethnozentrisch ausgerichtet, mit diskriminierenden Tönen in Bezug auf die Minderheiten.[32]

Das Problem mit der Muttersprache ergibt sich aus der Tatsache, dass, obwohl die meisten Menschen im Sandžak, unabhängig von ihrer ethno-kulturellen Zugehörigkeit, den gleichen serbo-kroatischen Dialekt sprechen, die Bosniaken das lateinische und nicht, wie die Serben, das kyrillische Alphabet verwenden. Dies ist in öffentlichen Ämtern von Relevanz, denn in Serbien ist das Recht auf die Verwendung der eigenen Sprache und Schrift sowohl in der Verfassung als auch im Minderheitengesetz und dem Gesetz zur amtlichen Verwendung von Sprache und Schrift festgeschrieben, und zwar für all jene Gemeinden, in denen der Anteil der Minderheit mehr als 15 % ausmacht, was im Sandžak häufig der

---

[29] Interviews mit Zibija Šarenkapić (Kulturzentrum *Damad* / NGO *Urban-In*) sowie mit einem Vertreter der Islamischen Gemeinschaft in Serbien, geführt in Novi Pazar zwischen dem 20. und 25. Juni 2010. Vgl. LYON, Serbia's Sandžak under Milošević (wie Anm. 3), 79.

[30] European Commission Progress Report on Serbia 2007 (wie Anm. 26), 15; Recommendations of the Committee of Ministers of the Council of Europe on the Application of the European Charter for Regional and Minority Languages in Serbia, 2010, unter <http://www.coe.int/t/dg4/education/minlang/default_en.asp>.

[31] Esad DŽUDŽEVIĆ, Položaj i prava sandžačkih Bošnjaka u Srbiji, *Biletin za ravoj lokalne demokracije*, 2007, H. 3-4, 18.

[32] Ebd.; International Crisis Group, Serbia's Sandžak (wie Anm. 10), 28.

Fall ist. Dennoch wird in einigen dieser Gemeinden das Lateinische nicht als Amtsschrift verwendet, und bis 2008 war es für Bosniaken schwer, ihre offiziellen Dokumente in lateinischer Schrift ausgestellt zu bekommen. Mit der Einführung einer landesweiten Software für die Ausstellung von Personalausweisen ist zumindest diese Möglichkeit zur Wahl der gewünschten Schrift nun gegeben.[33]

Innerhalb der bosniakischen Gemeinschaft hat man den Eindruck, dass die Bereitschaft Belgrads, diese Versäumnisse zu beheben, eingeschränkt ist. Schlimmer noch ist die Wahrnehmung einer bewussten Politik der Diskriminierung gegenüber dem Sandžak. In der Bildungsfrage weisen Minderheitenvertreter darauf hin, dass die klassischen lokalen Ausbildungsbereiche stark auf den Textilbereich fokussiert und somit kaum zukunftsgerichtet seien, und dass die Einrichtung von Ausbildungswegen für Berufe zum Beispiel im IT-, Informations-, Gesundheits- oder Pflegebereich behindert werde.[34] Sie interpretieren auch die Erklärungen Belgrads bezüglich der Repräsentation von Minderheiten in den öffentlichen Strukturen als Ausflüchte und Unwillen.[35]

Ein anderes Beispiel, das bestenfalls als finanzielles Unvermögen, schlimmstenfalls jedoch als absichtliche Demütigung der muslimischen Bevölkerung durch die Belgrader Staatsmacht interpretiert wird, ist der Umgang mit dem kulturellen Erbe des Islam im Sandžak. In Novi Pazar gibt es eine Reihe von Bauten, die an die osmanische Geschichte der Stadt erinnern. Dazu zählen die Lejlek Moschee aus dem Jahr 1460, die Bor und Altun-Alem Moschee, beide aus dem 16. Jahrhundert, 30 jüngere islamische Gebetshäuser sowie zwei türkische Bäder (*Hamam*).[36] Der *Hamam* im Stadtzentrum von Novi Pazar ist stark renovierungsbedürftig, scheint jedoch, wie andere islamische Kulturstätten auch, dem Zerfall überlassen zu sein. Eine solche fehlende Beachtung und Investition in die kulturellen Güter des Islam wird im Sandžak als Negierung der muslimischen Identität und Tradition verstanden.[37]

Einige Gesten der serbischen Regierung weisen auf eine inklusiv-affirmative Anerkennung der muslimischen Geschichte in Serbien hin, wie die seit 2009 verstärkte Zusammenarbeit mit der Türkei. Der serbische Präsident Tadić und der türkische Premier Erdoğan eröffneten im Juli 2010 ein türkisches Kultur-

---

[33] Helsinški odbor za ljudska prava u Srbiji, Helsinški Bilten, 2007, Nr. 3-4, 13. Zu diesem Konfliktfeld ist anzumerken, dass zwar seit der Verfassungsreform 2006 das kyrillische Alphabet das offizielle in Serbien ist, dass allerdings nichtsdestotrotz landesweit weiterhin beide Alphabete Anwendung finden.

[34] Interview des Autors mit Vertretern der SDP, geführt am 21. Juni 2010 in Novi Pazar.

[35] Interviews des Autors mit Vertretern der SDP, der Islamischen Gemeinschaft in Serbien sowie der Liste *Bošnjački preporod*, geführt in Novi Pazar zwischen dem 20. und 25. Juni 2010.

[36] International Crisis Group, Serbia's Sandžak (wie Anm. 10), 4f.

[37] Interviews des Autors mit Vertretern der SDP, der Liste *Bošnjački preporod*, der Internationalen Universität sowie der Islamischen Gemeinschaft in Serbien, geführt in Novi Pazar zwischen dem 20. und 25. Juni 2010.

zentrum in Novi Pazar und unterschrieben ein Abkommen über Straßenbau und weitere infrastrukturelle Investitionen in der Region.[38] Es sind in der Tat solche Infrastrukturprojekte sowie Investitionen in Bildung und Industrie, die der Region bislang fehlen. Der Sandžak gehört zu den unterentwickeltsten Regionen Serbiens, mit einer durchschnittlichen Arbeitslosigkeit von 53,16 %; der serbische Durchschnitt liegt bei 27,59 %. Das Bruttonationaleinkommen pro Kopf ist in den letzten Jahren in der Region um 25 % gefallen.[39] In Zeiten von Wirtschaftskrise und Sparkurs der serbischen Regierung sowie von allgemeinen Rationalisierungsmaßnahmen in der öffentlichen Verwaltung ist für die Zukunft eher eine weitere Verschlechterung der wirtschaftlichen und sozialen Lage der Bevölkerung im Sandžak zu erwarten.[40]

Der Sandžak als Stiefkind Serbiens?

Die Minderheitenvertreter der Region vermissen eine wirtschaftliche Aufwertung der Region und beklagen eine aus ihrer Sicht stiefmütterliche Behandlung durch die Zentralregierung in Belgrad.[41] Hinzu kommt, dass keine strukturierte Privatisierung der ehemals großen staatlichen Betriebe in der Region durchgeführt wurde. Die Arbeiter und Arbeiterinnen der Textilfabrik Raška machten im März dieses Jahres mit einem Streik darauf aufmerksam, dass ihnen 18 bis 26 Monatsgelder – von staatlichen Arbeitgebern – nicht ausbezahlt und ihnen die Gehälter, die sie erhalten hatten, ohne Abrechnung ausgehändigt worden waren.[42] Hinzu kommt, dass Belgrad in der Vergangenheit weniger in seine südwestliche Region investiert hat als in andere Regionen des Landes. Die staatlichen Pro-Kopf-Investitionen variierten 2005 im Sandžak zwischen 137 Dinar in Prijepolje und 1.915 Dinar in Nova Varoš, was eklatant unter dem staatlichen Durchschnitt von 21.980 Dinar blieb.[43] Laut den Angaben des Statistischen Amtes Serbiens in dessen Jahrbuch 2009 hat sich dieses Missverhältnis zwar

---

[38] Turkish Cultural Center Opens in N. Pazar, *B92 News*, 12.07.2010, unter <http://www.b92.net/eng/news/society-article.php?yyyy=2010&mm=07&dd=12&nav_id=68396>.

[39] Forum ZFD – Regional Office Novi Pazar, Percpecija privatnog biznis sektora Sandžaka o političkom i ekonomskom ambijentu, Empirijska studija, Novi Pazar, in: Helsinški odbor za ljudska prava u Srbiji, Sandžak i evropska perspektiva (wie Anm. 13), 185-247.

[40] Ebd.; Interviews des Autors mit Bisera Šaćiragić (*Evropski pokret – lokalno veće*), geführt am 23. Juni 2010 in Novi Pazar, und mit Samir Kačapor von der *Sandžak Economic Development Agency* (SEDA), geführt am 24. Juni 2010 in Novi Pazar.

[41] Forum ZFD – Regional Office Novi Pazar, Percepcija privatnog biznis (wie Anm. 39).

[42] „Raška" započela štrajk, *B92-News*, 19.03.2010, unter <http://www.b92.net/info/vesti/index.php?yyyy=2010&mm=03&dd=19&nav_id=418917>.

[43] Ratislav Vrbensky, Can Development Prevent Conflict? Integrated Area-Based Development in the Western Balkans – Theory, Practice and Policy Recommendations, The Center for the Study of Global Governance, Working Paper WP 02/2008. London 2008, 23, unter <http://eprints.lse.ac.uk/23360/1/WP02.pdf>.

nivelliert, aber in der Substanz nicht verändert. Die aus dem Staatsbudget im Jahr 2008 investierten Gelder in die Gemeinden im gesamten Serbien beliefen sich auf durchschnittlich 24.647 Dinar pro Gemeindeeinwohner. Im Vergleich dazu betrugen die im Sandžak investierten Gelder in Novi Pazar 11.838 Dinar, in Tutin 9.010, in Sjenica 9.329, in Prijepolje 10.960 sowie in Priboj 12.497 Dinar pro Einwohner, wobei es indikativ erscheint, dass diese letztere Gemeinde den geringsten Anteil an bosniakischer Bevölkerung aufweist. In eine ähnliche Richtung scheint der Vergleich zur serbisch besiedelten Gemeinde Raška zu weisen, wo die Investitionen aus dem Staatsbudget im Jahr 2008 bei 16.949 Dinar pro Einwohner lagen, also deutlich höher als in der benachbarten Gemeinde Novi Pazar, wenn auch immer noch weit unter dem Landesdurchschnitt.[44]

Um die Regionen sozioökonomisch aufzuwerten und die Abhängigkeit der lokalen Verwaltung von den Machthabern in Belgrad zu mindern, wäre ein Dezentralisierungsprozess notwendig. Die Gemeinden in Serbien haben bislang keinen Eigenbesitz, alle öffentlichen Institutionen und Besitztümer befinden sich in den Händen der Belgrader Zentralregierung. Dieses Fehlen lokaler Eigentumsstrukturen behindert die wirtschaftliche Entwicklung insofern, als es vor Ort kaum Anreize für notwendige Investitionen in Infrastruktur und Dienstleistungssektor schafft. Die langwierigen bürokratischen Wege über Belgrad stellen zusätzliche Hürden für potentielle Investoren dar.[45] Obwohl die Dezentralisierung der Verwaltungsstrukturen eine Voraussetzung für den EU-Beitritt darstellt, gestaltet sich dieser Prozess bislang schleppend.

Aus der Perspektive einiger Betroffener in der Region seien diese Schwierigkeiten auf das Misstrauen des Staates gegenüber dem kulturell „Anderen" zurückzuführen; sie spiegelten zudem die ständige Angst Belgrads vor separatistischen Tendenzen.[46] Wie mühsam sich die serbische Regierung zu Formen der Dezentralisierung und der lokalen Selbstverwaltung durchringt, verdeutlicht das Beispiel des Statutes der Vojvodina. Ein Gesetz aus dem Jahr 2009 erkannte der Region eine weitgehende Autonomie zu. Der Verabschiedung des Gesetzes war eine jahrelange, heftig geführte politische Debatte vorausgegangen, in deren Mittelpunkt die Frage stand, ob ein neues Statut für die Region den Beginn eines ungarischen Separatismus bedeute oder einfach nur eine verfassungsmäßig

---

[44] Republika Srbija, Republički zavod za statistiku: Opštine u Srbiji 2009. Beograd 2010, 152-155.

[45] Beata HUSZKA, Decentralisation of Serbia: The Minority Dimension, Centre for European Policy Studies (CEPS), Policy Brief 137. Brussels 2007, 3, unter <http://www.ceps.eu/node/1359>.

[46] Interview des Autors mit Vertretern der Heinrich-Böll-Stiftung in Belgrad, geführt in Belgrad am 26. Mai 2010, mit Vertretern der Internationalen Universität Novi Pazar und der Islamischen Gemeinschaft in Serbien sowie mit Vertretern der Liste *Bošnjački preporod*, geführt in Novi Pazar zwischen dem 20. und 25. Juni 2010.

definierte Verwaltungskategorie darstelle.⁴⁷ Der Sandžak hatte zeitgleich zwar keinen spezifischen Autonomiestatus innerhalb Serbiens erhalten, jedoch wurde auch hier am 8. Juli 2009 ein relevantes Dezentralisierungsgesetz beschlossen, das als ein wichtiger Meilenstein im EU-Integrationsprozess gedacht war, da es den einzelnen serbischen Regionen die Möglichkeit eröffnen sollte, stärkere finanzielle und infrastrukturelle Unterstützung durch die EU zu bekommen sowie an deren Strukturfonds zu partizipieren. Das Gesetz rief jedoch breite Kritik hervor – die sieben neuen Regionen seien zu groß und der verbliebene Einfluss Belgrads ebenfalls.⁴⁸ In Bezug auf den Sandžak fiel jedoch ein spezifisches Paradox auf. Obwohl sich die beiden von dort stammenden Regierungsmitglieder, Rasim Ljajić und Sulejman Ugljanin, einig darüber waren, dass die Gemeinden des Sandžak in einer gemeinsamen territorial-administrativen Region vereint sein sollten,⁴⁹ bedeutete dieser Zusammenschluss der sechs Gemeinden im Ergebnis eine unverhältnismäßig große Region im westlichen Serbien und weder eine Lösung für die sozioökonomischen Probleme noch eine sonstige Aufwertung.⁵⁰ Die Initiative der serbischen Regierung führte, mit Unterstützung der beiden Repräsentanten des Sandžak, zu verstärkter Kritik der Opposition vor Ort.

Die Schaffung neuer Wahlbezirke nach dem Sturz Miloševićs spiegelte ebenfalls eine Negierung der kulturell-historischen Zusammengehörigkeit der Gemeinden des Sandžak, da die Grenzen der Wahlkreise so gezogen wurden, dass diese auf zwei Bezirke aufgeteilt wurden. Novi Pazar und Tutin wurden Teil des Bezirks Raška, wohingegen Sjenica, zusammen mit Priboj, Prijepolje und Nova Varoš dem Bezirk Kraljevo zugeteilt wurden.⁵¹

Andererseits wurde, nach dem Terror der Milošević-Jahre, die Kommunikation zwischen der Zentralregierung und den lokalen Politikern wiederhergestellt. Der neue Premier Zoran Đinđić konzentrierte sich nicht nur auf die Zusammenarbeit mit den politischen Akteuren des Sandžak, sondern intensivierte vor allem seine Kontakte zur islamischen Glaubensgemeinschaft. Đinđić wie auch sein Nachfolger Zoran Živković besuchten Novi Pazar mehrmals. Bei diesen Gelegenheiten trafen sie vor allem mit Mufti Muamer Zukorlić zusammen. Đinđić lud diesen auf seine Reise in die Vereinigten Arabischen Emirate im Jahr 2003 ein. Auf der anderen Seite verzichtete er darauf, sich regelmäßig

---

⁴⁷ Radovan Borović, I dalje žestoka polemika oko Statuta Vojvodine, *Radio Slobodna Evropa*, 18.11.2009, unter <http://www.slobodnaevropa.org/content/vojvodina_statut/1881565.html>.
⁴⁸ Miroslav Prokopijević, Regionalni razvoj: loš i štetan zakon, *Peščanik*, 23.06.2009, unter <http://www.pescanik.net/content/view/3325/91/>.
⁴⁹ Dragan Gmizić u. a., Između partijske alavosti i lokalnih potreba, *Vreme*, 20.08.2009, unter <http://www.vreme.com/cms/view.php?id=882117>.
⁵⁰ Interview des Autors mit Vertretern von SDP und der *Sandžak Economic Development Agency* (SEDA), geführt in Novi Pazar am 21. und 23. Juni 2010.
⁵¹ International Crisis Group, Serbia's Sandžak (wie Anm. 10), 17.

mit Sulejman Ugljanin oder Rasim Ljajić auszutauschen.[52] Er zeigte sich offen für Investitionen vor allem in den Bereichen Bildung und Gesundheitswesen. Den Höhepunkt dieser Anstrengungen bildete die Eröffnung einer privaten Universität in Novi Pazar – der ersten Hochschule im Sandžak überhaupt – im Jahr 2002, die als Resultat der Kooperation zwischen Mufti Zukorlić und Premier Đinđić gilt.[53] Bislang hatten Studierende aus der Region die Universitäten in Sarajevo, Belgrad und anderen Städten besucht. Gründungsrektor der privaten Universität in Novi Pazar – heute die „Internationale Universität" – war Mufti Zukorlić selbst.

Nach dem Tod Zoran Đinđićs und der Wahl Vojislav Koštunicas zum Premierminister suchte dieser andere Kooperationspartner in der Region und fand einen wichtigen Verbündeten in Sulejman Ugljanin. Im September 2004 unterstützten zwei Abgeordnete von Ugljanins Partei Koštunicas Koalition, der es sonst nicht möglich gewesen wäre, die Regierungsmehrheit zu bilden.[54] Ugljanin bemühte sich, mit der Hilfe Koštunicas seine politischen Gegner, zu denen er auch Mufti Zukorlić zählte, zu diffamieren und ihre Aktivitäten zu unterbinden. In diesem Kontext stand 2007 auch die Gründung einer zweiten, staatlichen Universität in Novi Pazar. Die Repräsentanten der privaten Universität fassten dies als bewusste Provokation sowie als politischen Schachzug gegen den immer stärker werdenden Mufti Zukorlić auf, was die starke politische Spaltung innerhalb der bosniakischen Bevölkerung einmal mehr verdeutlicht.[55]

Nach dem Ende des sozialistischen Jugoslawien existierten in Serbien zwei islamische Glaubensgemeinschaften – sogenannte *Mešihate* – nebeneinander. Dies war zum einen das *Mešihat* der islamischen Gemeinschaft im Sandžak und zum anderen das *Mešihat* der islamischen Gemeinschaft in Serbien mit Sitz in Belgrad.[56] Da die Muslime im Sandžak traditionell und institutionell mit Bosnien und Herzegowina verbunden waren, gehörte das *Mešihat* in Novi Pazar unter Mufti Zukorlić zum Rijaset von Bosnien und Herzegowina und erkannte den dortigen Reis-ul-Ulema als religiösen Führer der Gemeinschaft an. Ab 2006, im Kontext des im April jenes Jahres verabschiedeten Gesetzes zu den Kirchen und Religionsgemeinschaften in Serbien, intensivierten sich zwischen den beiden islamischen Gemeinschaften die Diskussionen um eine Vereinigung ihrer Strukturen. Das neue Gesetz sah nämlich die Anerkennung

---

[52] Ebd., 24.

[53] Interviews des Autors mit Vertretern der Internationalen Universität in Novi Pazar und der NGO *Urban In*, geführt in Novi Pazar zwischen dem 20. und 25. Juni 2010.

[54] Ivana Milić, Close to Belgrade, Far from Sarajevo, *Balkan Insight*, 20.12.2007, unter <http://birn.eu.com/en/1/190/7108/?tpl=30>.

[55] Interview des Autors mit Vertretern der Internationalen Universität in Novi Pazar, geführt in Novi Pazar am 23. Juni 2010.

[56] Srđan Barišić, IZS vs. IZuS – retrospektiva, *Peščanik*, 16.01.2009, unter <www.pescanik.net/content/view/2573/190/>.

lediglich einer „traditionellen" islamischen Glaubensgemeinschaft in Serbien vor, was bedeutete, dass die Muslime sich auf eine gemeinsame Vertretung einigen mussten, um als traditionelle Glaubensgemeinschaft (im Unterschied zu nichttraditionellen) anerkannt zu werden. Die Vertreter des Sandžak, des Preševo-Tals, der Vojvodina und Zentralserbiens schlugen die Formierung einer islamischen Glaubensgemeinschaft mit Vertretern aus diesen Regionen, mit einer Anbindung an das Rijaset in Bosnien und Herzegowina vor, während die islamische Gemeinschaft in Belgrad die Gründung eines eigenen, für die Muslime in Serbien zuständigen Rijasets bevorzugte.[57] Nachdem keine Einigung erzielt werden konnte, schuf die Regierung in Belgrad am 19. Februar 2007 ein neues Rijaset der Islamischen Gemeinschaft Serbiens, verabschiedete eine neue Verfassung und setzte Adem Zilkić als neuen Reis-ul-Ulema in Serbien ein. Diese Entscheidung wurde von Mufti Zukorlić im Sandžak sowie vom Reis-ul-Ulema in Sarajevo, Mustafa Cerić, abgelehnt. Sie organisierten am 27. März 2007 in Novi Pazar einen „Vereinigungskongress" der Islamischen Gemeinschaft in Serbien, bei dem eine neue Verfassung auf der Basis des *Mešihat* im Sandžak verabschiedet wurde. Muamer Zukorlić wurde in Anwesenheit Cerićs zum neuen Mufti der Islamischen Gemeinschaft in Serbien gewählt.[58]

Seitdem existieren zwei islamische Gemeinschaften in Novi Pazar, die sich geradezu in einer Art Kriegszustand befinden. Die Situation eskalierte 2007 in einem Kampf um die Moscheen der Region. Es kam zu tätlichen Auseinandersetzungen und Schießereien, woraufhin der Reis-ul-Ulema der Islamischen Gemeinschaft in Belgrad Zilkić beim serbischen Innenministerium um Schutz ansuchte. Unter anderem kam es im Oktober 2007 auch zum direkten Eingreifen der Polizei. Die Reaktionen des Innenministeriums richteten sich gegen Mufti Zukorlić – er habe die Autonomie der religiösen Gemeinschaften für seine politischen Zwecke missbraucht.[59] In Novi Pazar selbst verstärkten sich zudem die Spannungen zwischen Mufti Zukorlić und Sulejman Ugljanin, der sich hinter die Islamische Glaubensgemeinschaft in Belgrad gestellt hatte. Ugljanin rief zu deren Unterstützung auf und versuchte seinen Einfluss mit Verweis auf die Autorität des von seiner Partei dominierten „Nationalrates der Bosniaken" in religiösen Fragen zu steigern. Ugljanin wurde auch von unabhängigen Analysten und Akteuren der Zivilgesellschaft im Sandžak als treibende Kraft hinter dem Konflikt eingeschätzt.[60] Zur Verquickung der politischen und religiösen

---

[57] Ebd.
[58] Srđan Barišić, Institucionalizacija Islamskih zajednica nakon raspada SFRJ Jugoslavije, *Filozofija i drustvo* 36 (2008), H. 2, 117-127.
[59] Sandžački odbor za ljudska prava, Prava i slobode u Sandžaku (wie Anm. 27), 254.
[60] Helsinški odbor za ljudska prava, Sandžak – identitet u procepu starog i novog (wie Anm. 12), 161; sowie Marija Arnautović / Ljudmila Cvetković, Pismo reisa Cerića predsedniku Tadiću, *Radio Slobodna Evropa*, 16.10.2007, unter <http://www.slobodnaevropa.org/content/article/717320.html>.

Zwistigkeiten zwischen Belgrad und Novi Pazar kam es, als sich der politische Rivale Ugljanins, Rasim Ljajić, öffentlich auf die Seite Zukorlićs stellte. Mit diesem Schritt befanden sich nun Ljajić und Ugljanin auch in religiösen Belangen auf unterschiedlichen Seiten.

Obwohl die Regierung Koštunica offiziell verlauten ließ, die Frage der Repräsentation der serbischen Muslime müsse von den streitenden Gruppen selbst gelöst werden, beeinflusste sie den Konflikt durch die Tatsache, dass Koštunica und Ugljanin politische Partner waren, sowie durch das Festhalten an einem Gesetz, das auch von Seiten internationaler Institutionen als schädlich eingestuft wurde. Die Europäische Kommission wies in ihren Fortschrittsberichten seit 2006 wiederholt darauf hin, dass das serbische Gesetz zu Kirchen und Religionsgemeinschaften nicht den internationalen Standards entspreche und die Unterscheidung zwischen traditionellen und nichttraditionellen religiösen Gemeinschaften diskriminierend sei.[61] Mufti Zukorlić nahm jedenfalls Koštunica als einen Feind der Bosniaken und der Islamischen Gemeinschaft wahr. Rasim Ljajić, der mit seiner Partei auf Seiten der seinerzeitigen serbischen Opposition rund um Boris Tadić stand, unterstützte Mufti Zukorlić und trug hierdurch zu einer neuerlichen Eskalation des politischen Kampfs im Sandžak und zu einer Verschärfung seines eigenen Konflikts mit Sulejman Ugljanin bei. Sowohl Ugljanins als auch Ljajićs Motiv für die Unterstützung der jeweils gegnerischen Seite ist, abgesehen von tiefen persönlichen Animositäten, vor allem machtpolitischer Natur. Die Intensität des Konflikts hält unvermindert an; 2009 gab es mehrmals Verletzte bei bewaffneten Auseinandersetzungen, phasenweise wurde sogar von einem bürgerkriegsähnlichen Zustand gesprochen.[62]

Der Sandžak als innerbosniakische politische Kampfarena

In einer Reihe von im Juni 2010 geführten Interviews mit Minderheitenvertretern betonten diese, die Bosniaken seien ein autochthones Volk Serbiens.[63] Die Politik der Betonung der exklusiven nationalen – serbischen – Identität als staatstragend sowie das Beharren der serbischen Nationalisten auf einem ethnisch homogenen Nationalstaat sind auch im heutigen Serbien stark präsent. Ihre Reduzierung auf den Status einer Minderheit wird von den Bosniaken im

---

[61] European Commission Progress Report on Serbia 2006 (wie Anm. 26), 12; European Commission Progress Report on Serbia 2008, COM (2008) 674, 17, unter <http://ec.europa.eu/enlargement/pdf/press_corner/keydocuments/reports_nov_2008/serbia_progress_report_en.pdf>; European Commission Progress Report on Serbia 2009 (wie Anm. 24), 15f.

[62] Srđan Barišić, Muslimani u Srbiji, in: Helsinški odbor za ljudska prava u Srbiji, Sandžak i evropska perspektiva (wie Anm. 13), 255-258.

[63] Interviews des Autors mit Vertretern der SDP, der Liste *Bošnjački preporod*, der LDP sowie der Islamischen Glaubensgemeinschaft in Novi Pazar, geführt zwischen dem 20. und 25. Juni 2010 in Novi Pazar.

Sandžak nach wie vor als Negierung ihrer Identität und ihrer Zugehörigkeit zu Serbien aufgefasst.[64] Einerseits empfindet die nationale Minderheit ihre Position und die ihnen auferlegte Definition an sich bereits als herabsetzend.[65] Andererseits gerät diese Empfindung in eine Wechselwirkung mit der Politik des serbischen Staats, die als exkludierend wahrgenommen wird und folglich die bosniakische Loyalität weiter untergräbt. Der Bezug zu Bosnien und Herzegowina und die Solidarität mit den dortigen Bosniaken spielen ebenfalls eine wichtige Rolle.

Die Art und Weise der Zusammenarbeit mit der Regierung in Belgrad wird folglich im innerbosniakischen Machtkampf instrumentalisiert. Wie sehr diese für die gewählten Minderheitenvertreter eine politische Gratwanderung bedeutet, zeigte sich bei den Lokalwahlen von 2004. Zu dieser Zeit war Sulejman Ugljanin Bürgermeister von Novi Pazar. Seine Koalition unterstützte die Minderheitenregierung von Vojislav Koštunica, die nach den Parlamentswahlen 2004 formiert wurde. Bei den lokalen Wahlen erreichte Ugljanins SDA zwar die meisten Gemeinderatssitze in Novi Pazar, jedoch keine absolute Mehrheit. Zwar blieb Ugljanin Bürgermeister, doch Ljajićs SDP schaffte es, zusammen mit serbischen Parteien – unter anderem auch mit Vertretern der Serbischen Radikalen Partei – im Stadtrat eine multiethnische Koalition gegen Ugljanin zu bilden.[66] Daraufhin erschienen Flugblätter, auf denen Rasim Ljajić und seine Parteikollegen als mit serbischen Parteien koalierende Verräter bezeichnet wurden.[67] Die abgewählte Lokalregierung weigerte sich, den Gemeinderat den neuen Machthabern zu überlassen; es wurden sogar bewaffnete Wächter am Rathaus postiert. Am 9. Februar 2005 intervenierte die Regierung in Belgrad, gestand den neu gewählten Gemeinderatsmitgliedern Polizeischutz zu und eskortierte sie zu den Räumlichkeiten der Gemeindeverwaltung.[68] Ugljanins SDA bezeichnete dies als einen illegitimen Akt der Belgrader Regierung.

Ein gutes Jahr später setzte Ljajićs SDP das gleiche Argument im lokalen Machtkampf ein. Im April 2006 löste die Belgrader Regierung nämlich den Gemeinderat in Novi Pazar mit der Begründung auf, die Lokalregierung habe versäumt, einen neuen Haushalt zu verabschieden. Nach einer Phase der

---

[64] Interviews des Autors mit Vertretern der Islamischen Gemeinschaft in Serbien und der Liste *Bošnjački preporod*, geführt in Novi Pazar zwischen dem 20. und 25. Juni 2010.

[65] Interviews des Autors mit Vertretern der Islamischen Gemeinschaft in Serbien und der Internationalen Universität in Novi Pazar sowie der Liste *Bošnjački preporod*, geführt in Novi Pazar zwischen dem 20. und 25. Juni 2010.

[66] International Crisis Group, Serbia's Sandžak (wie Anm. 10), 21.

[67] Novi Pazar, *Radio Slobodna Evropa*, 22.02.2005, unter <http://www.slobodnaevropa.org/content/news/839680.html>.

[68] International Crisis Group, Serbia's Sandžak (wie Anm. 10), 21.

Zwangsverwaltung schrieb Belgrad vorgezogene Lokalwahlen aus.[69] Diesmal war es Rasim Ljajić, der die Initiative aus Belgrad als illegitim bezeichnete. Bei den außerordentlichen Lokalwahlen, die im September 2006 abgehalten wurden, starb ein Politiker der SDA (Ruždija Durović) bei einem Anschlag am Wahltag. In zahlreichen weiteren Zwischenfällen attackierten die Anhänger der SDA und der SDP einander mitunter sehr brutal.[70] Nach der Wahl heizte sich die Stimmung aufgrund fortwährender gegenseitiger Beschuldigungen der beiden Parteien derart auf, dass letztlich Belgrad erneut eingriff. Mufti Zukorlić, der zu diesem Zeitpunkt als religiöser Führer der Bosniaken im Sandžak bereits über beträchtliche Macht verfügte, machte die Regierung Koštunica für die Zwischenfälle verantwortlich – sie habe sich nicht neutral verhalten und durch ihre abwechselnde Unterstützung der SDA und der SDP die Spannungen geschürt.[71]

Der offene Konflikt zwischen Ljajić und Ugljanin setzte sich seitdem fort. Bei den vorgezogenen Wahlen im Mai 2008 trat Ljajić im Rahmen von Tadićs Liste „Für ein europäisches Serbien" (*Za Evropsku Srbiju*, ZES) an, während Ugljanin eine eigene Liste für den Sandžak anführte. Im Sandžak erreichte die Tadić-Liste die Mehrheit der Stimmen, und Ljajićs SDP übernahm mit der Koalition „Für ein europäisches Novi Pazar", der außerdem Tadićs Demokratische Partei (*Demokratska Stranka*, DS) und die „Einheitliche Serbische Liste" (*Jedinstvena Srpska Lista*) angehörten, die Macht in Novi Pazar.[72] Im Stadtrat, in dem seit dieser Wahl 23 Abgeordnete von SDP und DS sowie sechs Abgeordnete der „Einheitlichen Serbischen Liste" den 18 Abgeordneten von Ugljanins SDA gegenübersitzen, herrscht bis heute eine unvermindert angespannte Situation.

Die Frage der Positionierung der bosniakischen Parteien gegenüber Belgrad bzw. auch umgekehrt der Positionierung Belgrads gegenüber den politischen Vertretern der Bosniaken im Sandžak blieb auch nach der Wahl von 2008 von entscheidender Bedeutung. Zwar neutralisierte die Einbeziehung der beiden bosniakischen politischen Führungspersönlichkeiten in die neue Regierung Cvetković – Ljajić als Minister für Arbeit und Soziales, Ugljanin als Minister ohne Portefeuille – einiges. Vor Ort in Novi Pazar ließen die Spannungen zwischen den Parteien jedoch kaum nach; Anfang Jänner 2009 kam es erneut zu bewaffneten Ausschreitungen.[73] Nach weiteren Turbulenzen im Mai und Juni 2009 vermittelten am 24. Juli 2010 der serbische Außenminister Vuk Jeremić und sein türkischer Amtskollege Ahmet Davutoğlu einen „erzwungenen Frieden"

---

[69] Amela Bajrović, Politician's Murder Raises Tension in Sandžak, *Balkan Insight*, 14.09.2006, unter <http://birn.eu.com/en/49/10/1046/?ILStart=20>.

[70] Ljubica Gojgić, Opasno po život, *Vreme*, 14.09.2006, unter <http://www.vreme.com/cms/view.php?id=464948>.

[71] Ebd.

[72] Vgl. den offiziellen Internetauftritt der Stadt Novi Pazar, unter <www.novipazar.org.rs>.

[73] Miloš Teodorović, Vrhunac medjubošnjackog sukoba, *Radio Slobodna Evropa*, 19.01.2009, unter <http://www.slobodnaevropa.org/Content/Article/1371960.html>.

zwischen Ljajić und Ugljanin. Tadićs Schachzug der gleichrangigen Einbeziehung von Ljajić und Ugljanin in seine Regierung hatte aber weder den innerbosniakischen Konflikt beendet noch im Sandžak die Kritik an Belgrad bzw. an den beiden bosniakischen Ministern verringert.

Die Belgrader Regierung wird von der großen Mehrheit der bosniakischen Bevölkerung im Sandžak weiterhin für ihr scheinbar mangelndes Interesse an der Beruhigung der Situation im Sandžak kritisiert.[74] Ljajić und Ugljanin sind seit 2008 immer stärkerer Kritik ausgesetzt: Sie unterstützten die diskriminierende Politik Belgrads, lautet dabei der zentrale Vorwurf. Ein zweiter Kritikpunkt, dass nämlich beide reine Interessenpolitik unter Zuhilfenahme von Korruption und Klientelismus betreiben, stellt kein Spezifikum des Sandžaks dar. Dysfunktionale Staatsstrukturen, organisiertes Verbrechen und Inkompetenzen der politischen Elite sind Aspekte, die auch auf landesweiter Ebene die Bürger und Bürgerinnen frustrieren.[75] Die Abhängigkeit von Parteistrukturen wird sowohl von der Zivilgesellschaft insgesamt als auch von Lokalpolitikern als größtes Hindernis im Kampf gegen diese Probleme wahrgenommen. Während die Funktionäre der in Novi Pazar regierenden SDP die Notwendigkeit, mit den Parteien in Belgrad zu koalieren als einzige Möglichkeit zur Lösung bezeichnen, wird von Seiten der Zivilgesellschaft und der Opposition der Vorwurf erhoben, dass die starren Machtstrukturen innerhalb der Parteien im Sandžak selbst ausschlaggebend dafür seien, dass keine Verbesserung der Lebensumstände in der Region zustande komme.[76] Generell zweifelt man daran, dass die Region davon profitiere, dass zwei Ministerposten in Belgrad durch Bosniaken besetzt seien, wobei man vor allem Wirtschaftsinvestitionen vermisst.[77] Das konfliktgeladene Verhältnis zwischen SDA und SDP sowie das Gefühl, Ljajić und Ugljanin hätten sich zu sehr an die Vorgaben Belgrads angepasst, lassen heute viele Menschen im Sandžak, die noch bei den Wahlen 2008 einer der beiden Parteien das Vertrauen schenkten, nicht mehr an eine bevorstehende Lösung der akuten Probleme des Sandžak glauben.[78] Einer aktuellen Studie zur Wirtschaft im Sandžak zufolge sind es inzwischen vor allem die politischen Gräben innerhalb der bosniakischen

---

[74] Ebd.
[75] International Crisis Group, Serbia's Sandžak (wie Anm. 10), 43.
[76] Interviews des Autors mit Vertretern der SDP, der LDP, der Liste *Bošnjački preporod*, des Komitees für Menschenrechte in Novi Pazar sowie mit Zibija Šarenkapić von *Damat*, geführt zwischen dem 20. und 25. Juni 2010.
[77] Interviews des Autors mit Vertretern der Islamischen Gemeinschaft in Serbien sowie der Liste *Bošnjački Preporod*, geführt in Novi Pazar zwischen dem 20. und 25. Juni 2010.
[78] Interview des Autors mit einer Vertreterin des Komitees für Menschenrechte in Novi Pazar, geführt in Novi Pazar am 23. Juni 2010.

Gemeinschaft, die negative Auswirkungen auf die lokalen Unternehmen und die wirtschaftliche Entwicklung in der Region haben.[79]

Vor allem Mufti Muamer Zukorlić prangert in seiner Rolle als Kritiker Belgrads und auch der politischen Machthaber im Sandžak die fehlende wirtschaftliche Entwicklung als Resultat der starren Parteistrukturen und der Zusammenarbeit mit Belgrad an. Durch den anhaltenden lokalen Konflikt zwischen Ljajić und Ugljanin und ihrer gleichzeitigen Allianz auf nationaler Ebene avancierte Zukorlić, laut seinen Gefolgsleuten der „führende Intellektuelle" der Region,[80] zur zentralen Figur der Opposition. In dieser Rolle erreichte er am 4. Juli 2009 die Verabschiedung einer explizit politischen Deklaration über Menschen- und Glaubensrechte der Bosniaken in Serbien, in der die Politik Belgrads kritisiert und ein Ende der „administrativen Zerschlagung des Sandžak" gefordert wurde. Die SDA und die SDP unterstützten diese Deklaration nicht, was Zukorlić eine weitere Möglichkeit lieferte, beiden Parteien vorzuwerfen, aus reinem Machtkalkül mit Belgrad zu kooperieren und ansonsten die lokalen klientelistischen Strukturen auszunutzen.[81] Sein seit 2009 deutlich verschärfter Ton in Richtung Belgrad sowie an die Adresse der bosniakischen Vertreter in der nationalen Politik ebnete ihm, im Kontext der enormen Frustrationen der Bosniaken, den Weg zum Erfolg bei der Wahl zum neuen „Bosniakischen Nationalrat". Die Ereignisse rund um diese Wahl am 6. Juni 2010 schürten den Konflikt zwischen Belgrad und dem Sandžak erneut. Nach einer vergleichsweise ruhigen Periode zwischen 2008 und 2010 weisen die Ereignisse nun vermutlich in Richtung einer politischen Neuordnung des Sandžak.

Die Wahlen zum bosniakischen Nationalrat und eine dritte politische Option

Ende August 2009 verabschiedete das serbische Parlament ein Gesetz über die Nationalräte der nationalen Minderheiten (*Zakon o nacionalnim savetima nacionalnih manjina*), das die Einrichtung von Nationalräten nun als zentrales Element zum Schutz kultureller Minderheitenrechte vorsah. Das neue Gesetz gilt als mit den Anforderungen des europäischen Integrationsprozesses konform gehend, entspricht höchsten internationalen Standards und folgt dem Trend der formalen und institutionellen Anpassung der serbischen Gesetzgebung an die

---

[79] Forum ZFD, Regional Office Novi Pazar, Percepcija privatnog biznis sektora Sandžaka o političkom i ekonomskom ambijentu, Empirijska studija, in: Helsinški odbor za ljudska prava u Srbiji, Sandžak i evropska perspektiva (wie Anm. 13), 185-247, unter <http://www.unescochair.uns.ac.rs/sr/docs/percepcijaSandzak.pdf>.

[80] Interview des Autors mit Vertretern der Islamischen Gemeinschaft in Serbien, geführt in Novi Pazar am 24. Juni 2010.

[81] Sonja BISERKO, Sandžak: Radikalizacija ili saradnja, in: Helsinški odbor za ljudska prava u Srbiji, Sandžak i evropska perspektiva (wie Anm. 13), 8-28.

Vorgaben der EU. Das Gesetz überträgt den Nationalräten der Minderheiten in Serbien Kompetenzen in den Bereichen Kultur, Bildung, Information sowie bei der offiziellen Verwendung der Minderheitensprache bzw. -schrift.[82]

Die politische Dimension des Gesetzes offenbarte sich im Verlauf des intensiv geführten Wahlkampfes im Sandžak. Mufti Zukorlić und seine Anhänger machten sich zu den regionalen Wortführern einer landesweit heftig geführten Debatte über die Art der Zusammensetzung der Listen bzw. über das Wahlprozedere. Die Kluft zwischen den offiziellen politischen Vertretern des Sandžak in Belgrad, deren Anhänger in der Region rund um deren Parteien SDA und SDP versammelt sind, und der Islamischen Gemeinschaft in Serbien unter Mufti Zukorlić wurde nun umso deutlicher. Ugljanin und Ljajić suchten Zukorlić politisch zu diskreditieren, während dieser keine Gelegenheit ausließ, um gegen Belgrad, dessen Diskriminierung der Bosniaken sowie gegen die in seinen Augen politischen Handlanger der serbischen Regierung und „Verräter des Sandžak" Ugljanin und Ljajić zu wettern.[83] Das offizielle Organ der Islamischen Gemeinschaft in Serbien, *Glas islama* (Stimme des Islam), sah sogar einen „speziellen Krieg" der Regierung gegen den Sandžak ausgebrochen und formulierte die Notwendigkeit „nationalen Widerstands".[84]

Die Wahlen für den „Bosniakischen Nationalrat" fanden am 6. Juni 2010 statt. Es traten drei Listen an: rund um Sulejman Ugljanin und die SDA gründete sich die *Bošnjačka lista* (Bosniakische Liste), Ljajićs SDP unterstützte die Liste *Bošnjački preporod* (Bosniakische Erneuerung), und Mufti Zukorlić stand der *Bošnjačka kulturna zajednica* (Bosniakische Kulturgemeinschaft, BKZ) vor. Bei einer Wahlbeteiligung von 56,46 % verbuchte letztere 48,4 % der Stimmen und damit die relative Mehrheit von 17 Mandaten im 35-köpfigen Minderheitenrat der Bosniaken für sich; die *Bošnjačka lista* erreichte 37,35 % der Stimmen und insgesamt 13 Mandate; die Liste *Bošnjački preporod* kam hingegen lediglich auf 14,25 % und fünf Mandate.

Mufti Zukorlić erhob, obwohl siegreich, den Vorwurf der Wählerlistenmanipulation durch seine Konkurrenten und behauptete, dass mehr als 10.000 vermutliche Wähler der BKZ von den Wahlen ferngehalten worden seien.[85] Gleichzeitig griff er immer wieder in sehr scharfer Form Belgrad sowie Ljajić und Ugljanin an, die seiner Meinung nach alles unternahmen, um seine Bewegung zu diffamieren und ihren Sieg zu verhindern. Die anderen beiden Gruppen

---

[82] Safeta BIŠEVAC, Političke poruke izbora za nacionalni savet Bošnjaka, in: Helsinški odbor za ljudska prava u Srbiji, Sandžak i evropska perspektiva (wie Anm. 13), 28-30.

[83] Vgl. beispielsweise Izdali nas Ugljanin i Ljajić, *Pravda*, 09.09.2009.

[84] Vgl. BISERKO, Sandžak: Radikalizacija ili saradnja (wie Anm. 81), 18.

[85] Vjerujem da je Beograd shvatio poruku – Intervju, *Danas*, 16.06.2010; sowie Interview des Autors mit dem Vertreter der Islamischen Gemeinschaft in Serbien, geführt in Novi Pazar am 24. Juni 2010.

unterstellten hingegen Mufti Zukorlić die politische Manipulation der Wahl und Stimmenkauf.[86]

Am Tag der Wahl selbst stationierte das serbische Innenministerium 1.500 bewaffnete Polizeikräfte in Novi Pazar, was von Mufti Zukorlić als eine eindeutig unzulässige und feindliche Intervention Belgrads interpretiert wurde. Nach der Wahl feierte er seinen Sieg im Sinne eines klaren Auftrags, den die Bosniaken ihm gegeben hätten, nämlich eine offensivere Politik gegenüber Belgrad zu betreiben. Aus den Reihen der SDA und SDP versuchte man zu beschwichtigen, indem man die Bedeutung der Wahl relativierte und betonte, es habe sich um keine politische Wahl gehandelt und die Ergebnisse hätten daher keine große politische Bedeutung.

Unmittelbar nach der Wahl kam es zur mittlerweile notorischen „Affäre *Blic*", als Mufti Zukorlić in einer Karikatur der Belgrader Tageszeitung *Blic* mit serbisch-orthodoxen Insignien abgebildet wurde. Er empfand dies als eine tiefe Beleidigung aller Muslime in Serbien und forderte eine „symbolische Entschädigung" von 100 Millionen Euro. Während die Höhe der Forderung in der Öffentlichkeit belächelt wurde, mobilisierte Zukorlić anhand dieses Vorfalls von neuem seine Anhänger im Sandžak und verstärkte seine Kritik an Belgrad. In der Zwischenzeit dauerte das Tauziehen um die formale Konstituierung des „Nationalrats der Bosniaken" an. Zukorlić konnte zwei Vertreter der Liste *Bošnjački preporod* für sich gewinnen und sicherte sich so die notwendige Mehrheit für die formale Konstituierung des Rates sowie für die Wahl von dessen zentralen Organen am 7. Juli 2010.[87] Jedoch hatte das Ministerium für Menschen- und Minderheitenrechte in Belgrad am Tag der Wahl die gesetzliche Regelung für die Konstituierung des Nationalrats geändert und verlangte nun anstatt der vorher vorgesehenen einfachen eine Zwei-Drittel-Mehrheit. Auf dieser Grundlage annulierte es die konstituierende Sitzung.[88]

In Reaktion darauf verabschiedeten die Bosniaken Mitte Juli 2010 eine Deklaration, in der festgehalten wurde, dass sie den Status eines konstitutiven Volkes und explizit nicht den Minderheitenstatus beanspruchten. Mufti Zukorlić hielt

---

[86] Interviews des Autors mit Zibija Šarenkapić von *Damad* sowie mit Vertretern von *Urban In*, geführt in Novi Pazar zwischen dem 20. und 25. Juni 2010. Vgl. Muftija Zukorlić – od verskog do političkog vođe, *Politika*, 09.06.2010, unter <http://www.politika.rs/rubrike/Politika/Zukorlic-od-verskog-do-politichkog-vodje.lt.html>.

[87] Miloš Teodorović, Zukorlić u vrtolgu vere i politike, *Radio Slobodna Evropa*, 28.06.2010, unter <http://www.slobodnaevropa.org/content/zukolic_vera_politika/2085019.html>.

[88] Želimir Bojović, Iz Sandžaka stižu upozoravajuće poruke, *Radio Slobodna Evropa*, 17.07.2010, unter <http://www.danas.org/content/Sandžak_bosnjaci_islamska_zajednica_Zukorlić_tadic/2101910.html>; sowie Nebojša Grabež, Raspušten nacionalni savet Bošnjaka, *Radio Slobodna Evropa*, 12.07.2010, unter <http://www.danas.org/content/raspusten_nacionalni_savet_bosnjaka/2097794.html>.

eine Rede, die in Belgrad und in der serbischen Öffentlichkeit heftige Reaktionen hervorrief. An die Adresse von Belgrad gerichtet betonte er, dass

„es nicht möglich ist, mit dem Sandžak zu spielen und dabei nicht auch mit Serbien zu spielen. Der Staat ist wie ein Wohnhaus, in dem sich die Bewohner entweder mögen oder eben nicht. Falls eine Mehrheit der Bewohner sich entscheidet, eine Wohnung in Brand zu setzen, riskiert sie dabei, dass das ganze Wohnhaus in Flammen endet. Man sollte daher nicht mit dem Feuer spielen. Entweder wird es uns allen gut gehen, oder es wird alles brennen."[89]

Dem serbischen Präsidenten Boris Tadić riet Zukorlić, die Finger von Teufelsdingen zu lassen.[90]

Daraufhin ging das Ministerium für Menschen- und Minderheitenrechte auf direkten Konfrontationskurs zu Zukorlić und dem aus seiner Sicht illegal einberufenen „Nationalrat der Bosniaken". Der Minister Svetozar Čiplić und Zukorlić lieferten sich mediale Wortgefechte; Ljajić und Ugljanin schlugen sich demonstrativ auf die Seite Belgrads. Zukorlić und seine Anhänger sahen in der ihrer Meinung nach falschen und offensichtlich auf politischen Zuruf von Ljajić und Ugljanin erfolgten Handhabung der Wahl und des Prozederes zur Konstituierung des Minderheitenrates einen neuerlichen Beweis für die systematische Diskriminierung der Bosniaken.[91] Es kam zum offenen Konflikt zwischen den beiden bosniakischen Ministern Ugljanin und Ljajić auf der einen und Zukorlić auf der anderen Seite. Ljajić rief die Bosniaken auf, Ruhe zu bewahren, und verurteilte die aus seiner Sicht propagandistische und polemische Haltung Zukorlićs. Dieser ließ daraufhin den Ministern Ugljanin, Ljajić und Čiplić ausrichten, dass sie den Bosniaken am meisten nutzen würden, wenn sie alle drei im Gefängnis säßen.[92]

Im August 2010 kritisierte auch die Ombudsfrau für Gleichberechtigung, Nevena Petrušić, die Entscheidung, die Konstituierung des „Bosniakischen Nationalrats" auszusetzen, woraufhin Minister Čiplić ankündigte, er werde diese rückgängig machen. Bis Anfang September war dies nicht geschehen, was wiederum für Mufti Zukorlić Anlass bot, seine Polemik fortzusetzen; er verglich die gegenwärtige Belgrader Regierung mit dem Milošević-Regime. Seit Mitte August entfachte er zudem eine intensive Diskussion über Autonomieforderungen für den Sandžak.[93] Diese Politik, die offensichtlich bei weiten

---

[89] Zitiert nach: Tenzije u Sandžaku, Intervju sa Muamerom Zukorlićem, *Slobodna Bosna*, 22.07.2010, 17.
[90] Ebd.
[91] BOJOVIĆ, Iz Sandžaka (wie Anm. 88); sowie Conflict over Minority Council, *B92 News*, 20.08.2010, unter <http://www.b92.net/eng/news/politics-article.php?yyyy=2010&mm=08&dd=20&nav_id=69186>.
[92] BOJOVIĆ, Iz Sandžaka (wie Anm. 88).
[93] Vgl. Faruk VELE, Zukorlić: Nema razlike između Miloševićevog i sadašnjeg režima Srbije, *Dnevni Avaz*, 21.08.2010, unter <http://www.dnevniavaz.ba/dogadjaji/intervju/11608-efendija_

Teilen der bosniakischen Bevölkerung im Sandžak Anklang findet, wird von seinen Kritikern, und nicht zuletzt von unabhängigen NGO-Aktivisten, als zu laut, zu hetzerisch und mit ethnischen Argumenten manipulierend verurteilt. Letztendlich wirke sie zudem kontraproduktiv für die Interessen des Sandžak. Viele sehen in Zukorlićs Verhalten vor allem den Versuch, seinen persönlichen Einfluss auszuweiten – nicht zuletzt auch im ökonomischen Bereich. Die Vorwürfe reichen bis hin zu dem persönlicher Megalomanie.[94]

Conclusio

Anfang September 2010 spitzte sich die Situation im Sandžak neuerlich zu. Es kam zu gewalttätigen Ausschreitungen mit Verletzten, als die Anhänger von Mufti Zukorlić den von der Islamischen Gemeinschaft in Serbien für eigene Zwecke beanspruchten Platz besetzten, auf dem die Stadt Novi Pazar mit dem Bau eines Kindergartens begonnen hatte. Die Menge beschimpfte Belgrad, Sulejman Ugljanin und Rasim Ljajić. Der Bau des Kindergartens konnte nur unter starkem Polizeischutz fortgesetzt werden. Zuvor hatte eine außerordentliche Sitzung des Rates der Islamischen Gemeinschaft in Serbien stattgefunden, die den Bosniakischen Nationalrat aufforderte, beschleunigt Vorbereitungen für die Autonomie des Sandžak zu treffen. Die Bosniaken im Sandžak rief der Rat zu Solidarität und zu „zivilem Ungehorsam" gegen Serbien auf. Der bisherige Vizebürgermeister von Novi Pazar, Emir Elfić, kündigte die Gründung einer dritten politischen Partei an, die sofort als die Partei Mufti Zukorlićs bezeichnet wurde. Es ist davon auszugehen, dass dieser neuen Partei in den kommenden Jahren eine Schlüsselrolle zukommen wird.

Die rund um die Wahl für den Nationalrat erfolgte Zuspitzung des politischen Konflikts zwischen Belgrad und Novi Pazar sowie innerhalb des bosniakischen politischen Spektrums zwischen Ugljanin und Ljajić einerseits und Mufti Zukorlić andererseits könnte sich bis zu den nächsten Parlamentswahlen, die für 2012 angesetzt sind, fortsetzen. Mit den seit dem Sommer 2010 forciert erhobenen Forderungen Zukorlićs nach einem Autonomiestatus für den Sandžak scheint dessen politische Marschrichtung vorgegeben. Die anhaltend schwierige wirtschaftliche Situation – seit der Aufhebung der Visumspflicht ist ein verstärkter Abwanderungstrend zu verzeichnen – dürfte die ohnehin schlechten Beziehungen zu Belgrad höchstwahrscheinlich weiter trüben.

Es bleibt zu konstatieren, dass die Konflikte rund um den „Bosniakischen Nationalrat" darauf verweisen, dass Minderheitenschutzbestimmungen – diesen Zweck hatte die Einrichtung des Rates unter europäischen Vorzeichen – zu-

---

muamer_zukorlic_srbija_sandzak_autonomija_bosnjaci.html>.

[94] Vgl. alle genannten Interviews des Autors, geführt in Novi Pazar zwischen dem 20. und 25. Juni 2010.

nächst einen rein formalen Charakter besitzen. Im schlechteren Fall führt der Versuch ihrer Implementierung zu einer Verschärfung bestehender Konflikte. In diesem Kontext stellt sich die Frage, wie sich der weitere Verlauf des Europäisierungsprozesses in Serbien auf die Situation im Sandžak bzw. auf die Beziehung zwischen Novi Pazar und Belgrad auswirken wird. Die Tatsache, dass im Verhältnis zwischen Novi Pazar und Belgrad zentrale Konfliktfelder nicht entschärft werden konnten und weiterhin Misstrauen, gegenseitige Beschuldigungen und Aggressivität den politischen Umgangston bestimmen, offenbart die Schwierigkeiten, auf die die Umsetzung der EU-Konditionalität hier trifft.

TATJANA PETZER

Blickregime und Bildgewalt.
Eine Inventur des neuen makedonischen Films

Abstract. This article examines Macedonian films produced since the country's independence in 1991. It focuses on three aspects of said films: the Balkans' eroticism, narrations of war, and the aesthetics of violence. The author refers to the "mythoeroticism" of space and discovers in Macedonian films a metaphor established by other authors, i. e. the region as Europe's unconscious, where the most primitive and scandalous passions are located. She explores the narratives of war and the strategies of survival present within the directors' handling of the first twenty years of Macedonian independence. Finally, she describes a specific architecture – especially prisons and internment camps – as well as physical markers – tattoos, drug addiction, trauma – as aspects of an aestheticization of violence in Macedonian films. Among others, she analyses films by Cvetanovski, Mančevski, the sister and brothers Mitevski, Mitrikeski, Panov, Popov, Ristovski, and Trajkov.

Tatjana Petzer ist Dilthey Fellow am Zentrum für Literatur- und Kulturforschung Berlin sowie Oberassistentin für Slawische Literaturwissenschaft an der Universität Zürich.

Mit dem Slogan „Small Country – Big Cinema. Come Discover the Soul of a Nation" warb das erste Festival des makedonischen Films im November 2008 in New York.[1] Das seit 1991 unabhängige Makedonien hat demnach nicht nur festgelegte geographische Grenzen, es hat auch eine Seele, die sich dem Besucher durch das Kino offenbaren wird. Auch ohne die spekulative Frage nach der Beschaffenheit der Seele der – jungen und von den Nachbarn nicht unumstrittenen – makedonischen Nation aufzuwerfen, kann vorausgeschickt werden, dass die Positionen des neuen makedonischen Films insofern Narrative des *nation-building* transportieren, als er über die Problematisierung historisch-

---

[1] Das Festival fand im „Village East Cinema", einem der bekanntesten Kinos von New York City, statt, vgl. Macedonian Films in New York, unter <http://www.culture.in.mk/story.asp?id=26494>. Auf alle Internetseiten wurde am 10.08.2010 zuletzt zugegriffen. Filmfestivals sind oftmals die einzigen Plattformen für Filme aus Ost- und Südosteuropa, da ihre Distribution auf dem internationalen Filmmarkt und selbst in den Nachbarländern sehr eingeschränkt ist, vgl. Dina IORDANOVA, Feature Filmmaking Within the New Europe: Moving Funds and Images Across the East-West Divide, *Media Culture Society* 24 (2002), H. 4, 517-536, 530-534.

politischer Umbrüche hinaus direkt und indirekt auch all das inszeniert, was heute auf der politischen Bühne des Balkans weiterhin ein Streitapfel zu sein scheint: die Eigenständigkeit von Geschichte, Sprache und orthodoxer Kirche, ja selbst der Name der makedonischen Nation.[2]

Die Filmproduktion Makedoniens, eines ökonomischen Schlusslichts unter den Nachfolgestaaten des sozialistischen Jugoslawien, basierte zunächst überwiegend auf der Unterstützung der Nachbarn und aus Westeuropa;[3] erst 2008 kam auch der von der makedonischen Regierung eingerichtete „Filmski Fond na Makedonija" zur Finanzierung der einheimischen Filmindustrie zum Tragen. Auf nationalen und internationalen Festivals des makedonischen Films[4] werden nicht nur Neuerscheinungen, sondern auch Tradition und Kontinuität, d. h. Beispiele aus der makedonischen Filmgeschichte gezeigt, die 1905 mit Aufnahmen der Manaki-Brüder begann – nach ihnen ist das „Festival na filmskata kamera braka Manakim" in Bitola, heute ein internationales Filmkamera-Festival, benannt.[5] Klassiker der 1947 gegründeten makedonischen Produktionsgesellschaft *Vardar Film* genießen wieder Popularität, etwa Živorad Mitrovićs „Solunski atentatori"/„Die Attentäter von Thessaloniki" (1961), der an die patriotischen Studenten erinnert, die sich im April 1903 opferten, um die Aufmerksamkeit der Weltöffentlichkeit auf die Freiheitsbewegung in Thrakien und Makedonien sowie auf die Massaker der osmanischen Machthaber an der dortigen Bevöl-

---

[2] Zum Namensstreit zwischen Griechenland und Makedonien vgl. das Road-Movie „A Name Is a Name" (2009) des isländischen Regisseurs Sigurjon Einarsson. Makedonien sei, so Einarssons Fazit, „a nation held hostage because of its name", vgl. den Film-Trailer unter <http://www.anameisaname.com/EN/index.html>. Zu den historischen Hintergründen des Namensstreits und den aktuellen Standpunkten zur Bezeichnung „Former Yugoslav Republic of Macedonia" (FYROM) vgl. Demetrius Andreas Floudas, Pardon? A Conflict for a Name, in: George Kourvetaris (Hg.), The New Balkans: Disintegration and Reconstruction. New York 2002, 85-128.

[3] Zu Strategien und Möglichkeiten der Co-Produktionen und -Finanzierungen in Makedonien und allgemein im ost- und südosteuropäischen Filmgeschäft seit den 1990ern vgl. Igor Pop Trajkov, The Geopoetics of Film Heritage. The EU Influence on Macedonia's Film Repertoire, *Kinoeye. New Perspectives on European Film* 3 (2003), H. 10, 29.09.2003, unter <http://www.kinoeye.org/03/10/trajkov10.php>; und Iordanova, Feature Filmmaking (wie Anm. 1).

[4] Zum 100. Jahrestag des makedonischen Films veranstaltete das Wiener „Topkino" im November 2005 „Mazedonische Filmtage"; das Programm findet sich unter <http://www.kulturkontakt.or.at/page.aspx?target=123750&mark=mazedonische+filmtage#show_123750>; in London fand 2009 zum wiederholten Male ein makedonisches Filmfestival statt, Macedonian Film Festival Starts in London, *Balkan Travellers*, 24.09.2009, unter <http://www.balkantravellers.com/index.php?option=com_content&task=view&id=1176>, und in Toronto wird ein solches bereits zum vierten Male ausgetragen, vgl. die Webseite des Festivals unter <http://www.macedonianfilmfestival.com>.

[5] Vgl. Boris Nonevski, Vekot na filmot vo Makedonija. Skopje 1995, und die informative Webseite der Kinoteka na Makedonija unter <http://www.maccinema.com>.

kerung zu lenken,[6] und Kiril Cenevskis „Crno Seme"/„Der schwarze Same" (1971), der die brutale Behandlung von Partisanen, darunter zahlreiche Ägäis-Makedonier, thematisiert, die im Zuge des griechischen Bürgerkriegs in Konzentrationslagern für Kommunisten interniert wurden. Der neue makedonische Film knüpft auch an diese jugoslawische Tradition an. Nicht selten bestimmen Grundkonstellationen wie Revolution und Entgrenzung bzw. Internierung und Grenzen das Szenario.

Spätestens seit Milčo Mančevskis Debütfilm „Pred doždot"/„Vor dem Regen" (1994), der in Venedig den Goldenen Löwen gewann und für den Oscar nominiert wurde, gilt der makedonische Film als Insidertipp, ungeachtet dessen, dass es sich gerade bei diesem Film um eine ausgesprochene Co-Produktion handelt[7] und der Regisseur in New York lebt. Nahm man „Pred doždot" als Dokumentation aktueller Ereignisse wahr und nicht, wie intendiert, als eine Warnung vor dem drohenden Ausbruch ethnischer Konflikte, so wurde Mančevskis zweiter Spielfilm, „Prašina"/„Staub" (2001), der die Biennale in Venedig eröffnete, von der Kritik als slawisch-majoritärer („rassistischer") Kommentar zum aktuellen makedonisch-albanischen Konflikt auf der Folie der osmanischen Besatzungsgeschichte umgedeutet.[8] Eine derartige Regionalisierung und Politisierung wird der Filmkunst natürlich nicht gerecht. Was Gefahr läuft, Ausdruck von patriotischem Pathos zu werden, eignet sich nicht für anspruchsvolles Kino, es sei denn, es wird zum Gegenstand subtiler filmästhetischer Transformation.

Die Ästhetisierungsprozesse, die Raum und Körper, Bild und Text im Film durchlaufen, komplementieren aktuelle gesellschaftliche Diskurse, die, metaphorisch gesprochen, zunächst vom Weitwinkelobjektiv der Kamera erfasst, auf die Leinwand jedoch in einer spezifisch filmischen Verarbeitung projiziert werden. Daher richtet sich das Augenmerk der Filmanalyse auch auf strukturelle Bedingungen – auf die technisch vermittelte Form des Sehens, also den Blick

---

[6] Die Attentate spielen, wie der Ilinden-(Eliastag-)-Aufstand vom 2. August 1903, eine große Rolle in der makedonischen nationalen Mythologie. Die historischen Ereignisse wurden von Lucien Nonguet („Massacres de Macédonie") und Charles Rider Noble („Macedonian Rebels fight against the Turks") gefilmt.

[7] Unter dem Stichwort „co-producing nationality" diskutiert IORDANOVA, Feature Filmmaking (wie Anm. 1), 533f., die Nationalisierung von Filmen, die, obwohl aus internationaler Zusammenarbeit hervorgegangen, nach thematisch-nationalen Gesichtspunkten klassifiziert werden.

[8] Der Film greift die makedonischen Aufstände um die Jahrhundertwende und die Vergeltungsaktionen der osmanischen Besatzer auf. Zur Rezeption vgl. Iris KRONAUER, Dust – On Politics, War, and Film, Beitrag auf der interdisziplinären Konferenz „(Re)Inventing Collective Identities – an Interdisciplinary Conference on the Film Dust, Universität Leipzig, 15.-17.01.2004, unter <http://www.manchevski.com.mk/html%20en/inventing_collective_identities.html>. Siehe auch Mančevskis Statement zur Reflexion der aktuellen gesellschaftlichen Situation in seinen Filmen im Interview mit Necati SÖNMEZ, The Rain Comes Again? Macedonian Director Milcho Manchevski Interviewed, unter <http://www.ce-review.org/0/1/15/kinoeye15_sonmez.html1>.

durch die Kamera – und historisch-kulturelle Aspekte, das heißt die Produktion gesellschaftlich relevanter Bilder, die meist die vorherrschende hegemoniale soziale Ordnung repräsentieren. Das Verhältnis von Ästhetik und Politik wird durch diese strukturierenden Kategorien des *Blickregimes*[9] und durch die *Bildgewalt*[10] evident, d. h. durch die soziokulturellen und ideologischen Implikationen des „Blicks" sowie durch den ambivalenten Zusammenhang von Bildern der Gewalt und der Gewalt der Bilder. Bei meiner Bestandsaufnahme dominierender, gleichwohl heterogener Filmsujets frage ich daher nach den Bilderordnungen und ästhetischen Aspekten, die den Szenarien Makedoniens bzw. des Balkans und den Inszenierungen von Gewalt in und nach den Kriegen zugrunde liegen.[11]

Die Erotik des Balkans

Ein Streifzug durch die makedonische Filmothek seit 1991 enthüllt Episoden aus Vergangenheit und Gegenwart oder auch den Blick in die Zukunft, eng beieinanderliegende Bilder des Friedens und der Gewalt vor der beeindruckenden Kulisse makedonischer Landschaften und der Symbole orthodoxer und islamischer Kultur. Patriotische Heimatliebe wird mit einem Bewusstsein verschränkt, dass die von Bergen umschlossenen Klöster und Märtyrergräber Makedonien zur Wiege des Christentums in Europa machten. Es sind aber auch Schichtbilder, in denen die Spuren der Zerstörung, die ein Jahrhundert der Umbrüche und Kriege in dieser Landschaft hinterlassen hat, wirkmächtig

---

[9] Ich folge hier Kaja SILVERMAN, Dem Blickregime begegnen, in: Christian KRAVAGNA (Hg.), Privileg Blick. Kritik der visuellen Kultur. Berlin 1997, 41-64, die von der Subjekt-Konzeption in der Bild- und Blicktheorie Jacques Lacans' (Die vier Grundbegriffe der Psychoanalyse) ausgeht, derzufolge in visuellen Prozessen die mediale Konstruktion von Wirklichkeit von externen Blickpunkten mitbestimmt wird – d. h. es ist zwischen dem „Sehen", das vom Betrachter ausgeht, und dem präexistenten „Blick", der auf dem Sehenden selbst ruht, zu unterscheiden. Vgl. Jacques LACAN, Die vier Grundbegriffe der Psychoanalyse. Olten u. a. 1978.
[10] Dass Bilder der Gewalt allgegenwärtig sind und von Bildern Gewalt ausgeht, ist ein Gemeinplatz. Der Philosoph Jean-Luc Nancy etwa hat die parallele Ambivalenz, von der sowohl die Gewalt als auch das Bild geprägt seien, vor dem Hintergrund ethischer, juridischer und ästhetischer Regulierungsforderungen von Bildgewalt und Gewaltbildern untersucht und die Frage nach der Verantwortung von Kunst aufgeworfen. Gewalt zeige sich in ihrer Wirkung immer bildhaft, das Bild durch seine Rivalität zum Abgebildeten und seine künstlerische Umcodierung gewaltsam. Vgl. Jean-Luc NANCY, Bild und Gewalt, in: Daniel TYRADELLIS / Burkhardt WOLF (Hgg.), Die Szene der Gewalt. Bilder, Codes und Materialitäten. Frankfurt/M. u. a. 2007, 33-44.
[11] Eine umfassende Analyse zum makedonischen Film steht noch aus. Die Überblicksbeiträge von Robert ALEGJOZOVSKI, The Postmodernism in the Macedonian Film (parts I-II), *Blesok – literatura i drugi umetnosti* 27 (Juli – August 2002) und *Blesok* 28 (September – Oktober 2002) sowie Ana VASILEVSKA, The New Macedonian Film, *Blesok* 45 (November – December 2005), greifen in ihren Analysekriterien zu kurz. Auch der vorliegende Beitrag trägt in dieser Hinsicht einen einführenden Charakter.

sind. Dabei handelt es sich nicht um Inszenierungen, die allein die Absurdität historischer und aktueller Ereignisse vor Augen führen. Vielmehr sieht man komplexe Projektionen national-mythologischer und transnationaler Räume wie auch deren Peripherien und Grenzen, die durch die Filmsprache auf eine symbolische Ebene gehoben und, eingerahmt von der entsprechenden Filmmusik balkanischer Provenienz, emotionalisiert werden.

Die filmischen Topographien visualisieren, mit Alexander Kiossev gesprochen, die „Mythoerotik des Raumes" – eine der wesentlichen topologischen Ordnungen der „libidinösen Ökonomie" Europas.[12] Dem bulgarischen Kulturtheoretiker zufolge lässt sich Europa in „erogene" Zonen unterteilen, die nach den entsprechenden vorherrschenden Wertmustern Ziel geopolitischen Begehrens sind und Gruppenidentitäten strukturieren.[13] Mit „Balkan"[14] werde auf der europäischen Landkarte die Region der zweifellos primitiv-skandalösesten Leidenschaften (Krieg und Sex, Gewalt und Gaunerei, Essen und Trinken usw.) abgesteckt. Dort sei auch der Sitz des Unterbewussten.[15] Dieser Kartierung liegt anscheinend nicht zuletzt eine narzisstisch-exhibitionistische Beziehung zugrunde: Mit den Informationsfiltern der Massenmedien, durch die das mit „Balkanismus" verminte Territorium überhaupt erst Formen annimmt, geben sich die Voyeure preis, und der von ihnen beobachtete Balkan verrät sich seinerseits durch „nesting orientalisms",[16] wobei in den gegenseitigen Stereotypisierungen der benachbarten und koexistierenden Ethnien das Objekt ihres Begehrens – Europa – aufscheint. Und insbesondere der Balkanfilm „seems

---

[12] Alexander KIOSSEV, Mitteleuropa und der Balkan. Erotik der Geopolitik. Die Images zweier Regionen in den westlichen Massenmedien, *Neue Literatur. Zeitschrift für Querverbindungen* 1 (1992), 102-119.

[13] Vgl. auch Ivaylo DITCHEV, The Eros of Identity, in: Dušan I. BJELIĆ / Obrad SAVIĆ (Hgg.), Balkan as Metaphor – between Globalization and Fragmentation. Cambridge/Mass., London 2002, 235-250.

[14] Zu geographischen sowie zunehmend auch symbolischen Konzeptionen des Balkans vgl. exemplarisch für die stetig anwachsende Literatur Alexander DRACE-FRANCIS, Zur Geschichte des Südosteuropakonzepts bis 1914, in: Karl KASER / Dagmar GRAMSHAMMER-HOHL / Robert PICHLER (Hgg.), Europa und die Grenzen im Kopf. Klagenfurt 2004, 275-286; Maria TODOROVA, Imagining the Balkans. New York 1997; BJELIĆ / SAVIĆ (Hgg.), Balkan as Metaphor (wie Anm. 13).

[15] Der Balkan wird oft, beispielsweise unter Rekurs auf Emir Kusturicas „Bila jednom jedna zemlja"/„Underground" (1995), als das kollektive Unbewusste der westlichen Kultur dargestellt. Vgl. u. a. Der westliche Pazifismus und seine die Entpolitisierung vorantreibende Haltung. Gespräch mit Slavoj Žižek, *com.une.farce* 3 (1999), unter <http://www.copyriot.com/unefarce/no3/zizek.htm>; und Rada IVEKOVIĆ, Das balkanische Wirtshaus, philosophisch betrachtet, in: DIES., Autopsie des Balkans. Ein psychopolitischer Essay. Graz, Wien 2001, 108-122.

[16] Vgl. Milica BAKIĆ-HAYDEN, Nesting Orientalisms: The Case of Former Yugoslavia, *Slavic Review* 54 (1995), H. 4, 917-931.

to repeat the patterns so evident today in politics and social science"[17] und zündet damit den diesen Ambivalenzen innewohnenden Sprengstoff, um die topographischen Verwerfungen vor Augen zu führen.

Viele mythoerotische Inszenierungen tragen einen unverkennbar ethnographischen Charakter. Beispielsweise greift Stole Popovs „Džipsi medžik"/ „Gypsy Magic" (1997) ein Balkanbild auf, das entschieden vom Motiv der Zigeuner geprägt ist – ein quasi-extraterritoriales Phänomen mit hohem Unterhaltungswert.[18] Auch in Makedonien ist die Zigeunersiedlung ein wundersamer Ort ungewöhnlicher Ereignisse und Denkweisen, des (Gauner-)Lebens in Armut, flankiert von Alkohol und Gewalt, jedoch zugleich auch größter innerer Freiheit.[19] Die zufällige Bekanntschaft mit dem Hindu Dr. Ridžu, einem Angehörigen der Präventiveinsatztruppe der Vereinten Nationen in Makedonien, bringt den Roma Taip auf eine Geschäftsidee: Er lässt Ridžu Totenscheine für Großmutter, Mutter und Söhne unterzeichnen. Für die „Toten", die fortan verborgen in der Familienhütte hausen müssen, empfängt er Geld von der Sozialhilfe, das er braucht, um sich einen Wunsch zu erfüllen: nach Indien, in die mythische Heimat der Roma, zu reisen. Diese kleine Gaunerei, eine Versuchung der Zivilisation, die dennoch stereotyp der Randexistenz zugeschrieben wird, leitet eine Reihe von Missgeschicken ein, deren Höhepunkt Taips Tod ist. Sein toter Körper wird von einem Güterzug erfasst und von der Zigeunersiedlung fortgetragen – die Tragikomödie eines nomadischen Lebens findet mit dieser letzten symbolischen Fahrt ein Ende.

Die interethnischen Spannungen in Makedonien,[20] die in einem Spektrum

---

[17] Dina IORDANOVA, Conceptualizing the Balkans in Film, *Slavic Review* 55 (1996), H. 4, 882-890, 883.

[18] Vgl. Dina IORDANOVA, Gypsies: Looking at „Them", Defining Oneself, in: DIES., Cinema of Flames: Balkan Film Culture and the Media. London 2001, 231-235.

[19] Vgl. auch Aleksandar MANIĆ „Knjiga rekorda Šutke"/„Das Buch der Rekorde von Šutka" (2005), eine serbisch-tschechische Koproduktion, die eine brillante Dokumentation über Šutka bietet – ein Ortsteil von Skopje und mit 20.000 Bewohnern die größte Roma-Siedlung Makedoniens. Šutka, das „glückliche Tal", repräsentiert einen magischen Ort und gleichzeitig einen Unort, in dem die Geisteshaltung vorherrscht, um jeden Preis Champion (im Gänse- oder Boxkampf, als Sänger, im Rahmen von „Sex, Kleidersammlung und Kultur" usw.) werden zu müssen. Die authentischen Charaktere sind eine bizarre Mischung aus hyperaktiven Musikproduzenten, einem Derwisch-Vampir, Transvestiten, einem Šutka-Wörterbuch- und Liedautor usw. Als Lotse durch die Episoden und Begegnungen wirkt Bajram Severdžan alias Dr. Koljo, der als Amateurschauspieler bereits in Emir Kusturicas „Crna mačka, beli mačor"/„Schwarze Katze, weißer Kater" (1998) und Popovs „Gypsy Magic" mitwirkte. Zu den Reaktionen auf Manićs Film in Makedonien vgl. Robert ALEGJOZOVSKI, Macedonia: Celluloid Heroes, *Transition Online*, 19.04.2006.

[20] Makedonien wurde zehn Jahre lang als Erfolgsfall postsozialistischer Transformationsprozesse gehandelt, wo eine Politik des interethnischen Ausgleichs zwischen der slawisch-makedonischen Mehrheit und der zweitgrößten, albanischen Bevölkerungsgruppe verfolgt werde, vgl. u. a. Stefan TROEBST, Transformationskurs gehalten: Zehn Jahre Republik Makedonien (2001), in: DERS., Das makedonische Jahrhundert. München 2007, 281-300. Die slawisch-

von Modellen der In- und Exklusion inszeniert werden,²¹ thematisierte bereits Mančevski eindrucksvoll in den drei Filmepisoden (Worte, Gesichter, Bilder) von „Pred doždot".²² Dass bei der Umstrukturierung von Identitäten und Demarkationen zwischen rivalisierenden Gemeinschaften („wir" vs. „sie") die Innen- nicht mit der Außenperspektive zu vereinbaren ist, zeigt der Film anhand des Schicksals des Kriegsfotografen Aleksandar Kirkov, der nach 18 Jahren in London in sein makedonisches Heimatdorf zurückkehrt. Er findet eine Kluft zwischen den Ethnien vor, die gerade ihm, dem dazugehörenden Außenseiter, zum Verhängnis wird, da er glaubt, eine neutrale Position einnehmen sowie an dem erinnerten Miteinander und an den zivilrechtlichen Prinzipien festhalten zu können, die vor seinem Weggehen in Makedonien lebendig gewesen waren.

Die letzte der drei Filmepisoden, Aleksandars Rückkehr zum Ursprung, führt in eine paradiesische Landschaft und zum verfallenen Elternhaus. Die romantischen Bilder werden gleich bei seiner Ankunft durchbrochen, denn er wird zunächst als Fremder, genauer: mit dem Gewehr in der Hand, empfangen. Später wird er in einem Konflikt zwischen den Clans der benachbarten Ethnien seines Dorfes Stellung beziehen und vom eigenen Vetter erschossen. Aleksandar wird zum Opfer der zwanghaften Gruppenidentität, der er in die Quere kommt, als er das albanische Mädchen Zamira, Tochter seiner Jugendliebe Hana Halili, befreit. Zamira wird des Mordes an einem Schäfer beschuldigt und vom slawischen Mob gefangen gehalten. Nach ihrer Befreiung findet sie Zuflucht in einem orthodoxen Kloster. Der junge Mönch Kiril, Aleksandars Neffe, verrät sie nicht, sondern verlässt gemeinsam mit ihr das Kloster, um sie in Sicherheit zu bringen. Paradoxerweise wird auch Zamira zum Opfer ihrer Familie: Vom Großvater für ihr nächtliches Fortbleiben gemaßregelt, wird sie, als sie sich zu ihrem makedonisch-christlichen Begleiter bekennt, vom eigenen Bruder erschossen.

---

makedonische Mehrheit räumte der albanischen Minderheit 2001 mit dem Rahmenabkommen von Ohrid weitere Rechte ein, um eine kriegerische Eskalation zu verhindern. Dass sich die slawische Bevölkerung mit diesem Vertrag in eine ungleiche Hochzeit gezwungen sah, thematisiert Peter Beringers Balkan Express-Dokumentation „Mazedonien – Macedonian Wedding. Der Krieg, der nicht stattfand" (2006), vgl. die Webseite der Doku-Serie unter <http://derstandard.at/fs/1242316121241/Doku-Reihe-Balkan-Express-Mazedonien>.

²¹ Zwei Pole dieses Spektrums stellen beispielsweise Mitko Panovs Kurzfilm „Livada"/ „Die Wiese", der 1998 die märchenhaft anmutende Freundschaft zwischen einem muslimischen Bauern und einem christlichen Arzt verfilmte, und der zehn Jahre später entstandene Dokumentarfilm „Pogledni go životot niz moite oči"/„Betrachte das Leben mit meinen Augen" von Marija Džidževa dar, der anhand des Dorfes Studeničani / Studeniçani eine stark nach außen abgeschlossene islamische Glaubensgemeinschaft, nur wenige Kilometer von Skopje entfernt, vor Augen führt.

²² Ausführliche Filmanalysen wurden im Rahmen der Tagung „Before The Rain – One Film, Many Histories" am Europäischen Hochschulinstitut in Florenz im April 1999 vorgelegt und 2002 in der Zeitschrift *Rethinking History* abgedruckt. Zu ethnopolitischen Fragen vgl. Victor A. FRIEDMAN, Fable as History: The Macedonian Context, *Rethinking History* 4 (2000), H. 2, 135-146.

In dieser Perspektive manifestiert sich ethnische Gewalt in den Ausschlussmechanismen innerhalb der einzelnen Gruppen; Übertritte oder irgendein „Dazwischen" sind nicht (mehr) zugelassen, was letztlich die Absurdität des gesellschaftlichen Wandels hervorkehrt.[23] Affektive Bindungen, die über ethnische Grenzen hinweg dennoch bestehen bleiben oder sich entwickeln, sind im Film erotisch hoch aufgeladen und folgen, kontrastiert mit dem symbolischen Schwestermord, den Prinzipien von Verbot und Übertretung.

Atmosphärisch werden diese Konstellationen durch weit ausholende Kamerabewegungen und Großaufnahmen unterstützt, welche die gefilmten Objekte buchstäblich abtasten. Erst der ins Bild gesetzte Blick verleiht der psychophysischen Semantik des Balkanraums Konturen. Mit anderen Worten: Das Kameraauge schweift über erogene Morphologien der Landschaft (Hügel, Schluchten usw.), um dann vor den zivilisatorischen Grenzen (Vorhänge, Schleier u. Ä.) zu verharren.[24] Mit diesem Verfahren werden en passant Konzepte der Identität und Differenz in paradigmatischen Bildsequenzen transportiert. Als Beispiel dafür kann eine Szene dienen, die die neue Freund-Feind-Konstellation durch einen Katalog der Blicke erfasst, und zwar Aleksandars Besuch bei seiner Jugendliebe Hana: sein Spießrutenlauf durch versteckte Blicke beim Gang in den albanischen Dorfteil; die abwertenden Blicke der selbsternannten Grenzposten, die ihn schließlich die imaginäre Grenze passieren lassen; der prüfend-nichtpositionierte Blick des Familienoberhauptes; der zu Boden gerichtete Blick der ehemaligen Schulfreundin, deren Söhne an dem als Eindringling empfundenen Fremden („er gehört nicht zu uns") provokativ vorbeischauen; Aleksandars suchend-aufnehmend-enthüllende Blicke des Fotografen, der nach dem Verlassen des Hauses den Blick der von ihm immer noch Begehrten durch das traditionell vergitterte Fenster ahnt. Auch bei einer späteren Begegnung – Hana kommt im Schutz der Dunkelheit in Aleksandars Haus – ist nicht ihr Gesicht, sondern lediglich ihre Stimme präsent. Im Raum steht die Bitte an Aleksandar, sich für ihre Tochter einzusetzen, als ob es seine eigene wäre. Das Haus der Kindheit wird für ihn zum Ort der Identifikation, noch verstärkt durch die erfahrenen Ausschlussmechanismen.

---

[23] Die „Verschwendung wertvoller Energie bei der Befriedigung der Bedürfnisse der vorherrschenden ethnischen Gruppen – Mazedoniern und Albanern", ebne einer zunehmenden Trennung dieser Gruppen bis hin zur Verfassungsänderung den Weg, betont Iskra GESHOSKA, Landschaften malen. Reflexionen über Mazedonien, *Passagen. Pro Helvetia Kulturmagazin* 46 (2007), 68-72, 69, 71f. Wie Mančevski problematisiert Geshoska das verloren gegangene gegenseitige Vertrauen, das keinesfalls durch gesetzliche Regelungen wiederzugewinnen sei.

[24] Die Kamerabilder – Zusammenfügungen zum Großen, Aufspaltungen ins Detail, Bilder des Inneren, ungewohnte Perspektiven u. Ä. – haben keine „registrierende", sondern vielmehr eine „enthüllende" Funktion. Erst die Filmkamera macht diese Art der Wahrnehmungen möglich, vgl. Siegfried KRACAUER, Theorie des Films. Die Errettung der äußeren Wirklichkeit. Hg. Karsten WITTE. Frankfurt/M. 1964, 71-94.

Wie in „Pred doždot" unterliegen auch Mančevskis folgende Spielfilme, „Prašina"/„Staub" sowie „Senke"/„Schatten" (2007) magischen, zirkulären Zeitstrukturen, welche dennoch nicht in einen Zirkelschluss münden, sondern vielmehr die Ungleichzeitigkeiten gesellschaftlicher Erfahrungszusammenhänge und Imagologien hervorkehren, die sich letztlich um territoriale Landnahmen drehen. „Prašina"[25] umspannt zeitlich ein ganzes Jahrhundert und reicht räumlich von der nordamerikanischen *frontier* des Wilden Westens über New York und Paris ins makedonische Bergland.[26] Die Filmepisoden sind zunächst zwei Erzählsträngen auf verschiedenen Zeitebenen zuzuordnen: jenem der Rahmengeschichte und jenem einer erzählten Rückblende. Beide werden im Laufe des Filmes jedoch derart miteinander verschränkt, dass sie am Ende verschmelzen. Der Ausgangspunkt ist eine Zweckgemeinschaft, die die fast einhundertjährige Erzählerin Angela und Edge, ein afroamerikanischer Jugendlicher, der in ihr Apartment einbricht, im heutigen New York eingehen. Er muss sich Angelas Herkunftsgeschichte anhören und erhält den Auftrag, ihre sterblichen Überreste an ihrem Geburtsort zu beerdigen; dafür wird er sie beerben.

Die (verstaubte) Schwarz-Weiß-Rückblende beginnt im Wilden Westen bei den Brüdern Luke und Elijah, ihrer Liebe zu einer Frau und ihrer daraus folgenden Entzweiung. Luke, ein klassischer Revolverheld, bricht in die alte Welt und in ein neues Jahrhundert auf. Es ist kein Zufall, dass er auf seiner Überfahrt ausgerechnet Sigmund Freud begegnet sowie zum ersten Mal einen Film im Kino sieht und so vom „Wilden Osten", d. h. von den makedonischen Rebellen und dem Kopfgeld, das auf den Rebellenführer ausgesetzt ist, erfährt. Was folgt, ist unter psychoanalytischer wie medientheoretischer Perspektive fassbar: eine immer wiederkehrende Geschichte über Landnahme und Gier, über Auflehnung und Freiheit, gedreht in farbigen (modernen) Einstellungen. Der amerikanische Revolverheld und später auch sein Bruder finden sich auf dem Schauplatz der Kampfhandlungen zwischen den Aufständischen und der osmanischen Armee wieder.

Der Film arbeitet mit höchst stilisierten Charakteren und typisierten Handlungsmustern. Im weiteren Verlauf durchkreuzen symbolische Bilder und Szenarien die medialen Repräsentationsstrategien von nationaler Identität. Beispielsweise entspricht die Einstellung, in der die christliche Frau des Rebellenführers den halbtoten Luke im Arm hält, der Ikonographie des Gemäldes „Das Mädchen vom Amselfelde". Dass in „Prašina" ausgerechnet Amerika und der Balkan miteinander in Beziehung gesetzt werden, ist zum einen auf

---

[25] Vgl. die Beiträge der Konferenz „(Re)Inventing Collective Identities" (wie Anm. 8).
[26] Zum „kubistischen Geschichtenerzählen" Mančevskis vgl. Beatrice Kobow, Wie funktioniert ein „kubistischer Eastern"? Zur Zeit- und Erzählstruktur in Milcho Manchevskis Film DUST. Leipzig Januar 2004, unter <http://www.manchevski.com.mk/html%20en/lajpcig-kobow.pdf>.

die Koinzidenz historischer Eckdaten zurückgeführt worden.[27] Überzeugender erscheint, dass hier der „Abwehrmechanismus des Kartographierten"[28] zum Tragen kommt, insofern als Mančevksi auf den balkanischen Wilden Westen eine Sprache anwendet, die ansonsten den amerikanischen Wilden Westen repräsentiert. Mythische Balkanbilder lassen sich ohne Weiteres einfügen, und das Ergebnis ist (analog zum italienischen Spaghetti-Western) ein „Baklava-Western",[29] der durch Genrezitate und deren Variation[30] die Relativität von Balkanklischees aufdeckt. Sie erweisen sich, wie auch die landschaftlichen Topoi (Prärien vs. Hochland), als austauschbar.

Luke, der zunächst skrupellos mit dem Gold der Rebellen den Schauplatz verlässt, kämpft dann doch noch einen überhöht heroischen Kampf gegen ein ganzes Armeeregiment und vermag die schwangere Frau des bereits geköpften Rebellenführers, die er selbst aus Versehen angeschossen hat, so lange zu schützen, bis sie Angela – die nun einhundertjährige New Yorker Erzählerin – geboren hat. Sein Bruder, der das Massaker überlebt, wird sich des Waisenbabys annehmen und es nach Amerika mitnehmen. In der letzten Einstellung gehen die Zeitebenen visuell ineinander über: Hinter dem davonreitenden Elijah, der das Kind in Sicherheit bringt, fliegt das Flugzeug, in dem Edge sitzt, um Angelas Asche in ihre Heimat zurückzubringen. Mit dem antiken Gold der makedonischen Rebellen erbt der New Yorker auch die Geschichte, die er sich angeeignet und deren erzählerischen Verlauf er zunehmend mitgestaltet hat[31] – eine Geschichte also, an der er sich ein gewisses Mitspracherecht erworben hat, mit der er sich identifiziert und der er sich verantwortet fühlt, indem er diese vollendet und zu Ende erzählt.

---

[27] Stilian YOTOV verweist in seinem Vortrag im Rahmen der erwähnten Leipziger Konferenz, The „Wild West" of the Balkans, unter <http://www.manchevski.com.mk/html%20en/stilian_german.doc>, 2, auf folgende historische Koinzidenz: Während es 1876 in Bosnien und in Bulgarien zu Aufständen und zu militärischen Auseinandersetzungen mit den Osmanen kommt, wird in Nordamerika im Juni desselben Jahres die US-Kavallerie General Custers am Little Bighorn River vernichtend geschlagen.

[28] Ebd. 6f.

[29] Vgl. Roderick COOVER, Dust. An Interview with Milcho Manchevski, *Central Europe Review* 3 (2001), H. 15, unter <http://www.filmquarterly.org/issue_5802_right.html>.

[30] Kobow führt u. a. den amerikanischen „Buddy-Buddy Film" an, dessen Handlung sich aus der zufälligen Begegnung eines „ungleichen Paars" entfaltet, vgl. KOBOW, Wie funktioniert ein „kubistischer Eastern" (wie Anm. 26), 2; Yotov verweist auf die Western-Filme „The Magnificent Seven"/„Die Glorreichen Sieben" (1960) von John Sturges und „The Wild Bunch"/„Sie kannten kein Gesetz" (1969) von Sam Peckinpah, YOTOV, The „Wild West" of the Balkans (wie Anm. 27), 13.

[31] Etwa in der Szene „Diskussion um die Zahl der Soldaten", in der neunmal zwischen Erzählung und Rahmenhandlung hin- und hergeschnitten wird, bevor Erzählerin und Zuhörer einen Konsens finden, sowie die gemeinsamen Polaroidbilder und die Fotomontagen, die zu Zeitdokumenten und Beweismitteln in Edges Erzählung werden.

In seinem dritten Spielfilm „Senke"/„Schatten" inszeniert Mančevski mittels klassischem Geisterhaustopos wirkungsvoll drei Themenkomplexe: die Naturschönheit und das folkloristische Erbe Makedoniens, die Institution der makedonischen Familie mit der zentralen Figur der Märtyrer-Mutter sowie die Frage der ägäischen Makedonier. Er erzählt die Geschichte von Lazar, einem jungen Arzt, der nach einem beinahe tödlichen Verkehrsunfall versucht, wieder in den Alltag zurückzufinden. Lazar, der bedingt durch den Unfall in einer besonderen mentalen Verfassung erscheint, wird von Geistern verfolgt: Ägäische Geister, deren Knochen, wie sich im Laufe des Films herausstellt, seine Mutter, die Ärztin Dr. Perkova, für ihre Zwecke aus einem Grab entnommen hat. Lazar nimmt die Botschaft der Geister („Gib zurück, was nicht Dir gehört! Hab Achtung!") als Tonspur auf, lässt den alten makedonischen Dialekt entschlüsseln und bringt die Knochen zurück zu ihrer Ruhestätte, nicht ohne in einer erotischen Beziehung zu einem der Geister das Schicksal der ägäischen Makedonier ein Stück weit am eigenen Leib zu erfahren. Mančevski konzentriert sich in seiner filmischen Verarbeitung eines Kapitels der jüngeren makedonischen Geschichte, wie bereits in seinem ersten Film, auf Exklusionsstrategien, die sich, aus verschiedenen Gründen, gegen Personen aus den eigenen Reihen richten. Exodus und Exil der Ägäis-Makedonier, die sich im Zuge der Balkankriege 1912/1913 auf griechischem Territorium wiederfanden und infolge des Griechischen Bürgerkriegs 1946-1949 nach Jugoslawien flüchteten, gingen mit vielfältigen Traumatisierungen einher, allen voran mit dem Verbot, in die griechische Heimat zu reisen.[32]

Auch in Vlado Cvetanovskis „Tajnata kniga"/„Das Geheime Buch" (2006) sind die Topographie und die Geschichte Makedoniens erotisch aufgeladen, allerdings hier eher im Sinne einer autoerotischen Identitätsfindung. Cvetanovski schlägt ein nach wie vor rätselhaftes Kapitel des mittelalterlichen Balkans auf, und zwar die Geschichte der Bogomilen. Pavle Bigorski, der sich mit dem mittelalterlichen Verfasser des gesuchten, in Glagolica verfassten „Geheimen Buches" identifiziert, sendet Botschaften an die Wissenschaftler, die sich mit diesem mysteriösen Zeugnis der häretischen Bewegung, die einst auch am Ohridsee wirkte, beschäftigen und das Original finden wollen. Indes wirkt dieser Rahmen wie ein Vorwand für das eigentliche Thema des Films: Bigorskis Erzählung von seinen drei Brüdern, Metaphern nicht nur für als makedonisch definierte Tugenden – Glaube, Rebellion gegen das Böse, Verteidigung der Ehre –, sondern auch für jeweils eine der drei geographischen Regionen, in denen ethnische Makedonier leben, für Vardar-, Pirin- und Ägäisch-Makedonien. Die aktuellen Prozesse des *nation-building* nehmen im Mythisch-Imaginären Gestalt an.

---

[32] Vgl. das Familienschicksal der heute in Deutschland lebenden makedonischen Autorin und Malerin Kica Kolbe, das sie in ihrem Roman „Egejci", Skopje 1999, nachgezeichnet hat.

Kriegsnarrationen

Zeitnah und selbstreflexiv haben Filmemacher aus den Nachfolgestaaten Jugoslawiens die Tragödie von Zerfall und Krieg mit unkanonischen Darstellungen kommentiert.[33] Darko Mitevskis „Bal-kan-kan" (2004) quittierte den Ausbruch von Gewalt in Makedonien mit einer schwarzen Komödie à la Emir Kusturica. Der Filmtitel klingt nach „Blut & Honig",[34] vielleicht ist es aber auch der Baal Zebul, der Dämon oder Teufel also, der den exzentrisch-aufsehenerregenden Cancan tanzt. Denn bei Mitevski geht es genau darum: um die Teuflisch-Mächtigen und die (unterirdischen) Rhythmen des Balkans.

Der Film beginnt mit einer Rückblende, einem „Es war einmal in Makedonien", genauer: am Anfang der titoistischen Zeitrechnung, in den 1950er Jahren. Die Blutsbrüder Vitomir und Serafim haben sich dem Warenschmuggel aus dem kapitalistischen Westen in den sozialistischen Osten verschrieben. Von Šefket Ramadani, dem König der Unterwelt, werden sie zu einem Zugüberfall angestiftet – eine Falle, wie sich herausstellt. Nur Vitomir entkommt durch einen Sprung in die Adria der Miliz. Er erreicht die Küste Italiens, passiert die Grenze als politischer Flüchtling und führt als Don Genovese ein reiches Leben. Serafim indes stirbt im Gefängnis. Er hinterlässt einen Sohn, Trendafil Karanfilov, der sich eines Tages auf die Blutsbande besinnt, die auch der sterbende Don auf seinen eigenen Sohn, den Nachtclubbesitzer Santino, mit der Bitte überträgt, seine Schuld an Serafims Tod zu begleichen.

Die eigentliche Handlung des Films beginnt im Sommer 2001 und spart nicht mit grotesken Episoden: Trendafil flieht gemeinsam mit seiner Frau und seiner Schwiegermutter aus der Heimatstadt, um der Rekrutierung zu entgehen, und zwar in Richtung Bulgarien. Die Schwiegermutter stirbt in diesem heißen Sommer, die bulgarische Bürokratie lässt jedoch ihr Begräbnis vor Ort nicht zu, so dass der verwesende Körper nach Makedonien zurückgeschmuggelt werden muss, und zwar eingewickelt in einen Teppich. Als dieser auf der Rückreise gestohlen wird, kommt die Blutsbruderschaft zum Tragen: Santino eilt aus Italien hinzu, um den gestohlenen Leichnam zu finden. Die Suche nach dem Teppich führt die Blutsbrüder in zweiter Generation durch den gesamten kriminellen Untergrund des Balkans – über Griechenland, Serbien, Montenegro

---

[33] Vgl. dazu IORDANOVA, (wie Anm. 18); Pavle LEVI, Disintegration in Frames. Aesthetics and Ideology in the Yugoslav and Post-Yugoslav Cinema. Stanford/Ca. 2007, insb. Kap. 3-5; Daniel ŠUBER, Der Balkan-Krieg im serbischen Kriegsfilm der 1990er Jahre. Kulturwissenschaftliche Anmerkungen zu einem Genre, in: Davor BEGANOVIĆ / Peter BRAUN (Hgg.), Krieg sichten. Zur medialen Darstellung der Kriege in Jugoslawien. München 2007, 203-228.

[34] Der Kurator Harald Szeemann konstruierte mit der Ausstellung „Blut & Honig – Zukunft ist am Balkan" im Essl Museum für Kunst der Gegenwart in Klosterneuburg bei Wien (16.05.-28.09.2003), eine neue Etymologie, wonach sich das Wort „Balkan" aus *bal* (türk. Honig) und *kan* (türk. Krieg) zusammensetze.

und die bosnischen Berge nach Kosovo. Dort stoßen sie auf einen neuen König der Unterwelt, der sich ebenfalls des zum Mythos gewordenen Namens von Šefket Ramadani bedient.

Die Gewalt in der bosnischen Dorfgemeinschaft, wo Muslime und Christen an einem Tisch sitzen und gemeinsame Leidenschaften wie Essen, Trinken, Singen, aber auch die Ausgrenzung von Dritten teilen, eskaliert eher marginaler Missverständnisse wegen und wird mit Slapstick-Effekten inszeniert. In Ramadanis Reich hingegen, dem Zentrum organisierter Kriminalität, sehen sich Trendafil und Santino mit wahren Bildern des Grauens – Folter, Versklavung, Abschlachtung – konfrontiert. In Anbetracht der kriminellen Verstrickungen im makedonischen Bürgerkrieg ist es nicht verwunderlich, dass der Ort der dunklen Mächte, die das Zeitgeschehen beeinflussen, an Makedonien grenzt. Das, was der Balkan für Europa darstellt, symbolisiert wiederum Kosovo für den Balkan. Die Wege der makedonischen UÇK führen unmittelbar an diesen Ort des kollektiven Unbewussten, wo das zirkuläre Narrativ des Films mit einem Akt der Befreiung schließt: Trendafil findet seinen Teppich und greift, angesichts des Todes von Santino und der bis zur Unerträglichkeit zugespitzten Grausamkeit, doch noch zum Gewehr, um Menschenleben zu retten.

Von den traumatischen Erfahrungen und von der Kehrseite des Krieges, den leisen, sehr menschlichen Tönen der Liebe, der geteilten Trauer, dem schmerzlichen Verlust, genauer noch: der Pein eines Menschen als Metapher für die gepeinigte Welt, erzählt Antonio Mitrikeskis „Kako loš son"/„Wie ein böser Traum" (2003).[35] Die Filmepisoden, in denen sich vier Personen unterschiedlichen Alters in einer fiktiven Großstadt begegnen, formieren sich zu einem Mosaik über die psychischen Folgen der Gewalt, im konkreten Fall: die Entfremdung von sich selbst und die Unmöglichkeit von Kommunikation und Liebe. Šejtan (Teufel), gespielt von Miki Manojlović, hat als Soldat Gräueltaten begangen („Ich habe getötet, ich habe vergewaltigt, und jemand anderes hat damit begonnen, jemand anderes sagte ‚Los!'"). Der Täter stilisiert sich zum Mitläufer, seine Kriegserinnerungen und die im Krieg erfahrene Brutalisierung machen ihm eine Rückkehr in eine Normalität unmöglich. Schließlich wird er verantwortlich für den Tod seiner Ehefrau Ikonija. Auf der Flucht vor sich selbst begibt sich Šejtan in den Westen, ein Weg, den auch ein makedonischer Student mit einem Stipendium antritt, um dem Krieg zu entgehen, und der dafür die

---

[35] Das Drehbuch basiert auf den Szenen „Nadež"/„Hoffnung", „Vera"/„Glauben" und „Grev"/„Sünde" aus dem Theaterstück „Mame mu e… koj prv po na"/„Who the f… started all this" (1996) des derzeit in Hamburg lebenden Autors Dejan Dukovski. Bereits Dukovskis Theaterstück „Bure Baruta", das auf dem ganzen Balkan mit großem Erfolg aufgeführt wurde – in Deutschland kam es unter dem Titel „Pulverfass" auf die Bühne –, diente als Vorlage für Goran Paskaljevićs erfolgreiche gleichnamige Verfilmung aus dem Jahr 1998, einer jugoslawisch-französischen Koproduktion mit Lazar Ristovski, Miki Manojlović, Mirjana Joković u. a.

temporäre Trennung von seiner Heimat und seiner Freundin in Kauf nimmt. Er hört die anarchistisch anmutenden Vorlesungen eines Geschichtsprofessors, der die Notwendigkeit der Kriege auf dem Balkan postuliert, findet sich in der homosexuellen Szene wieder und wird schließlich im Haus des Professors vergewaltigt – eine Traumatisierung, die ihn zur sofortigen Rückkehr nach Makedonien veranlasst.

Persönliche Schicksale und die fortdauernden psychischen und auch ökonomischen Auswirkungen, die mit dem Zerfall Jugoslawiens und den Kriegen einhergingen, stehen auch bei einer Reihe weiterer Filme im Mittelpunkt. In Teona Strugar Mitevskas „Kako ubiv svetec"/„Wie ich einen Heiligen tötete" (2004) kommt Viola nach drei Jahren in den USA zu dem Zeitpunkt in ihre Heimat Makedonien zurück, als diese sich am Rande des Bürgerkriegs befindet. Ihr jüngerer Bruder Kokan ist in undurchsichtige Geschäfte verwickelt und unternimmt vermeintlich patriotische Aktionen, insbesondere gegen die NATO, die in einer kolonialen Rolle gesehen wird. Der Rebell bringt ein Banner mit der Aufschrift „NATO GO HOME" an einer Straßenüberführung an[36] und wirft mit Steinen nach deren Fahrzeugen, wobei er unbeabsichtigt einen Soldaten (den „Heiligen") tötet. Viola selbst ist zurückgekehrt, um ihr dreijähriges Kind wieder zu sich zu nehmen, das sie vor ihrer Familie verheimlicht hat. In die sich zuspitzenden parallelen Erzählhandlungen der beiden Geschwister sind kurze Episoden eingebettet, die den privaten Raum (z. B. trauern die Eltern dem alten Jugoslawien nach) und den öffentlichen (z. B. werden in einer kirchlichen Prozession die Gebeine eines Heiligen an seinen Bestimmungsort überführt) als Projektionsfläche von Politik und Religion vor Augen führen.

Mitevskas Filme fungieren zuweilen als Medium für soziologische Mikrostudien, so auch ihr zweiter Spielfilm, „Jas sum od Titov Veles"/„Ich bin aus Titov Veles" (2007), der von drei Schwestern handelt, genauer von ihren Körpern, die durch den Krieg markiert sind: Die erste ist drogenabhängig, die zweite will das Land mit allen Mitteln verlassen und prostituiert sich, und die dritte schweigt seit ihrem fünften Lebensjahr, seit sie von ihrer Mutter verlassen wurde. Mitko Panovs Spielfilm „The War is Over" (2001), mit einer makedonischen, kosovarischen und albanischen Besetzung gedreht, greift das Thema kriegsbedingter Migration auf und berichtet über ein (kollektives) Immigrantenschicksal – einen in der Schweiz lebenden Albaner, dessen Biographie sich aus Fakten des Lebens einer ganzen Reihe authentischer Personen zusammensetzt. Für den zuvor entstandenen Dokumentarfilm „Comrades" (2000) war der in den USA lehrende makedonische Regisseur und Professor Panov 1993 in seine Heimat

---

[36] Die Filmarbeiten zu dieser Szene wurden von NATO-Soldaten gestoppt, das internationale Filmteam festgenommen und verhört – ein Missverständnis, das die damalige prekäre Situation in Skopje spiegelt, vgl. „How I Killed a Saint" – About the Film, unter <http://www.sistersandbrothermitevski.com/HOW%20I%20KILLED%20(about).html>.

zurückgekehrt, um, ausgehend von einer Fotografie aus dem Jahre 1981, die Wehrpflichtige bei der Jugoslawischen Volksarmee aus allen Winkeln der Föderation zeigt, nachzuforschen, in welchen Beziehungen die Soldaten von damals zum aktuellen Zeitpunkt zueinander stehen. Seinen „Kameraden", die sich einst im Namen von „Einheit und Brüderlichkeit" militärisch ausbilden ließen, begegnete Panov in den gegnerischen Lagern an den Frontlinien.

Auch die Videokunst hat Aufarbeitungsstrategien entwickelt, die weniger über Handlungen als über Einstellungen (im doppelten Sinne) operieren. Als Statement in symbolischen Bildfolgen spitzen sie, wie eine Arbeit der Künstlerin Irena Paskali exemplarisch verdeutlichen soll, den politischen Gehalt der Filmnarrationen zu. In einem Kurzfilm kommentiert sie durch die Überlagerung von Bildern jene Gewalt, die über Exklusionsstrategien zwischen den Konfessionen ausgetragen wird. „Na ova dno"/„Auf diesem Grund" (2003) zeigt das Ineinandergreifen zweier heiliger Schriften und zweier Gebets- und Gesangsformen, zeigt brennende Kirchen und Moscheen sowie die Gläubigen, die auf beiden Seiten gleichermaßen Fassungslosigkeit zeigen – keiner von ihnen, so beteuern sie, würde der jeweils anderen Glaubensgemeinschaft jemals das antun, was ihnen anhand des eigenen Gotteshauses widerfahren ist.

Was die verschiedenen Genres des Balkanfilms über filmästhetische Konstanten (z. B. den typischen „magischen Realismus" und spezifische folkloristische Klänge) hinaus auszeichnet, sind die gemeinsamen Themen[37] und deren unverkennbar ironische Perspektivierung – angesichts des Ausbruchs von Nationalismus, Kriminalität und Gewalt sowie des Zustands der Orientierungslosigkeit, des Zwangs und aller möglichen Absurditäten eine Überlebensstrategie *par excellence*. Die angeführten Filmbeispiele reihen sich hier ein. Als ob die Kamera selbst in den Fluss der Ereignisse hineingezogen wird, die unentwegt Attraktionen auf die Bühne bringen, ordnen die Filme im Ergebnis diese selbstreflexiv zu einer Topographie der Gewalt, aber auch der Liebe und Freundschaft durch Raum und Zeit. Sie wagen so, wenn auch zaghaft, einen Blick in die Zukunft, der jenseits gängiger Interpretationen und Prognosen liegt.

---

[37] IORDANOVA, Conceptualizing the Balkans in Film (wie Anm. 17), 887, 889 und 890 (Zitat): „[…] the Balkans share a very similar experience. The problems seem the same: patriarchy, marginality, stubbornness, hostility, narrow-mindedness, ethnic conflicts, resistance to authority, and a special ethnic harmony currently endangered by mismanaged politics." Vgl. auch Elizabeta ŠELEVA, The Macedonian Film in the Balkan Cultural Intertext, *Blesok* 4 (1998), unter <http://www.blesok.com.mk/tekst.asp?lang=eng&tekst=65>.

Die Ästhetik der Gewalt

Visuelle Gewalt wird im neuen makedonischen Film, wie im zeitgenössischen Kino generell, mittels spezifischer Architekturen sowie Raum- und Körpermarkierungen modelliert und wahrgenommen. Allen voran sind Gefängnis- und Lagerfilme zu nennen, in denen textuelle und visuelle Strategien der Ästhetisierung von Gewalt Hand in Hand gehen. Drei Beispiele dafür sind Stole Popovs „Tetoviranje"/„Tattoo" (1991), Mitrikeskis Debütfilm „Preku ezeroto"/„Über den See" (1997) und Ivo Trajkovs „Golemata Voda"/„Das große Wasser" (2004).

Popovs Film[38] spielt im Jahr 1989. Er inszeniert eine Lawine der Gewalt, die, einmal ausgelöst, aller Absurdität zum Trotz nicht zum Halten gebracht werden kann. Der Mechanismus setzt an einem Bahnhof ein, der dem Protagonisten Ilija nach einem ehelichen Zerwürfnis als Schlafplatz dient und zur Endstation eines selbstbestimmten Lebens wird, da die jugoslawischen Ordnungskräfte seinen leeren Koffer verdächtig finden. Jedes folgende Szenenbild zeigt einen weiteren Raum der Gewalt: ein Polizeiauto auf dem Weg zur Untersuchungshaftanstalt, das einen Albaner mitnimmt, weil dieser zur falschen Zeit am falschen Ort war; die Haftzelle, in welcher ein sadistischer Häftling regiert; das Untersuchungsgebäude selbst, wo sich der ebenfalls in Untersuchungshaft befindliche TV-Reporter Isus (Jesus) durch ein Glasfenster in den Tod stürzt; das Gebäudetor, wo Ilja, auf seine Entlassungspapiere wartend, vom sadistischen Zellengenossen zusammengeschlagen wird, den wiederum ein Gefängniswärter totprügelt, nur um diesen Tod Ilija anzuhängen; das Gefängnis, in dem der nun wegen Totschlags verurteilte Ilja mit tätowierten Kriminellen einsitzt; schließlich Iljas eigener Körper mit dem Jesus-Tattoo, das er sich im Andenken an den verstorbenen Isus auf die Brust tätowieren ließ und das, als religiöses Symbol verstanden, seine Haftbedingungen verschlechtert; später, als er von einem Kriminellen als Geisel genommen wird und in dessen Fluchtauto ins Freie gelangt, wird die Tätowierung zur Zielscheibe für den Todesschuss. In dieser selbstredenden kinematographischen Inszenierung weist die Tätowierung den Körper als ästhetisiertes Medium der Gewalt aus, das Gefängnis-Szenario wiederum gibt der Gewalt im gesellschaftlichen Raum eine Architektur.

In „Preku ezeroto" verfilmte Mitrikeski die Geschichte eines jungen Mannes aus der Stadt Ohrid, der in den 1950er Jahren illegal den gleichnamigen See überquert, um zu seiner Verlobten, einer im albanischen Korça ansässigen Makedonierin, zu gelangen.[39] Für das aus der Komintern ausgeschlossene Jugoslawien wurde Albanien quasi über Nacht ein Bunker mit unpassierbaren

---

[38] Der Film wurde 1991 auf dem Montreal World Film Festival als erster Film der neu konstituierten Republik Makedonien gezeigt.

[39] Die Vorlage bildete Mitrikeskis kurzer Dokumentarfilm „Ljubovta na Kočo Topenčarov"/ „Die Liebe des Kočo Topenčarov" (1991).

Landesgrenzen. Im Film symbolisiert das Land einen Raum, in dem der Gewalt keine Grenzen gesetzt sind. Jahrzehnte verbringt der Makedonier, der aus Liebe nach Albanien aufbrach, aber wegen illegalen Grenzübertritts angeklagt und als Spion verdächtigt wird, im Labyrinth albanischer Gefängnisse und Arbeitslager. Dem Intermezzo in der „Freiheit", das es dem Paar ermöglichte, eine Familie zu gründen, um dadurch bei den späteren Internierungen umso verletzlicher zu sein, folgt erst 1990, mit der Grenzöffnung Albaniens und der Rückkehr beider nach Ohrid, die Befreiung von der äußeren und inneren Isolation.

Der dritte Film, Trajkovs visuell komplex organisierter Film „Golemata Voda"[40] führt den sterbenden populären Politiker Lem Nikodinoski an den Ort seiner Kindheit zurück. Nach einer Hetzjagd auf freiem Feld landete der zwölfjährige Lem Nikodinoski in einem stalinistischen Waisenhaus. Hohe Mauern sperren dieses Lager zur ideologischen Umerziehung von dem idyllischen See im makedonischen Süden, an dessen Ufer es gelegen ist, und von der übrigen Welt vollständig ab. Hier lernte Lem unter Torturen und ständiger Angst gemeinsam mit Hunderten anderer Kinder, dass seine neue Familie Stalin (Vater) und die Partei bzw. die Farbe Rot (Mutter) seien. In kompositionell schlüssigen Szenenbildern, die architektonisch-visuell mit den emotionalen Aspekten kommunizieren, wechseln sich sarkastische Dialoge und skurrile Episoden der Gewalt mit ephemeren Gegenbildern ab: Lems Freundschaft mit dem mysteriösen Isak, dem einzigen Kind, das die Autorität der Heimleiter in Frage zu stellen wagt, der Glaube an überirdische Kräfte, die kindliche Verschwörung gegen ein ganzes Regime.

Die Aufarbeitung von durchlebten ideologischen Systemen macht in der makedonischen Filmszene nicht bei der stalinistischen Phase des kommunistischen Jugoslawien halt. Der Künstler Jovan Balov spitzte in seiner Videoarbeit „Transcript Tito" (2007) die Frage nach dem titoistischen Erbe zu. In drei Schritten inszeniert er die Tito-Ideologie wie auch -Nostalgie als Ausdruck der jugoslawischen „Kultur der Lüge" (Dubravka Ugrešić). In der einleitenden Performance kleistern Zeitungen bzw. Parolen den Menschen zu (die Erfahrung am eigenen Leib), es folgen Film- und Tonaufnahmen aus dem Archiv (Tito rasiert sich, Tito spricht), die im Zusammenschnitt die glatt(rasiert)e Lüge versinnbildlichen, und schließlich findet an einem symbolischen Ort, an Titos Grab im Belgrader Haus der Blumen, der gewaltsame Akt der Befreiung von der Gewalt der Schrift statt: Es gilt, das Papier durch Zerreißen und Zerkauen zu (ver)tilgen.[41]

---

[40] Der Film basiert auf dem gleichnamigen, preisgekrönten Roman von Živko Čingo. Im deutschen Fernsehen wurde er im November 2008 vom Sender *Arte* unter dem Titel „Der Tag, als Stalins Hose verschwand" ausgestrahlt.

[41] Balovs Film entstand im Rahmen einer Videoinstallation für die von ihm mitkuratierte Ausstellung „Papir – Paperwork" im Stadtmuseum Ljubljana, Galerija Vžigalica, 15.12.2007-15.01.2008.

Die Filme zeigen die postkommunistische Phase nach der Desintegration Jugoslawiens als gesellschaftlich prekäres Übergangsstadium, in dem Gewalt ganz selbstverständlich präsent ist. Igor Ivanovs Film „Prevrteno"/„Upside Down" (2007) erinnert an den jugoslawischen Autorenfilm der 1960er und 1970er Jahre, den Film der sogenannten „Schwarzen Welle", der mit düsteren Parabeln und subversiven Gesellschaftsstudien rebellierte. Der Zirkusartist Jan Ludvik[42] wird gespielt von Milan Tocinovski, der seit seiner Rolle in „Kako ubiv svetec" ein autoreferentielles Image des urbanen Rebellen verkörpert, der sich sozialen und politischen Problemen stellt. Ludvik kehrt mit dem „Zug des Todes" nach Skopje zurück. Bei dieser symbolischen Inszenierung des Übergangs vom Reich der Lebenden in das Reich der Toten hat er nicht nur mehrere Grenzübergänge und Passkontrollen zu absolvieren, er hat auch Zeit, sein Leben Revue passieren zu lassen. Die Rückblende zeigt, untermalt von pulsierendem Punkrock, einen rebellischen Jugendlichen, sein Leben mit einem alkoholkranken Vater und seine Liebe zu einer Klassenkameradin – der Tochter eines politischen Demagogen. Dabei werden seine ersten, zusammenspielenden Erfahrungen mit der Sexualität und der Politik enggeführt: Jans anfänglicher Peepshow-Blick, seine Akteurwerdung in erotisierten Machtspielen, bis hin zur öffentlichen Konfrontation und seiner Absage an die Maske, die der Liebe und der Gesellschaft buchstäblich übergestülpt ist, als Verkörperung der ihnen innewohnenden Gewalt. Diese Abgründe des Lebens, das Kopfstehen der Welt, finden ihre Entsprechung in Jans artistischen Aktionen auf einer freistehenden Leiter. Seine Übungen, das Gleichgewicht zu halten, macht er schließlich zum Beruf. Mit filmtechnischer Präzision inszeniert, werden Zirkus und Zirkusartist als Gegenkonzeptionen wahrgenommen, als Raum und Körper nämlich, die außerhalb der sozialen und physischen Gesetzmäßigkeiten, von Gesellschaft und Gravitation stehen.[43]

---

[42] Der tschechische Name stammt aus dem Roman „Papokot na svetot"/„Der Nabel der Welt" (2000) von Venko Andonovski, der ihn wiederum bei Milan Kundera entlehnte, indem er den Namen Ludvík Ján aus dem Roman „Žert"/„Der Scherz" (1965/67) umkehrte. Das Drehbuch von „Prevrteno" basiert in groben Zügen auf Andonovskis Roman.

[43] Vgl. dazu Ivanov: „The circus is not part of society; it offers an anti-perspective, like that of a monastery. And inside it you are outside of the law, not only in social or political meaning, but in terms of pure physics, as well. In society the crowd is the gravity that forces you down, towards them. In circus, gravity does not apply." Natascha DRUBEK-MEYER, Where Gravity Doesn't Apply. Interview with Igor Ivanov, *www.artmargins.com*, 25.09.2007, unter <http://www.artmargins.com/index.php?option=com_content&view=article&id=129:where-gravity-doesnt-apply-an-interview-with-igor-ivanov-about-his-film-upside-down-macedonia-2007&catid=113:film-a-video&Itemid=95>. Vgl. auch Nicole WIEDENMANN, Die Rückkehr der Kriegsfotografie. Die Pressefotografien des Jugoslawienkrieges als diskursive Widerlegung der Bilder vom zweiten Golfkrieg, in: BEGANOVIĆ / BRAUN (Hgg.), Krieg sichten (wie Anm. 33), 35-64, sowie Tanja ZIMMERMANN, Ein Kriegsfoto aus Bosnien. Beglaubigungen und Verweigerungen durch Ron Haviv, Susan Sontag und Jean-Luc Godard, in: Natalia BORISSOVA / Susanne FRANK / Andreas KRAFT (Hgg.), Kriegsnarrative des 20. und 21. Jahrhunderts. Zwischen Apokalypse und Alltag. Bielefeld 2009, 237-261; DIES., Medien im Ausnahmezustand. Performanz und

Das Nietzscheanische Diktum von der Hoffnung als dem schlimmsten aller Übel, die die Qual des Menschen verlängere, steht am Anfang von Svetozar Ristovskis Film „Iluzija"/„Das Trugbild" (2004). Im Mittelpunkt steht die Frage nach den Hoffnungen der Nachkriegsgeneration. Der schulisch begabte Marko, Sohn eines arbeitslosen Alkoholikers, ist in einem Häuschen am Bahndamm zu Hause. Für Marko, der in Familie und Schule täglich Gewalt erfährt und sich oft in die Wagons auf dem toten Gleis zurückzieht, wird die Welt erst lichter, als ihn der Lehrer auffordert, an einer Ausschreibung für ein Gedicht auf das Vaterland teilzunehmen, denn der Preis, eine Reise nach Paris, verspricht die Befreiung aus dieser Lebenssituation. Markos Welt verfinstert sich bald wieder, als der Lehrer vor der Lynchjustiz des Schulmobs die Augen verschließt und ihm schließlich die versprochene Hilfe bei dem Schreibwettbewerb entsagt, weil sein Gedichtentwurf nicht die erwarteten patriotischen Formeln enthält. Marko entschließt sich daraufhin, eine andere Schule zu absolvieren, und zwar bei einem Söldner – eine Schule, die in Diebstahl, Vandalismus, Schulverweis und schließlich im Totschlag des Lehrers mündet, womit die Rechnung für die leeren Versprechungen für die Zukunft beglichen wird.

Wenn der Ausbruch aus der Gewalt immer nur ein Aufbruch in die Gewalt ist, bleibt die Frage nach dem archimedischen Punkt im Gewaltlabyrinth. Für die visuellen Medien heißt das auch, zu erspüren, wo Gewalt durch mediale Übertragung selbst ausgelöst wird. Stellung zu beziehen angesichts der zirkulierenden und affektiv aufgeladenen Bilder der Gewalt ist der ethische Imperativ, der der filmästhetischen Gestaltung zugrunde liegt bzw. liegen sollte. Fotografie und Film üben durchaus mit ihren Mitteln selbstreferentielle Kritik am Krieg bzw. Kritik am Anteil ihres Mediums an der Eskalation von Konflikten.[44] Mančevskis „Pred doždot" steht immer noch paradigmatisch für den Versuch, die wechselseitige Bedingtheit von Gewalt und Medium ins Bild zu setzen. Der Kriegsfotograf Aleksandar, der bis zur Schmerzgrenze in der Nähe der Gewalt operiert und dafür mit dem Pulitzerpreis ausgezeichnet wird, ist nur scheinbar ein neutraler Beobachter. Als er fordert, etwas solle passieren, damit die passenden Bilder entstehen, macht er sich schuldig („Ich habe getötet"). In der dritten Episode, mit der Überschrift „Bilder", wird diese Aussage präzisiert („Meine Kamera hat einen Menschen getötet"): Für die Kamera hat ein Lageraufseher in Bosnien einen Gefangenen erschossen; das Foto im Film zeigt die Hinrichtung

---

Simulakrum im Bild des Jugoslawienkrieges, in: Oliver RUF (Hg.), Ästhetik der Ausschließung. Ausnahmezustände in Geschichte, Theorie und literarischer Fiktion. Würzburg 2009, 137-158.

[44] Heinz-Peter PREUSSER, Tödliche Blicke. Filmische Typologien des Fotografen, des Reporters und des Regisseurs im Krieg. Spottiswoode – Born/Schlöndorff – Manchevski – Kusturica – Angelopoulos, in: DERS. (Hg.), Krieg in den Medien. Amsterdam, New York 2005, 149-171, zu „Pred doždot" 162-165. Zu Bildstrategien in der Kriegsfotografie vgl. auch WIEDENMANN, Die Rückkehr der Kriegsfotografie (wie Anm. 43), sowie ZIMMERMANN, Ein Kriegsfoto aus Bosnien (wie Anm. 43); DIES., Medien im Ausnahmezustand (wie Anm. 43), 137-158.

samt „Kameratäter".[45] Bilder der Gewalt können, als Effekt eines hegemonialen Blickregimes, ihrerseits Gewalt erzeugen. Die radikale Desinformation durch Bilder[46] ist eine Gefahr, die im Hinblick auf die ästhetische Politik von Medien und visuellen Künsten besteht. Mančevskis Film wirft daher die Frage nach den Orten auf, an denen geschichtsträchtige Bilder entstehen, wie sie tradiert und verarbeitet werden. Mit einem Schweigen gebietenden Finger auf den Lippen stirbt am Schluss der Episode „Worte" das albanische Mädchen, auf einem Koffer, neben ihm der makedonische Beschützer, der es vor dem Zorn ihrer Familie nicht retten konnte. Im folgenden Teil, „Gesichter", wird die Journalistin in der Londoner Redaktion das Foto, das die Minuten nach jener Erschießungsszene festhält, als Ausdruck des ethnischen Hasses in Makedonien deuten. Zwar kennt sie den Ort und die Geschichte des Bildes nicht, dennoch ist sie von der allgemeinen „Tatsache" überzeugt.[47] In dem Moment, als sie das Foto betrachtet, ahnt sie jedoch nicht, dass die „balkanische Gewalt" sie wenig später in einem Londoner Restaurant einholen wird, als dort ein Konflikt zwischen vermeintlichen Landsleuten eskaliert und unbeteiligte Zeugen, darunter auch ihr Ehemann, zu Opfern einer Schießerei werden.

Durch mediale Experimente mit Zeitstrukturen lassen sich entfernte Orte komplex miteinander verschränken, können neue Orte entstehen oder alte Orte neu inszeniert werden. Allen voran ist das Kloster,[48] diese Institution des orthodoxen Christentums, Relikt und Stolz der makedonischen Vergangenheit sowie Ort des Glaubens und Wissens, im Film nicht nur eine Reminiszenz an eine harmonische, außerhalb der Gesellschaft stehende Topographie, sondern deren Gegenort. Die Formel des Mönches, wonach die Zeit nie stirbt, wird dreimal aufgerufen, allerdings mit einer kleinen Variation. Diese aber markiert die Veränderung, die das Thema, einer Korrektur gleich, im Verlauf der filmischen Arbeit erfahren hat und ist, auch wenn der Film scheinbar zu seinem Ausgangspunkt zurückkehrt, eben keine Wiederholung.

Es gilt also, den Kreislauf der zirkulierenden Bilder der Gewalt, die neue Gewalt auslösen, zu durchbrechen und damit einen Mechanismus auszuhebeln, für den auch die eigenen Bilder verantwortlich sein können. „Pred doždot"

---

[45] Es geht dabei weniger um die wechselseitige Beeinflussung von Kamera- und Kriegstechnik als Werkzeuge der Perzeption um die Jahrhundertwende, wie sie Paul VIRILIO, War and Cinema: the Logistics of Perception. London 1989, untersuchte, sondern vielmehr um ethische Aspekte, wenn die Notwendigkeit gut verkäuflicher Bilder zum Auslöser von Gewalt wird.

[46] Damit ist allen voran die Darstellungslogik des Bildes gemeint, die durch einen äußeren Blickpunkt bestimmt ist und den Blick auf das Bildobjekt beeinflusst.

[47] In diesem Sinne äußert sie sich gegenüber Aleksandar, als er sie auffordert, ihn nach Makedonien zu begleiten.

[48] Die Szenerie des Klosters in „Pred doždot" existiert in dieser Form in Wirklichkeit nicht; sie setzt sich aus zwei Spielorten (Sveti Jovan Kaneo am Ohridsee und dem Kloster Sveti Jovan Bigorski bei Debar im Westen Makedoniens) zusammen.

hat den Versuch, diesem Teufelskreis zu entkommen, auf struktureller Ebene unternommen, indem er mit der kompositionellen Leerstelle des komplexen Filmes, der Worte, Gesichter und Bilder eben nicht ausnahmslos ineinander fügt, ganz gezielt die Bildgewalt problematisierte. Mančevski bleibt hierin nach wie vor ein Wegweiser für den neuen makedonischen Film, der sich an der filmästhetischen Durchdringung gesellschaftlicher Problemfelder schult und als selbstreflexives Medium in Erscheinung tritt.

Filme

Jovan Balov, Transcript Tito. Berlin, Belgrad 2007, 8 Min.
Kiril Cenevski, Crno Seme [Der schwarze Samen]. Mit Darko Damevski, Mite Grozdnov, Aco Jovanovski u. a. Makedonien 1971, 89 Min.
Vlado Cvetanovski, Tajnata kniga [Das geheime Buch]. Mit Đorđi Jolevski, Meto Jovanovski, Labina Mitevska u. a. Makedonien 2006, 93 Min.
Marija Điđeva, Pogledni go životot niz moite oči [Betrachte das Leben mit meinen Augen]. Makedonien 2008, 45 Min.
Igor Ivanov, Prevrteno [Upside Down]. Mit Milan Tocinovski, Sanja Trajković, Slaviša Kajevski u. a. Makedonien, Kroatien 2007, 105 Min.
Milčo Mančevski, Pred doždot [Vor dem Regen]. Mit Rade Šerbeđija, Katrin Cartlidge, Gregoire Colin u. a. Makedonien, Großbritannien, Frankreich 1994, 115 Min.
Milčo Mančevski, Prašina [Staub]. Mit Joseph Fiennes, David Wenham, Adrian Lester, Anne Brochet, Rosemary Murphy. Großbritannien, Italien, Deutschland, Makedonien 2001, 127 Min.
Milo Mančevski, Senki [Schatten]. Mit Vesna Stanojevska, Borce Načev, Sabina Ajrula-Tozija u. a. Makedonien, Deutschland, Italien, Bulgarien, Spanien 2007, 129 Min.
Darko Mitevski, Bal-kan-kan. Mit Lazar Ristovski, Vlado Jovanovski, Branko Đurić u. a. Makedonien, Italien 2004, 86 Min.
Teona Strugar Mitevska, Kako ubiv svetec [Wie ich einen Heiligen tötete]. Mit Labina Mitevska, Milan Tocinovski, Jashari Dževdet u. a. Makedonien, Frankreich, Slowenien 2004, 82 Min.
Teona Strugar Mitevska, Jas sum od Titov Veles [Ich bin aus Titov Veles]. Mit Labina Mitevska, Ana Kostovska, Nikolina Kujača u. a. Makedonien, Frankreich, Belgien, Slowakei 2007, 102 Min.
Antonio Mitrikeski, Ljubovta na Kočo Topenčarov [Die Liebe des Kočo Topenčarov]. Makedonien 1991, 13 Min.
Antonio Mitrikeski, Preku ezeroto [Über den See]. Mit Nikola Ristanovski, Agnieszka Wagner, Ekrem Ahmeti u. a. Makedonien, Polen 1997, 100 Min.

Antonio Mitrikeski, Kako loš son [Wie ein schlechter Traum]. Mit Robert Englund, Miki Manojlović, Iskra Veterova u. a. Makedonien, Kroatien, Großbritannien 2003, 95 Min.

Živorad Mitrović, Solunskite Atentatori [Die Attentäter von Thessaloniki]. Mit Aleksandar Gavrić, Darko Damevski, Petre Prličko u. a. Makedonien 1961, 103 Min.

Mitko Panov, Livada [Die Wiese]. Mit Josif Josifovski, Meto Jovanovski. Makedonien 1998, 20 Min.

Mitko Panov, Comrades. Deutschland, Makedonien, USA 2000, 106 Min.

Mitko Panov, The War Is Over. Schweiz, in Kooperation mit Bulgarien, Kosovo, Makedonien 2001, 110 Min.

Irena Paskali, Na ova dno [Auf diesem Grund]. Makedonien 2003, 10 Min.

Stole Popov, Tetoviranje [Tattoo]. Mit Meto Jovanovski, Kiril Pop-Hristov, Dancho Chevrevski u. a. Makedonien 1991, 128 Min.

Stole Popov, Džipsi medžik [Gypsy Magic]. Mit Katina Ivanova, Bajram Severdžan, Miki Manojlović u. a. Makedonien 1997, 135 Min.

Svetozar Ristovski, Iluzija [Das Trugbild]. Mit Mustafa Nadarević, Dejan Ačimović, Nikola Đuričko u. a. Makedonien 2004, 103 Min.

Ivo Trajkov, Golemata Voda [Das große Wasser]. Mit Sašo Kekenovski, Maja Stankovska, Meto Jovanovski u. a. Makedonien, Tschechien, USA 2004, 93 Min.

Mein Dank gilt Jovan Balov, der mir seine private Filmsammlung zur Verfügung stellte und sich Zeit für Gespräche über Makedonien nahm.

NENAD STEFANOV

Jargon der eigentlichen Geschichte:
Vom Nichtverstehen und dem Fremden.
Zur Diskussion um Holm Sundhaussens
Geschichte Serbiens in der serbischen Öffentlichkeit

Abstract. This text describes the reaction of historians in Serbia towards the latest publication by Holm Sundhaussen "History of Serbia", which was recently translated into Serbian. The text begins with crucial reflections by Holm Sundhaussen about the relationship between history and memory. There Sundhaussen observes a difference between history as a science and memory, with its primary function to create sense within a (national) collective. The second part depicts currents within the Serbian historiography particularly against the background of the mentioned relationship towards history and memory. It becomes visible that one particular current within the Serbian historiography criticizes the book of Holm Sundhaussen. This current could be described by understanding history as the core of the national master-narrative. History in this understanding is in the first place national history. On the other hand, approaches that operate with the deconstruction of such narratives, qualified the book as an important contribution towards an understanding of Serbian history in the last two centuries. The second part of the text analyzes the connection between the experience of crisis and war in the 1990s and a possible legitimatizing function of a national master-narrative. It becomes clear in the concluding remarks, that the vigorous defense against the interpretation of the Serbian history by Holm Sundhaussen is also motivated by the gradual loss of the dominant position the protagonists maintained up to now within the Serbian historiography. Criticism is not directed exclusively against Sundhaussen´s book, but also against the representatives of a deconstructive approach within the Serbian historiography.

Nenad Stefanov ist wissenschaftlicher Mitarbeiter am Berliner Kolleg für Vergleichende Geschichte Europas.

„Sie scheinen uns allmählich weniger zu mögen, zu vergessen. Ihre Aufmerksamkeit entfernt sich spürbar von Ihren früheren ljubimci (Lieblingen) zu anderen. Die glücklichen Serben! Ich beneide sie aufrichtig, und leide darunter, da ich tief in meinem Herzen überzeugt bin, dass für diese Abkühlung wir nicht verantwortlich sind. Doch vielleicht täusche ich mich, und es ist nur manches Mal ein Wölkchen, das einen kurzen Schatten auf unsere Beziehungen wirft, die niemals zerbrechen können. Sagen Sie etwas – trösten Sie uns! Sagen Sie uns, wann wird die zweite Ausgabe der Geschichte

Bulgariens erscheinen und werden wir vielleicht gar glücklich sein, diese zuerst in bulgarischer Sprache gedruckt zu sehen?" Ivan Šišmanov an Konstantin Jireček 1893[1]

Geschichte und/oder Erinnerung?

Anfang 2009 erschien in Serbien die Übersetzung des Buches „Geschichte Serbiens" von Holm Sundhaussen.[2] Diese Veröffentlichung rief unter den serbischen Historikern unterschiedliche Reaktionen hervor und wurde in den ersten Monaten des Jahres in den verschiedensten Medien vorgestellt. Diese besondere Aufmerksamkeit lässt sich unter anderem mit der Tatsache begründen, dass Synthesen der Geschichte Serbiens in den letzten Jahrzehnten nicht besonders zahlreich waren. Offenkundig werden aber solche Bücher nicht mehr einhellig herbeigesehnt noch mit Euphorie empfangen, wie es noch bei Ivan Šišmanov der Fall war, der eifersüchtig beobachtete, wie sich der Schwerpunkt der Forschung bei Konstantin Jireček auf die serbische Geschichte verlagerte.

Eine der ersten Reaktionen auf Sundhaussens Buch, die zudem in der angesehenen Belgrader Tageszeitung *Politika* veröffentlicht wurde, stammte von Latinka Perović. Sie beeinflusste in den letzten beiden Jahrzehnten eine neue Historikergeneration in Serbien maßgeblich und ist vor allem durch ihre Untersuchungen zur Geschichte der serbisch-russischen Verflechtungen im 19. Jahrhundert bekannt, sowie durch ihre Studien zum Verhältnis der serbischen Elite zu Europa.[3] Insgesamt thematisiert Perović die Geschichte Serbiens in den letzten beiden Jahrhunderten aus dem Blickwinkel der Frage nach dem Erfolg bzw. Misserfolg der Modernisierung der serbischen Gesellschaft. Aus dieser Perspektive nähert sich Latinka Perović auch der Übersetzung des Buches von Holm Sundhaussen.

Für Perović sind es zwei Gründe, welche die Übersetzung wertvoll erscheinen lassen: Zum einen sei es per se ein großes wissenschaftliches Unternehmen,

---

[1] Zit. n. Evlogi BUZAŠKI, Konstantin Ireček i negovite pătuvanija po Bălgarija, in: Konstantin IREČEK, Pătuvanija po Bălgarija, Hgg. Evlogi BUZAŠKI / Velizar VELČOV. Sofija 1974, 12. Jireček rechtfertigt sich in seiner Antwort damit, das er in den letzten Jahren recht viel zu Bulgarien publiziert habe. Außerdem beschäftige er sich nicht erst seit kurzem mit serbischer Geschichte, sondern diese habe am Anfang seiner wissenschaftlichen Laufbahn gestanden. Im Übrigen habe er fünf Jahre in Bulgarien verbracht und danach sieben Jahre mit der Herausgabe wichtiger Bücher zu Bulgarien zugebracht, um sich dann zu fragen: "ist denn diese Menge an Werken nicht ausreichend? – mehr als genug!" Ebd. Ivan Šišmanov (1862-1928), Mitbegründer der Universität Sofia. Konstantin Jireček (1854-1918), Tschechischer Historiker, der die moderne Geschichtsschreibung in Südosteuropa nachhaltig prägte.

[2] Holm SUNDHAUSSEN, Geschichte Serbiens. 19.-21. Jahrhundert. Wien, Köln, Weimar 2007. Serbische Ausgabe: Holm ZUNDHAUSEN, Istorija Srbije. Od 19. do 21. veka. Beograd 2008.

[3] Vgl. u. a. Latinka PEROVIĆ, Srpsko-ruske revolucionarne veze. Prilozi za istoriju narodnjaštva u Srbiji. Beograd 1993.

"die Vergangenheit von zwei Jahrhunderten eines Volkes zu erforschen und eine historische Synthese zu verfassen. Es ist gewiss kein kleiner Gewinn für dieses Volk, dass es in einer anderen Kultur, in einer anderen Sprache einen solch aufgeklärten Kenner seiner Geschichte hat. Und einen Freund. Denn der Historiker beschäftigt sich nicht mit jenem, das ihn nicht beunruhigt bzw. nicht bewegt, das ihn nicht auf die eine oder andere Weise anzieht, und das er nicht verstehen oder erklären möchte."[4]

Zum anderen sei, so Perović, Sundhaussens Synthese umfassend „in horizontaler und auch vertikaler Hinsicht".[5] Als zentrales Fazit des Buches bezeichnet Latinka Perović die Einschätzung Sundhaussens, dass

„die Geschichte Serbiens anders verlaufen wäre, wenn sich die Eliten vor hundert Jahren stärker für die Konsolidierung von Staat und Gesellschaft interessiert hätten und weniger für territoriale Expansion. Diesen Standpunkt vertreten auch andere Historiker der Balkanhalbinsel und Serbiens. Doch klingt in dieser Hinsicht die serbische Historiographie nicht unisono: Die erwähnten Unterschiede zwischen dem imaginierten und dem realen Serbien spalten die Wissenschaft. Deshalb ist die Auseinandersetzung mit dem Buch unumgänglich eine zwischen den serbischen Historikern."[6]

Das Buch löste zwei unterschiedliche Reaktionen aus, die den Gegensatz zwischen (grob gesagt) zwei unterschiedlichen Deutungsformen der serbischen Geschichte innerhalb der serbischen Historiographie widerspiegeln. Während die eine Strömung - für die stellvertretend Latinka Perović genannt wurde - Sundhaussens Synthese als weiteren Impuls für die Entwicklung der serbischen Gesellschaft aufgriff, reagierte eine andere Strömung, von der noch die Rede sein wird, reserviert und mit fundamentaler Kritik.

Dieser Aufsatz konzentriert sich auf zwei Aspekte der Diskussion um die „Geschichte Serbiens": Zum einen auf die öffentliche und fachwissenschaftliche Auseinandersetzung und auf die Frage, wie darin ein Selbstverständnis der serbischen Historikerinnen und Historiker zum Ausdruck kommt, dass „ein Fremder […] unsere Geschichte nicht verstehen" könne. Zum anderen geht es um die gesellschaftliche Funktion eines solchen Selbstverständnisses. Nach dem einleitenden Verweis auf Latinka Perović und die positive Rezeption seitens eines Teils der serbischen Historiker, die sich allerdings im Verlauf der Diskussion eher mit dem, was sie als Defizite der serbischen Geschichtswissenschaft wahrnehmen, beschäftigten, als mit dem Buch an sich, geht es somit nachfolgend schwerpunktmäßig um die Kritik an Sundhaussens Buch.

---

[4] Dies., Prošlost nije isto što i Istorija, *Politika Online*, 20.02.2009, unter <http://www.politika.rs/rubrike/Kultura/Proshlost-nije-isto-shto-i-istorija.sr.html>, 26.10.2009.
[5] Ebd.
[6] Ebd.

Zur Monographie

Die Monographie von Holm Sundhaussen kennzeichnet ein Zugang, der sich nicht in der Nacherzählung einer Nationalgeschichte erschöpft. Wie Latinka Perović feststellte, besteht das Besondere dieses Zugangs in der Unterscheidung „zwischen Vergangenheit und Geschichte. Im Grunde zwischen historischem Bewusstsein und historischer Erkenntnis".[7]

So betont Sundhaussen in seinem Vorwort, bei einer Darstellung der Geschichte Serbiens sei die Differenz zwischen Vergangenheit und Geschichte stets mit zu reflektieren. Geschichte als wissenschaftliche Methode der Erforschung von Vergangenheiten – insbesondere relativ jungen Datums – müsse unterschieden werden von Erinnerungen und Gedächtnissen, die ihre gesellschaftliche Wirkungsmacht unabhängig davon entfalteten, was in diesen Erinnerungen wissenschaftlich als „wahr" oder „falsch" klassifiziert werden könne.[8] Dem Vorwurf „ein ‚Fremder' kann uns nicht verstehen" entgegnet Sundhaussen, die Distanz zur betreffenden Gesellschaft könne eine Möglichkeit sein, Narrative zu hinterfragen, die „von einer Gesellschaft als ‚wahr' im kulturellen Gedächtnis abgelagert" würden.[9]

Sundhaussen sieht durchaus enorme Kommunikationsbarrieren im Verhältnis zwischen wissenschaftlichem „Verstehen" und dem Verstehen der spezifischen „kulturellen Codes":

> *„Das ‚Verstehen' scheitert daran, dass die innere Realität (das Bild in den Köpfen der Nationsangehörigen) und die äußere Realität, die ein Ergebnis wissenschaftlicher Rekonstruktion ist, miteinander im Widerstreit stehen, dass die vorgetragenen Argumente gesellschaftsübergreifend, transnational nicht nachvollziehbar und anschlussfähig sind, weil sie auf spezifischen nationalen Wahrnehmungscodes von Vergangenheit und deren Deutung beruhen, auf einem ‚kulturellen Gedächtnis', das resistent ist gegenüber Geschichte (obwohl die Erinnerungen – um es noch einmal zu wiederholen – partiell durchaus historisch sind, aber eben nur partiell)."*[10]

Es existiere, so Sundhaussen, eine Barriere eines rationalen Argumentationsverfahrens, die „von spezifischen nationalen Wahrnehmungscodes" markiert werde. Zugleich können diese spezifischen Barrieren nicht als Einheit von Geschichte und Erinnern (Gedächtnis) betrachtet werden. Das bedeute allerdings nicht, dass eine Verständigung über kulturelle Grenzen hinweg unmöglich sei. Vielmehr bestehe eine Voraussetzung für einen Austausch über Geschichte gerade darin, sich den unterschiedlichen Charakter der beiden Dimensionen – Geschichte und Gedächtnis – und damit ihre unterschiedliche Funktion (von

---

[7] Perović, Prošlost (wie Anm. 4)
[8] Sundhaussen, Geschichte Serbiens (wie Anm. 2), 11.
[9] Ebd.
[10] Ebd., 23f.

Geschichte und Vergangenheit) sowohl im gesellschaftlichen als auch im fachwissenschaftlichen Kontext zu vergegenwärtigen.

Letztlich handelt es sich dabei um eine schon lange präsente Form der Wahrnehmung des Verhältnisses zwischen Geschichtswissenschaft und Geschichtspolitik. Schon im Historikerstreit 1986 in der Bundesrepublik thematisierte Hans-Ulrich Wehler diesen Unterschied. Wehler betrachtete den Historikerstreit nur zu einem ganz geringen Teil als fachwissenschaftliche Auseinandersetzung, er sah in ihm zugleich eine Auseinandersetzung um das Selbstverständnis der Bundesrepublik. Der Blick auf die wissenschaftstheoretischen Ansätze und Konzeptionen von Geschichte diente dabei zur Beschreibung der Wechselbeziehung zwischen Geschichtswissenschaft und Ideologiebildung.[11] Dem dabei beobachteten „verwirrenden Wechsel der Diskussionsebenen" versuchte Wehler mit einer Ideologiekritik beizukommen, die jene über die unmittelbare Forschungsarbeit hinausgehenden Intentionen mit reflektierte.

Von dieser Definition des Verhältnisses von Geschichte und Vergangenheit ausgehend, bezeichnet Sundhaussen seine Darstellung als

„nicht nur [...] eine Staatsgeschichte Serbiens, sondern auch und vor allem [...] eine Sozial- und Kulturgeschichte der Serben, einschließlich der nichtserbischen Staatsbürger [...] eine Geschichte Serbiens transterritorial und transnational."[12]

Folgerichtig versucht der Autor, zwischen den empirischen Befunden zur Gesellschaftsgeschichte Serbiens und der nationalen Meistererzählung, die vor allem als Sinnstiftung für das nationale Kollektiv fungiert, zu vermitteln.

Eingeleitet wird die Darstellung der Geschichte Serbiens mit einem Blick in die „Arena der Erinnerungen", sprich: in die verschiedenen Konzeptionalisierungen der Geschichte des Landes. Mit dieser Darstellung wird zugleich die Geschichte Serbiens bis zum 19. Jahrhundert vermittelt. Das Buch besteht aus zwei Teilen, einem zum „langen" 19. Jahrhundert und einem zum „kurzen" 20. Jahrhundert. Politikgeschichte, die Darstellung gesellschaftlicher Entwicklung sowie die verschiedenen Fassungen des Nationalen und der Ideologiebildung werden in den beiden Hauptteilen jeweils miteinander in Beziehung gesetzt.

Da – mit Ausnahmen – dieser erste Teil des Buches weniger im Mittelpunkt der Kritik stand, sondern sich diese insbesondere auf Sundhaussens Darstellung der Zeit nach 1945 zentrierte, wird letztere Auseinandersetzung hier ausführlicher dargestellt.

Der Abschnitt über die Zeit nach dem Zweiten Weltkrieg verschränkt Überlegungen zur Geschichte des sozialistischen Jugoslawiens mit jener Serbiens innerhalb dieser Föderation. Zunächst konstatiert Sundhaussen, die sozialisti-

---

[11] Hans-Ulrich WEHLER, Entsorgung der deutschen Vergangenheit? Ein polemischer Essay zum „Historikerstreit". Frankfurt/M. 1988, 15.

[12] SUNDHAUSSEN, Geschichte Serbiens (wie Anm. 2), 17.

sche jugoslawische Föderation sei das Ergebnis einer Neuausrichtung der im Bürgerkrieg und Widerstandskampf siegreichen Partisanen gewesen: Diese hätten Lehren aus dem Scheitern des ersten Jugoslawien gezogen, vor allem jene, dass nur ein geeinter Staat sich gegen eine potentielle Infragestellung durch die Nachbarstaaten behaupten könne. Eine solche habe zum Zerfall und zur Besatzung des ersten Jugoslawien geführt. Die Basis einer solchen inneren Stabilität, so Sundhaussen, suchten die Partisanen durch die Beseitigung jener Faktoren zu erreichen, die zur Instabilität des ersten jugoslawischen Staates beigetragen hätten: Vor allem durch die Abkehr von der bisherigen zentralistischen Organisationsform. Die Errichtung einer sozialistischen Gesellschaft werde, in den Augen der Kommunisten, ohnehin die zentralen gesellschaftlichen Widersprüche beseitigen, die eine derartig zugespitzte Bedeutung der nationalen Frage hervorgerufen hatten. Des Weiteren zielten die Kommunisten nach Sundhaussen zur Verhinderung einer Wiederholung der traumatischen Erfahrungen auf die „Herstellung einer jugoslawischen Machtbalance, durch Abbau des serbischen Übergewichts", die Entmachtung des bisherigen politischen Establishments und die Bestrafung von „Kollaborateuren" und „Verrätern", die sich gegen den kommunistischen Widerstand gestellt hatten, sowie auf die „Entmachtung der Glaubensgemeinschaften und Bekämpfung der Religionen".[13]

Komprimiert lässt sich der Zugang Sundhaussens zur Geschichte des sozialistischen Jugoslawien als Vermittlungsansatz zwischen den tief greifenden gesellschaftlichen Umbrüchen beschreiben, die sich insbesondere zwischen den 1950er und 1970er Jahren vollzogen, und der Thematisierung der „nationalen Frage". Dabei setzt der Autor „serbische" wie „nationale Frage" beständig in Anführungszeichen. Eine Zwischenüberschrift in diesem Kapitel bündelt gleichsam die Bewertung dieser intensiven Veränderung der jugoslawischen Gesellschaft: „Von der Erfolgsgeschichte zur Krise".[14] Wirtschaftliche Entwicklung und gesellschaftlich-kulturelle Veränderungen stellen Eckpunkte dar, innerhalb derer Sundhaussen die Bedeutung des Nationalen und nationaler Konflikte herausarbeitet.

Ein relevantes Strukturmerkmal, das die Inszenierung und Dynamisierung nationaler Konflikte immer wieder ermöglichte, sieht Sundhaussen im Wirtschaftsgefälle, welches zunehmend aus nationaler Perspektive wahrgenommen worden sei. Die „Erfolgsgeschichte" der jugoslawischen sozialistischen Transformation habe zudem auf einer problematischen, kreditfinanzierten Grundlage beruht.[15] In dieser Kumulation krisenhafter wirtschaftlicher und politischer

---

[13] Ebd., 344.
[14] Ebd., 354.
[15] „Hinter der glänzenden äußeren Fassade beim Aufbau des Sozialismus zeigten sich die hässlichen Risse einer überstürzten, verschwenderischen, oft chaotischen Entwicklung", ebd., 358.

Erfahrungen in einem autoritär regierten Staat forderten „lange verdrängte, verleugnete oder verschwiegene Gegenerinnerungen die affirmativen Vergangenheitsbilder des zweiten Jugoslawiens" heraus, „zuerst in Serbien und Slowenien, dann in Kroatien und den übrigen Teilrepubliken".[16]

Dieser Prozess wird anhand der politisch-kulturellen Entwicklungen in der serbischen Gesellschaft nachvollzogen, die Sundhaussen als „die Selbstzerstörung Serbiens" charakterisiert.[17] Im Mittelpunkt stehen dabei die „Umkodierung der Vergangenheit" und die Zentrierung auf die serbische Nation. Unter dem Regime von Slobodan Milošević kristallisiere sich die Zielorientierung auf einen großserbischen Staat heraus.[18] Dabei betont Sundhaussen allerdings, es habe sich beim Zerfall Jugoslawiens keinesfalls um einen absehbaren Prozess gehandelt. Im Gegenteil beschreibt er den Widerspruch zwischen jugoslawischer Orientierung in einem Großteil des Landes und den Ergebnissen der ersten Wahlen, in denen Nationalisten die Oberhand gewannen. Der pauschalen These, „alle" trügen Schuld an den Kriegen in Jugoslawien, setzt Sundhaussen eine differenzierte Darstellung der einzelnen politischen Akteure in den Republiken entgegen und betont die große Verantwortung, die dem serbischen Regime zufiel, jedoch innerhalb eines bestimmten strategisch-politischen Kontextes der Interessenlagen der einzelnen Republiken.[19] Hier kommt auch Sundhaussens Analyse der Gewaltformen große Bedeutung zu, in der er sich von einem essentialistischen und atavistischen Verständnis absetzt und Gewaltdynamiken anhand jener gesellschaftlichen und politischen Gruppen untersucht, die sie auslösen.

Das Fazit des Autors zur dreizehn Jahre währenden Herrschaft Miloševićs ist bedrückend: Serbien sei „politisch isoliert, wirtschaftlich ruiniert, geistig ausgedörrt und auf den Stand eines Entwicklungslandes zurückgeworfen" worden.[20] In seinem Ausblick auf die Zeit nach dem 5. Oktober 2000, dem Sturz Miloševićs, sieht Holm Sundhaussen Serbien vor der Wahl einer Kontinuität der „Philosophie der Palanka, der Fortsetzung der Dominanz des Ethnonationalismus, oder aber einer offenen Gesellschaft".[21]

---

[16] Ebd., 379.

[17] Ebd.

[18] „Die Defizite, die die ‚Ära Tito' hinterlassen hatte, wurden mit nationalistischen (mitunter rassistischen) Inhalten gefüllt". Ebd., 380.

[19] „Je unrealistischer eine Rezentralisierung Jugoslawiens wurde, desto mehr begann Milošević, die Realisierung eines großserbischen Staates zu betreiben. [...] Aber während Tudjman sich aus einer Position militärischer Schwäche heraus öffentlich als Kriegstreiber zurückhalten musste, [...] sprach Serbenführer Milošević ganz unumwunden von einer Neuregelung der Grenzen, falls Jugoslawien auseinanderfallen sollte. Der künftige serbische Staat müsse sich auf alle Gebiete erstrecken, in denen Serben als Mehrheit oder Minderheit lebten. Die Realisierung dieses Programms bedeutete Krieg." Ebd., 413f. Vgl. auch ebd., 448.

[20] Ebd., 451.

[21] Ebd. „Philosophie der Palanka" bezieht sich auf das gleichnamige Buch des Philosophen Radomir Konstantinović, der in diesem Begriff eine spezifische Ausprägung partikularisti-

„Kalter Schweiß auf der Stirn des Lesers". Kritik und Abwehr durch die Vertreter des nationalen Meisternarrativs

Wie schon angedeutet lassen sich die serbischen Reaktionen auf das Buch von Holm Sundhaussen in zwei Hauptströmungen unterteilen. Diese Einteilung in (nur) zwei klar voneinander distinkte Strömungen innerhalb der serbischen Geschichtswissenschaft ist nicht unproblematisch, da natürlich auch innerhalb dieses Kontextes Differenzierungen existieren. Zugleich ergeben sich auch immer wieder neue inhaltliche Konstellationen. Je nachdem etwa, ob es um das Verhältnis zur Historiographie im jugoslawischen Staatssozialismus geht oder um die Präferenz kulturgeschichtlicher oder ereignisgeschichtlicher Konzeptionalisierungen von Geschichte, sind verschiedene Strömungen erkennbar. Institutionell können beispielsweise unterschiedliche Zusammenhänge umrissen werden, wie etwa jener, der um die 1998 gegründete „Vereinigung für Gesellschaftsgeschichte" (*Udruženje za Društvenu Istoriju*, UDI) entstanden ist, welche unter anderem das Jahrbuch für Gesellschaftsgeschichte (*Godišnjak za Društvenu Istoriju*) herausgibt. Dieser sucht einen Anschluss an jene methodologischen und theoretischen Diskussionen zu etablieren, die die europäischen Geschichtswissenschaften in den letzten beiden Jahrzehnten prägen.

Demgegenüber bilden die schon länger etablierten Zeitschriften, wie beispielsweise der *Istorijski Časopis* (Historische Zeitschrift), vor allem aber die einzelnen Institute der Serbischen Akademie der Wissenschaften und Künste (*Srpska Akademija Nauka i Umetnosti*, SANU) ein Forum jener Historiker, die sich in ihren Forschungen auf Ereignis- und Politikgeschichte in Gestalt der klassischen nationalen Meistererzählung konzentrieren.

Ohne diese institutionelle Differenzierung vollkommen beiseite zu lassen, bietet sich die eingangs erwähnte Unterscheidung zwischen Geschichte und Vergangenheit, zwischen Geschichtswissenschaft und Geschichtspolitik – bzw. die Unterscheidung zwischen den Meisternarrativen[22] nationaler Geschichte und die Frage, inwieweit diese bei der Darstellung von Geschichte mit reflektiert werden – als angemessene Form der Strukturierung der Reaktionen auf Sundhaussens Buch an.

Die mediale Aufmerksamkeit für das Buch setzte unmittelbar nach der Vorabveröffentlichung einzelner Ausschnitte in der Tageszeitung *Danas* (Heute)

---

schen, antiaufklärerischen Denkens entwickelt. Radomir KONSTANTINOVIĆ, Filozofija Palanke. Beograd 1981.

[22] Zu diesem Begriff vgl. Wolfgang HÖPKEN, Zwischen „Klasse" und „Nation": Historiographie und ihre „Meistererzählungen" in Südosteuropa in der Zeit des Sozialismus (1944-1990), *Jahrbücher für Geschichte und Kultur Südosteuropas* 2 (2000), 15-60.

Ende 2008 ein.[23] Diese Tageszeitung unterstützt in ihrer Berichterstattung, ähnlich wie der Fernsehsender (und das Internetportal) *B-92* und dessen Ableger, die Online-Zeitung *Peščanik* (Sanduhr), die ebenfalls einiges über das Buch publizierte,[24] eine explizite Ausrichtung Serbiens auf die Integration in die Europäische Union. Ebenso bietet diese Zeitung, wie auch *B-92*, ein wichtiges Forum für zivilgesellschaftliche Akteure sowie für Beiträge, die sich kritisch mit den Folgen des Ethnonationalismus der letzten zwanzig Jahre sowie seiner Präsenz in der Gegenwart auseinandersetzen.

Der zweite, bereits erwähnte wichtige Beitrag von Latinka Perović erschien Ende Februar in der wichtigsten Tageszeitung *Politika*. Als größte seriöse Tageszeitung Serbiens sieht *Politika* ihre Aufgabe unter anderem darin, unterschiedliche Positionen und Einstellungen innerhalb der serbischen Gesellschaft zu dokumentieren. Im nationalkonservativ geprägten Internetportal *Nova Srpska Politička Misao* (Neuer serbischer politischer Gedanke) wurden ebenfalls kleinere kritische Kommentare veröffentlicht.

Angesichts der intensivierten medialen Aufmerksamkeit organisierte das Belgrader Goethe-Institut am 20. Februar 2009 eine Diskussionsrunde, zu der eine Reihe bekannter serbischer Historiker eingeladen wurde, auf die weiter unten ausführlich eingegangen wird. Schließlich reagierte auch Holm Sundhaussen selbst auf die Diskussion und hielt am 4. April 2009 im überfüllten Hörsaal der Volksuniversität Kolarac einen Vortrag, von dem noch die Rede sein wird.[25] Im März und April 2010 wurden in der *Politika* erneut ausgewählte Passagen des Buches abgedruckt, sowie daran anschließend eine Reaktion des Historikers Slavenko Terzić,[26] die weiter unten dargestellt wird.[27]

Am Anfang der Kritik am Buch steht aber das Nachwort zur serbischen Übersetzung des Historikers Dušan T. Bataković, das, neben der erwähnten Reaktion von Terzić, den bisher ausführlichsten Kommentar zur „Geschichte Serbiens" darstellt. In Batakovićs Nachwort lassen sich die einzelnen kritischen Anmerkungen anderer Historikerinnen und Historiker bündeln. Die Analyse

---

[23] Artikelserie zwischen dem 21.10.2008 und 27.11.2008, unter <http://www.danas.rs/danasrs/feljton/stare_tabue_zamenjuju_novi.24.html?news_id=143049>, 20.07.2010.

[24] Unter <http://www.pescanik.net/content/view/3009/1107/> 20.07.2010.

[25] Der Vortrag ist nachzulesen unter <http://www.pescanik.net/content/view/3009/1107/>, 26.10.2009. Am Tag zuvor (3. April 2009) hielt Sundhaussen den gleichen Vortrag im Goethe-Institut in Belgrad.

[26] Slavenko Terzić war von 1987 bis 2002 Direktor des Historischen Instituts der Serbischen Akademie der Wissenschaften und Künste. Sein Forschungsschwerpunkt liegt auf der Geschichte des serbischen Volkes im 19. Jahrhundert.

[27] Diese erschien zunächst unter dem Titel Slavenko Terzić, Istorija Srbije sa gnevom i pristrasnošću, *Letopis Matice Srpske* 176 (2010), 148-168.

dieser beiden Texte wird durch weitere Stellungnahmen ergänzt, wenn diese wichtige Erweiterungen darstellen.²⁸

Nachfolgend steht die Untersuchung der Form, in der die Kritik an dem Buch gehalten ist, die Argumentation der Kritik selbst im Vordergrund. Dabei sind Bataković und Terzić für jene erwähnte zweite Strömung innerhalb der serbischen Geschichtswissenschaft repräsentativ, deren Selbstverständnis wie auch ihre Auffassung der Kritik und Rezeption ausländischer Werke zur serbischen Geschichte hier exemplarisch nachgezeichnet werden sollen.

Es soll verdeutlicht werden, dass es sich nicht um unterschiedliche kritische Ansichten handelt, sondern um eine prinzipielle Kritik. Durch die prominente Positionierung seines Kommentars als Nachwort konnte Dušan T. Bataković im Januar 2009 wesentliche Stichworte vorgeben, die auch in der Diskussion immer wieder aufgegriffen wurden.

Charakteristisch für die vorgetragene Kritik ist es, dass diese in einer sehr allgemeinen Form gehalten wird, was das Herausgreifen einzelner kontroverser Punkte erschwert. Zugleich gehen die Kritiker nicht immer auf das Buch selbst ein, sondern wenden sich gegen eine allgemeine, wie es heißt, „westliche Sicht" der Geschichte Serbiens, die dieser nicht gerecht werden könne. Daher lässt sich auch schwerlich von einer Kontroverse allein um das Buch sprechen. Vielmehr handelt es sich unausgesprochen um eine Kontroverse um die sinnstiftende Funktion von Geschichte und darum, ob eine Unterscheidung zwischen Geschichte und Erinnerung sinnvoll ist.

Zu vergegenwärtigen ist die besondere gesellschaftliche Situation Serbiens zum Zeitpunkt der Veröffentlichung der Übersetzung. In dem Jahrzehnt seit dem Ende des Milošević-Regimes entwickelte sich eine akademische Diskussion darüber, welche Bedeutung Geschichte als Legitimationswissenschaft im Kontext des Krieges um ethnisch homogene Territorien hatte. Einerseits zeigte sich innerhalb der Historikerschaft das Bedürfnis nach einer kritischen Neubewertung der gesellschaftlichen Prozesse des letzten Jahrhunderts, vor allem aber nach einer Infragestellung des bisherigen Meisternarrativs der serbischen

---

²⁸ Die vielfältigen, eher unzusammenhängenden Kritikpunkte, etwa in Bezug auf Auslassungen oder Wertungen, sind von Sundhaussen selbst durch die auf der Website der „Forschungsplattform Südosteuropa" veröffentlichte erweiterte Fassung seines Belgrader Vortrages anschaulich zusammengetragen worden. Hierin geht Sundhaussen auf die einzelnen Kritikpunkte und Vorwürfe im Detail ein und bildet damit zugleich alle wesentlichen Einzelheiten der Diskussion ab. Holm SUNDHAUSSEN, "Wenn ein deutscher eine serbische Geschichte schreibt ..." Ein Beitrag zum (Miss)Verstehen des Anderen, unter <http://fpsoe.de/uploads/tx_fpsoetext/FPSOE_Sundhaussen_Vortrag-Belgrad.pdf>, 05.07.2010.

Nation.²⁹ Andererseits kam es in Teilen der serbischen Historikerschaft zu einer Abwehrhaltung gegenüber einer solchen.³⁰

Widerstand formierte sich insbesondere unter jenen Historikern, die seit drei Jahrzehnten die Ausrichtung der serbischen Geschichtswissenschaft inhaltlich dominiert hatten. Bereits im sozialistischen Jugoslawien erlebte diese Schule, die sich der Tradition der National- und Volksgeschichte sowie der serbischen Historiographie der Zwischenkriegszeit verpflichtet fühlte, einen markanten Aufschwung. Dieser manifestierte sich u. a. in der sechsbändigen „Geschichte des serbischen Volkes".³¹

Ähnlich wie andere Projekte, etwa in Bulgarien, verstand sich dieses Gemeinschaftsprojekt der *Matica Srpska* und der *Srpska Akademija Nauka i Umetnosti* (SANU) – beide seinerzeit wichtige institutionelle Sammelbecken für national orientierte Historiker – als genuine Volksgeschichte, die einen politik- und ereignisgeschichtlichen Ansatz bevorzugte. Die erwähnten prominentesten Kritiker von Sundhaussens Buch, Terzić und Bataković, erfuhren ihre intellektuelle und wissenschaftliche Sozialisation als Mitarbeiter bzw. Mitglieder dieser Institutionen. Paradigmatisch wurde in der „Geschichte des serbischen Volkes" ein nationales Meisternarrativ kodifiziert, das kollektive Sinnstiftung ermöglichen sollte. Auf diesen Aspekt wird im zweiten Teil zurückzukommen sein.

Bis heute bildet diese Interpretation – mit einigen Erweiterungen und Modifikationen in den 1990er Jahren – für Historiker wie Terzić und Bataković die

---

²⁹ Vgl. u. a. Latinka PEROVIĆ (Hg.), Srbija u modernizacijskim procesima 29. i 20. Veka. Uloga Elita. Beograd 2003; Olivera MILOSAVLJEVIĆ, U tradiciji nacionalizma. Stereotipi o „nama" i „drugima" kod srpskih intelektualaca u 20. veku. Beograd 2002. Vgl. auch die Einleitung von Dubravka STOJANOVIĆ, Kaldrma i asfalt. Urbanizacija i evropeizacija Beograda 1890-1914. Beograd 2008, 11f.: „Gerade durch das Interesse für die Gegenwart lässt sich erklären, weshalb neue Generationen von Forschern ununterbrochen zu alten, bekannten Themen der Vergangenheit zurückkehren. […] Ein solchermaßen ausgerichteter Historiker hat ein viel stärkeres Motiv, mehr zu erfahren, ausgehend von einer breiteren Palette von Fragen, aus früher unzugänglichen Überresten der Vergangenheit tiefer einzudringen in das Wissen als jene, die glauben, dass es wesentlich ist, dass der Forscher neutral bleibt, und dass er kein persönliches Verhältnis gegenüber seinem Forschungsgegenstand hat. Das bedeutet aber keinesfalls, dass sich der emotional motivierte Historiker auf die Seite eines der Akteure des damaligen Geschehens schlagen, dass er ein Anwalt, Richter oder Ankläger der Zeit oder einer Persönlichkeit, mit der er sich beschäftigt, sein soll. Im Gegenteil: Durch sein bewusstes Erkenntnisinteresse, sich seine Gegenwart zu erklären, wird er einfacher als die Anhänger des traditionellen Zugangs zur Vergangenheit in der Lage sein, sich dem Ideal der Objektivität anzunähern, denn diese anderen, die sich nur für die Zeit interessieren, mit der sie als Historiker zu tun haben, und sich in diese Zeit hineinleben, optieren dann nicht selten für eine Seite in den Geschehnissen, und offenbaren damit ein arbiträres Verhältnis gegenüber den vergangenen Zeiten, deren Konzepten, oder den Akteuren vergangener Ereignisse."

³⁰ Vgl. Veselin DJURETIĆ, Srpska egzistencijalna dijalektika, *Nova Srpska Politička Misao*, 24.10.2009, unter <http://www.nspm.rs/istina-i-pomirenje-na-ex-yu-prostorima/srpska-egzistencijalna-dijalektika.html>, 05.07.2010.

³¹ Radovan SAMARDŽIĆ u. a. (Hgg.), Istorija Srpskog Naroda, Bd. 1-6. Beograd 1981.

Grundlage ihres Verständnisses der serbischen Geschichte. Die geschichtspolitische Dimension des Meisternarrativs, insbesondere in den 1990er Jahren, wird von dieser Schule jedoch nicht thematisiert.

Allerdings sieht sich diese Strömung immer stärker vor der Herausforderung, das nationale Meisternarrativ gegen Dekonstruktionen, die auch von serbischen Historikern vorgenommen werden, verteidigen zu müssen. Dieses Bedürfnis nach einer intakten nationalen Meistererzählung prägte auch die Rezeption des Buches von Sundhaussen. So handelte es sich weniger um eine Sachdebatte, sondern vielmehr um den von Hans-Ulrich Wehler konstatierten „verwirrenden Wechsel der Diskussionsebenen".[32]

Als zweiter Aspekt neben Form und Verfahren der vorgetragenen Kritik steht die Frage nach den Hintergründen der verhältnismäßig starken Abwehrreaktion im Vordergrund der vorliegenden Analyse der Debatte um Sundhaussens Buch.

Batakovićs Nachwort zeigt exemplarisch die enorme Unzufriedenheit mit der Rezeption dieses Meisternarrativs – nicht nur im Ausland, sondern auch in Serbien. Aber auf die Rezeption im Ausland konzentriert sich die Kritik. So steht am Anfang der Auseinandersetzung mit Sundhaussens Buch eine grundlegende Kritik an „westlicher" Geschichtswissenschaft in Bezug auf Serbien überhaupt.

Baktaković leitet sein zwanzig Seiten umfassendes Nachwort mit dem Verweis ein, Sundhaussens Buch repräsentiere eine bestimmte „politische Lesart" der serbischen Geschichte und sei

> *„ein paradigmatisches Beispiel für ideologische Projektionen gegenwärtiger und jüngst vergangener Ereignisse tief in die Vergangenheit hinein, als der entscheidenden Achse, um die sich, scheinbar gesetzmäßig, die serbische Geschichte vollzieht, dabei angeblich vor allem von Phänomenen wie Gewalt, Xenophobie und Verbrechen geprägt. […] In einer recht großen Gruppe von Fachleuten für unsere Gebiete werden mit großer Beharrlichkeit, obsessiver Ausdauer und unermüdlicher „Produktion" von begleitenden Theorien, die hervorgegangen sind aus der selektiven Wahrnehmung der verfügbaren Dokumentation, nachträgliche, revisionistische Deutungen geformt."*[33]

Dabei gehe es nicht allein um die ideologische Verblendung einzelner Wissenschaftler. Die Ideologisierung habe für Serbien auch handfeste materielle Folgen. Baktaković erklärt, eine solche Wahrnehmung münde in die Behauptung serbischer Kollektivschuld:

> *„Anstatt sich allerdings auf eine ansonsten berechtigte Verurteilung des Milošević-Regimes und seiner Satelliten zu beschränken, wird diese Verurteilung unmerklich auf das gesamte Volk ausgeweitet und damit ein gefährliches Prinzip der Kollektivschuld etabliert, das sich in einigen Historiographien der entwickelten Staaten als Deutungsmodell eingebürgert hat. […] Aus einer solchen Wahrnehmung Serbiens heraus […]*

---

[32] WEHLER, Entsorgung der deutschen Vergangenheit? (wie Anm. 11).
[33] Dušan BATAKOVIĆ, Slike moderne Srbije: dometi, ograničenja, osporavanja, in: ZUNDHAUSEN, Istorija Srbije (wie Anm. 2), 549-569, 550.

hat sich eine historiographische Schule von zweifelhaftem wissenschaftlichen Wert herausgebildet, die ihren Blickwinkel auf die serbische Vergangenheit, entgegen den Prinzipien wissenschaftlicher Kritik, bereitwillig dem ideologischen Imperativ der Kollektivschuld der Serben anpasst, begleitet vom deplatzierten und gegenüber den Millionen Opfern von Nazismus und Faschismus beleidigenden Vergleich mit einem angeblichen „serbischen Faschismus" […]."[34]

Bataković spitzt diesen allgemein gehaltenen Vorwurf noch weiter zu: Noch schlimmer sei die Tatsache, dass dies nicht aus Ignoranz und Unkenntnis der serbischen Geschichte geschehe. Die Vertreter dieser Historiographie seien Kenner Serbiens, die aber in ihrer wissenschaftlichen Praxis wider ihres eigenen besseren Wissens handelten, da sie sich den politischen Autoritäten „mit bestellten ideologischen Projektionen der Vergangenheit"[35] unterwerfen müssten. Ohne Namen zu nennen berichtet Bataković von eigenen Erfahrungen, die bei ihm die Glaubwürdigkeit der westeuropäischen Kollegen erschüttert hätten. So sei er darüber verwundert gewesen, wie, im Widerspruch zum bisherigen Forschungsstand, Ilija Garašanins *Načertanije* plötzlich als

„verhängnisvoller Plan einer angeblich aggressiven serbischen Expansion [betrachtet wurde], die sich ununterbrochen bis zum Ende des 20. Jahrhunderts erstreckt habe. […] Als ich, erschüttert ob einer solch drastischen Abwesenheit wissenschaftlicher Moral, einzelne Historiker fragte, auf welchen Erkenntnissen sie ihre radikal veränderten Deutungen dieses Dokumentes basieren, und dass diese Deutungen jenem widersprechen, was sie in den Jahrzehnten zuvor geschrieben hatten, vor dem Ausbruch des Krieges, bekam ich verlegene Antworten, dass sie nun einmal, eben nur „staatliche Beamte" seien, die ihr Gehalt von „ihren Regierungen" bekämen, denn sie arbeiteten an staatlichen Universitäten. Sie haben also gestanden, dass sie die Arbeit des Historikers vor allem darin sehen, ihren Regierungen logistische Unterstützung für deren Politik gegenüber dem Balkan zu leisten."[36]

Auch Terzić beanstandet an Sundhaussens Buch eine primär politische Funktion:

„Anstelle einer modernen kritischen Synthese haben wir eine zeitgenössische politische Interpretation der serbischen Geschichte bekommen, die in hohem Maße parteiisch, ideologisiert und im politischen Sinne funktional ist. […] Es hat den Anschein, dass es die grundlegende Funktion dieses Buches ist, nachträglich die Zerschlagung Jugoslawiens zu legitimieren, wie auch die nachfolgend errichtete politische Architektur und alle drakonischen Maßnahmen, die gegen Serbien und die Serben ergriffen wurden, […]."[37]

Der Vorwurf moralischen Versagens westlicher Historiker in der Diskussionsveranstaltung des Goethe-Instituts am 20. Februar 2009 konzentrierte sich vor allem auf einen Punkt. Die „Stereotypen westlicher Historiker", wie die Formulierung dort in diesem Zusammenhang lautete, waren eines der zentralen

---

[34] Ebd.
[35] Ebd., 551.
[36] Ebd., 553.
[37] Terzić, Istorija Srbije (wie Anm. 27), 149.

Themen dieser Veranstaltung. Die Diskussion entfernte sich dabei zunehmend von ihrem Anlass, der serbischen Übersetzung von Sundhaussens „Geschichte Serbiens".

Einige Teilnehmer qualifizierten die westeuropäische Balkanforschung, und insbesondere die angelsächsische Wissenschaft und Publizistik, als von Stereotypen geprägt. Der Belgrader Politologe Slobodan Marković, der vor allem zu serbisch-britischen Beziehungen arbeitet, merkte in diesem Zusammenhang maliziös an, Sundhaussens Buch werde ohnehin keine Aufmerksamkeit finden, da es auf Deutsch und nicht in englischer Sprache geschrieben sei.[38]

In einer Art Anwandlung an postkoloniale Ansätze sprach auch Marković davon, dass die westliche Historiographie von kulturellen Stereotypen dominiert sei. Kleine Staaten und Völker seien lediglich Objekte der auswärtigen Geschichtswissenschaft, dort würde deren Geschichte überhaupt kreiert. Problematisch sei, dass die Stereotypen der Aufklärung, die auf den Balkan nicht übertragbar seien, auch von einem Teil der serbischen Historiker übernommen würden. Marković entwarf dabei eine „Geschichte der Stereotypen" gegenüber Serbien: Zunächst hätten im 19. Jahrhundert positive anglo-französische Stereotypen vorgeherrscht; diese seien gegen Ende des Jahrhunderts von negativen deutsch-österreichischen Stereotypen abgelöst worden. Jene wiederum hätten in den 1990er Jahren den amerikanischen Journalisten Roy Gutman und den englischen Historiker Noel Malcolm beeinflusst. Sundhaussen hebe sich indessen positiv davon ab, indem er Begriffe de-essentialisiere, und beide Formen von Stereotypen zum Ausdruck kommen lasse.

Die zum Teil vehement vorgetragene Kritik der Amoralität westlicher Historiker zielt scheinbar vor allem auf Noel Malcolm, dessen Bücher zu Bosnien und Kosovo vor Jahren großen Unmut hervorgerufen hatten: Der Belgrader Soziologe Jovo Bakić warf Malcolm *Srbocentriranje* („Serbo-Zentrierung") vor, welche in der Funktion stehe, politische Hegemonie zu erlangen. In Serbien wie im Ausland fokussiere man positiv wie negativ auf die serbische Nation, womit die gesamte jugoslawische Geschichte als allein initiatives und bewusstes Handeln der serbischen Elite betrachtet werde, während alle anderen „Opfer" dieses Handelns seien. Oder aber, umgekehrt, seien alle anderen die Handelnden und Serben die einzigen „Opfer". In den Büchern von Noel Malcolm aber seien die Serben „Täter" und die Nachbarn „Opfer". Malcolms Geschichtsschreibung sei ausschließlich instrumentell, da darüber öffentliche Sympathien und Antipathien formiert würden.

---

[38] Ein Audio-Mitschnitt der Diskussion befindet sich im Besitz des Autors. Diskussionsrunde über serbische Geschichte und Geschichtsschreibung anlässlich der Veröffentlichung der Übersetzung des Buchs von Holm Sundhaussen: Die Geschichte Serbiens vom 19. bis 21. Jahrhundert, Goethe-Institut Belgrad, 20.02.2009.

Später sprach Bakić vom „Terror der unifizierten Meinung", den Publizisten wie Malcolm mitproduziert hätten. Wissenschaftler hätten die Aufgabe gehabt, in der westlichen Öffentlichkeit eine Stimmung für die NATO-Bombardierung Serbiens zu schaffen. Damit Serbien bombardiert werden konnte, so die Kritik, mussten die Serben zunächst in Publikationen dehumanisiert werden.

Im Internetportal nationalkonservativer Intellektueller, *Nova Srpska Politička Misao,* lautet ein Beitrag des Publizisten Dragomir Andjelković:

> *„[...] das Werk von H. Sundhaussen hat die historische Rechtfertigung der Aggression* [gemeint ist der Nato-Luftkrieg gegen Serbien 1999, Anm. d. Verf.] *zum Ziel, wie auch des sezessionistischen Aktes seitens der provisorischen Herrschaft in Kosovo, bzw. der nachträglichen Anerkennung des sogenannten Staates Kosovo seitens der westlichen Staaten."*[39]

Während Noel Malcolm von albanischen Separatisten bezahlt werde, sei das Buch von Holm Sundhaussen durch das Übersetzungsnetzwerk „Traduki" finanziert, hinter dem das deutsche und österreichische Außenministerium stünden.[40]

Gesellschaftsgeschichte Serbiens oder nationale Meistererzählung?

Über die Methodologie und die theoretische Ausrichtung des Buches von Sundhaussen wurde innerhalb dieser Strömung der serbischen Historikerschaft kaum diskutiert. Allerdings erscheint dies vor dem Hintergrund der Einschätzung des Buches als politisch motivierte Arbeit auch konsequent: Da die Monographie mit dem Ziel verfasst worden sei, eine bestimmte Politik zu legitimieren, erschlössen sich dadurch auch unmittelbar die gewählten Schwerpunkte in der Darstellung der Geschichte Serbiens. Bataković:

> *„Es ist ein interessantes Phänomen, das einer ganzen Gruppe von Forschern der erwähnten ideologischen Orientierung gemeinsam ist, dass sie bei der Analyse der gesamten serbischen Geschichte unbedingt einer allseitigen Kritik des titoistischen Modells des Kommunismus ausweichen [...]. Sie haben auf diese Weise, wenn nicht die einzige, dann die dominierende Ursache des Zerfalls und der Agonie kommunistischer Gleichmacherei ignoriert, dass in der Mehrzahl der jugoslawischen Republiken mit der Etablierung der Verfassung von 1974 von einem Nationalkommunismus hin zu extremem Nationalismus regredierte, was am allerspätesten in Serbien geschah, wo die Folgen des Extremismus kommunistischer Provenienz am schwersten und verhängnisvollsten waren."*[41]

---

[39] Dragomir ANĐELKOVIĆ, Istorijski inženjering (ponovo) preti Srbiji, *Nova Srpska Politička Misao,* 11.03.2009, unter <http://www.nspm.rs/politicki-zivot/istorijski-inzenjering-ponovo-preti-srbiji.html>, 05.07.2010.

[40] Ebd.

[41] BATAKOVIĆ, Slike moderne Srbije (wie Anm. 33), 554. Fast gleichlautend äußert sich Terzić: „Die Verfassungsänderungen 1967-1974 werden lediglich als ‚konsequente Föderalisierung Jugoslawiens' gedeutet, nicht aber als eigentliche gesetzliche Sanktionierung des Zerfallspro-

Bataković zufolge hat das sozialistische Jugoslawien die Affirmation „der serbischen Tradition demokratischen und liberalen Inhalts" in der Zeit von 1945 bis 1980 systematisch dämonisiert.[42]

Auch die weiteren zentralen Kritikpunkte an Sundhaussens Buch ergeben sich nicht aus einer immanenten Diskussion seiner Darstellung einzelner Epochen der serbischen Geschichte, sondern werden wie bisher abgeleitet aus der politischen Positionierung, die bei Sundhaussen ausgemacht wird. Da Sundhaussen sich primär auf eine Geschichte Serbiens und erst sekundär auf eine Geschichte der Serben konzentriere, sieht Bataković die Infragestellung „des natürlichen historischen Ambientes [angelegt], mit der Reduzierung der serbischen Geschichte auf die jetzigen Staatsgrenzen."[43] An dieser Stelle stellt Bataković Sundhaussen modellhaft entgegen, wie serbische Geschichte im Sinne des nationalen Meisternarrativs gedacht wird, nämlich als Einheit zwischen Volks- und Staatsgeschichte, die von einer über einen langen Zeitraum herausgebildeten „spezifische[n] Form geistiger Einheit" zusammengehalten werde.[44] Aus dieser Perspektive bleibt für Bataković die bereits erwähnte sechsbändige „Geschichte der Serben" der „Ausgangspunkt für jede weitere Beschäftigung mit der Geschichte Serbiens".[45]

Damit stellt sich Bataković in die Tradition seiner Lehrer wie Radovan Samardžić, Dejan Medaković und Milorad Ekmečić. Bataković übergeht an dieser Stelle die zahlreichen Einwände, die in den achtziger Jahren beim Erscheinen der ersten Bände auch aus der Zunft selbst formuliert wurden,[46] nicht nur seitens von Parteifunktionären aus Kroatien, Bosnien und Montenegro, die daran Anstoß nahmen, dass eine Geschichte des serbischen Volkes auch die Geschichte dieser Republiken umfasste. Slavenko Terzić formuliert als Stellvertreter dieser Richtung die Defizite aus dieser Perspektive an Sundhaussens Herangehensweise deutlicher: Sundhaussen lasse nicht nur das „klassische und große Werk" der Geschichte Südosteuropas von Georg Stadtmüller von 1950 unberücksichtigt, sondern ebenso die Arbeiten von Josef Matl und Alois Schmaus, eines „guten Kenners der serbischen Kultur".[47]

---

zesses des föderalen jugoslawischen Staates und seiner Konföderalisierung auf nationaler Grundlage, bzw. als Aufhebung aller integrativen Elemente dieses Staates.": TERZIĆ, Istorija Srbije (wie Anm. 27), 163.

[42] BATAKOVIĆ, Slike moderne Srbije (wie Anm. 33), 554.
[43] Ebd., 556.
[44] Ebd., 558.
[45] Ebd., 560.
[46] Siehe dazu Nenad STEFANOV, Die Serbische Akademie der Wissenschaften. Tradierung und Modifizierung nationaler Ideologie. Wiesbaden 2011 (im Druck), 142.
[47] Alois SCHMAUS, Jugoslawien. München 1970; Josef MATL, Die Kultur der Südslawen. Frankfurt/M. 1966; Georg STADTMÜLLER, Geschichte Südosteuropas. München ²1976.

Gleichfalls, so Terzić,

> *„ignoriert Sundhaussen auch andere Klassiker der serbischen und jugoslawischen Historiographie. Beispielsweise das große Werk von Stojan Novaković ‚Balkanfragen', von Jovan Radonić ‚Die römische Kurie und die südslawischen Länder', Grgur Jaksić, Vojislav Vučković (von diesem eine Arbeit), Viktor Novaks ‚Magnum Crimen', Ferdo Čulinović (dessen zahlreiche Arbeiten zu Jugoslawien), Bogdan Krizman, Hamdija Kapidžić, Milorad Ekmečićs ‚Die Schaffung Jugoslawiens' und andere Werke, Vasilije Krestić, Čedomir Popov, Mihailo Vojvodić (nur eine Arbeit), Dragoljub Živojinović (eine Arbeit)."*[48]

Terzić führt hier jene Historiker an, die als richtungweisend für die Nationalhistoriographie Serbiens bezeichnet werden können. Hier wird besonders plastisch deutlich, dass es vor allem um die Verteidigung der Nationalgeschichte als nationaler Meistererzählung geht. Unterschiedlichen Darstellungsformen, seien sie ereignisgeschichtlicher oder kulturgeschichtlicher Art, kommt aus dieser Perspektive keine gleichrangige Legitimität zu. So liegt für diese Historiker das eigentliche Problem darin, dass Sundhaussen keine Nationalgeschichte verfasst hat und nicht den festgeschriebenen Autoritäten folgt, sondern sich stattdessen für eine Gesellschaftsgeschichte des serbischen Staates entschieden hat und, wie zu Beginn angeführt, systematisch zwischen Geschichte und Erinnerung unterscheidet. Gerade dies bringt Terzić besonders auf, der beanstandet, das Buch untersuche nur Mythenbildungen und bezeichne die serbische nationale Bewegung immer nur als großserbisch.

Dies lässt sich an der Diskussion um die Darstellung Kosovos veranschaulichen. Terzić kritisiert, dass von der Schlacht auf dem Amselfeld 1389 nur unter dem Aspekt der ideologischen Mythenbildung die Rede sei:

> *„Hätte er wirklich die Geschichte Serbiens verstehen wollen und den Ort des Vidovdan darin, hätte sich Sundhaussen fragen können, weshalb die Deutschen so regelmäßig der Schlacht von Leipzig 1813 gedenken. Er sollte wissen, dass die Kosovo-Thematik seit Jahrhunderten zu den zentralen Themen der serbischen Volksepik, aber auch der serbischen Poesie, Prosa und Kunst gehört."* [49]

Ebenso kritisiert Terzić die Verwendung des Terminus „Kosovo" anstelle von „Alt-Serbien". Dabei handelt es sich um einen klassischen Topos der nationalen Meistererzählung, welcher Mitte der 1980er Jahre wieder reaktiviert worden war.[50] Die Bezeichnung Kosovo für dieses Gebiet sei irreführend und in dieser Absicht auch von den Kommunisten eingeführt. Richtiger müsse es Alt-Serbien heißen, da es sich um das Kernland des mittelalterlichen Serbien handele. Die

---

[48] Terzić, Istorija Srbije (wie Anm. 27), 149.

[49] Ebd., 5.

[50] Beispielsweise Dimitrije Bogdanović in seinem mittlerweile als Klassiker eingestuften Werk „Knjiga o Kosovu", das damals mit der sozialistischen Meistererzählung der „Brüderlichkeit und Einheit" brach. Dimitrije Bogdanović, Knjiga o Kosovu. Beograd 1985.

Bezeichnung „Kosovo" verschleiere die Jahrhunderte während Prägung dieser Landschaft durch das serbische Volk.

Als weitere Abweichung vom nationalen Meisternarrativ in Sundhaussens Buch bemängelt Terzić die Verwendung der Bezeichnung „osmanische Herrschaft". Diese sei ausgesprochen „turkophil"; eigentlich richtig sei die Bezeichnung „osmanisches Joch" (*turski jaram*).[51]

Charakteristisch für Terzićs Reaktion ist nicht die Auseinandersetzung mit den Befunden von Sundhaussen, sondern die Aufzählung all dessen, was er „weggelassen" habe. Der Darstellung von Sundhaussen wird die nationale Meistererzählung gegenübergestellt. Während die Kritik am nationalen Meisternarrativ, ob durch Sundhaussen oder serbische Historikerinnen und Historiker, den Hütern des nationalen Meisternarrativs als Geschichtspolitik in reinster Form erscheint, gilt ihnen die Nationalgeschichte in ihrer durch die aufgezählten Autoritäten geprägten Fassung als gleichsam „natürliches Produkt objektiver Forschung".

Abgeleitet ist dieser Begriff der Objektivität aus jenem dem nationalen Meisternarrativ zugrunde liegenden Verständnis von Nation.[52] Gemäß der ethnischen „objektiven" Definition von Nation besteht diese unabhängig vom Willen der einzelnen Individuen. Diese sind qua Abstammung unveränderbar Mitglieder des ethnischen Kollektivs. Sie können weder eintreten noch heraustreten aus dieser geschlossenen Gemeinschaft. Genauso wie es in dieser Konzeption objektive Kriterien für die Zugehörigkeit zu einer Nation gibt, denen der subjektive Wille eindeutig untergeordnet ist, erschließt sich aus dem objektiven Dasein der Nation die objektive Darstellung ihrer Genese. Eine „subjektive" Kritik der „objektiven" Erzählung ist immer defizitär und resultiert notwendig in der Infragestellung des ethnonationalen Kollektivs.

Aus dieser Perspektive betrachtet wird die kritische Darstellung bestimmter gesellschaftlicher Prozesse – etwa des Aufstiegs von Slobodan Milošević – nicht auf konkrete gesellschaftliche Gruppen und politische Akteure bezogen, sondern auf das serbische Volk als Ganzes. Daher hängt die starke Abwehrreaktion gegenüber dem Buch von Sundhaussen auch mit der Behauptung dieser Form von „nationaler Gemeinschaft" gegen mögliche Anfechtungen zusammen. Dies steht zugleich im Zusammenhang mit den sich intensivierenden Diskussionen über das Selbstverständnis des serbischen Staates und der Frage, ob dessen Ausrichtung ethnisch-national oder republikanisch begründet sein soll, was zugleich untrennbar verbunden ist mit der Bewertung der Kriege in den 1990er Jahren.

Ende März 2010 spitzte sich diese Diskussion in der serbischen Öffentlichkeit zu. Hintergrund war die Verabschiedung einer Resolution im serbischen Par-

---

[51] Terzić, Istorija Srbije (wie Anm. 27), 152.
[52] Vgl. Holm Sundhaussen, Ethnonationalismus in Aktion: Bemerkungen zum Ende Jugoslawiens, *Geschichte und Gesellschaft* 20 (1994), 402-423.

lament, in der die Verbrechen in Srebrenica verurteilt wurden.[53] Damit deutet sich auch eine breitere Abkehr von der bisherigen Deutung des Krieges als der Verteidigung des serbischen Volkes dienend an. Während sich die maßgeblichen politischen Akteure in Serbien von den Deutungsmustern der 1990er Jahre entfernen, bleiben die Anhänger einer intakten nationalen Meistererzählung unter den Historikern diesen weiter verhaftet. So kommunizieren die Vertreter des nationalen Meisternarrativs und damit des ethnischen Nationsverständnisses nicht allein mit Sundhaussen, sondern senden ihre Botschaft mindestens zum gleichen Teil an die serbische Öffentlichkeit.

Die pauschale Einordnung von Holm Sundhaussens Monographie als von außerwissenschaftlichen, politischen Motiven bestimmt, der ein anderes Geschichtskonzept als „authentisch" in der Berücksichtigung des „natürlichen Ambientes" entgegen gesetzt wird, macht es schwierig, hier von Kritik als wissenschaftlichem Verfahren zu sprechen. Weitere bekannte Kritiker des Buches sind etwa der junge Historiker Čedomir Antić, Radoš Ljušić[54] und der Soziologe Jovo Bakić. So ist allein der beschriebene „westliche" Blick auf Serbien, der Bakić zufolge auf einer Revitalisierung österreichisch-deutscher Stereotypen basiert, politisiert. Ein „natürlicher" Blick hingegen sehe die Geschichte der Serben als geistiger Ganzheit. Insofern ist es kaum überraschend, wenn Bataković die Auslassung der „großen Epopöe" des Ersten Weltkriegs bei Sundhaussen damit erklärt, dass dieser in einer serbenfeindlichen „österreichischen Tradition", vor der schon Slobodan Jovanović gewarnt habe, stehe, dies jedoch nicht im Zusammenhang der Komposition des Buches erörtert.[55]

Ebenso schwierig ist es, von einer durch das Buch von Holm Sundhaussen ausgelösten Diskussion zwischen den Vertretern der beiden in Serbien existierenden unterschiedlichen Konzeptionen von Geschichte zu sprechen. Dies zeigte sich insbesondere bei dem erwähnten Treffen der Historikerinnen und Historiker im Belgrader Goethe-Institut im Februar 2009. Es hat den Anschein, dass beide Ansätze einander so diametral entgegengesetzt sind, dass die Teilnehmer das Aufkommen einer Diskussion, und damit einer offenen und öffentlichen Konfrontation überhaupt vermeiden wollten.

---

[53] M. ČEKVERAC, Deklaracija usvojena posle 13 sati oštre rasprave, *Politika*, 31.03.2010, unter <http://www.politika.rs/rubrike/tema-dana/Srebrenica-Deklaracija-usvojena-skupstina-Srbije.sr.html>, 06.07.2010.

[54] Unter anderem ehemaliger Vorsitzender der Gesellschaft der Historiker Serbiens, Parlamentsmitglied für die nationalkonservative Demokratische Partei Serbiens (Parteichef Vojislav Koštunica), nun Mitglied der neu formierten Partei *Srpska Napredna Stranka* (Serbische Fortschrittspartei), die sich von der Serbischen Radikalen Partei Vojislav Šešeljs abspaltete.

[55] BATAKOVIĆ, Slike moderne Srbije (wie Anm. 33), 560. Auch Terzić spricht davon, dass „sich Sundhaussens Sicht und Deutung auf die serbische [nationale] Bewegung in nichts von der damaligen österreichisch-ungarischen Propaganda in Bosnien-Herzegowina, allen voran des Okkupationsleiters Benjamin Kallay, unterscheidet", TERZIĆ, Istorija Srbije (wie Anm. 27), 157.

So erscheint das Treffen als eine Aneinanderreihung von Stellungnahmen, in denen es die Anwesenden vermieden, kritisch aufeinander einzugehen, wodurch die Debatte recht abstrakt wurde und sich mit Andeutungen begnügte. Einzig Radoš Ljušić gab die Zurückhaltung auf und bezichtigte das „andere Serbien"[56], einen „Selbsthass" zu pflegen, weshalb ihm ein Buch wie das von Sundhaussen entgegenkomme.[57] Zugleich war eine ausführliche Auseinandersetzung mit den Thesen der Monographie von Holm Sundhaussen bei diesem Anlass nicht unbedingt beabsichtigt. Vielmehr solle diese Gelegenheit zu einem Gespräch untereinander genutzt werden, wie Latinka Perović betonte.[58]

Jene Historikerinnen und Historiker, die sich von der beschriebenen nationalgeschichtlichen Konzeption absetzen, konzentrierten sich denn auch ganz auf den Zustand der serbischen Historiographie in institutioneller und publizistischer Hinsicht. So konstatierte beispielsweise Milan Ristović eine mangelnde Kommunikation auf der internationalen Ebene: Die Geschichtswissenschaft in Serbien sei zu verschlossen. Vor diesem Hintergrund sei ein Anstoß von außen, wie das Buch von Sundhaussen, von besonderer Bedeutung. Radmila Radić und Miroslav Jovanović kritisierten die wenig ausgeprägte Diskussionskultur innerhalb der Zunft, wobei letzterer darauf hinwies, wenn überhaupt Rezensionen erschienen, seien diese meist affirmativ und stellten oftmals Gefälligkeiten zwischen Kollegen dar. Ana Stolić wies auf einen grundlegenden Mangel einer Verständigung über Theorie und Methodologie in Serbien hin. So würden internationale Trends in den Geisteswissenschaften zu wenig rezipiert. Dies zeige sich gerade bei dem Verständnis von Begriffen wie Nation und nationale Identität, die für einen Teil der serbischen Geschichtswissenschaft immer noch eine unhinterfragbare normative und analytische Geltung hätten. Zudem werde der Begriff der Modernisierung in Serbien zu affirmativ verwendet. Als alternativen Zugang verwies Stolić auf jenen der *post-colonial studies*. In diesem Zusammenhang kritisierte sie, dass auch Sundhaussen einem problematischen Konzept von Modernisierung folge. Stolićs Anregung, über historische Begriffe und Konzepte zu diskutieren, wurde allerdings nicht aufgegriffen, so dass sich das Gespräch im Austausch der jeweiligen Positionen erschöpfte: Es blieb ent-

---

[56] Ursprünglich war „Druga Srbija" der Titel eines Diskussionsbeitrags zu Beginn des Bosnienkrieges, in dem sich kritische Intellektuelle, die sich im „Belgrader Kreis" zusammengeschlossen hatten, gegen ethnische Säuberungen und den Krieg um ethnisch homogene Territorien aussprachen. Im Verlauf der neunziger Jahre avancierte „Druga Srbija" zu einer positiv konnotierten Selbstbezeichnung anti-nationalistisch eingestellter serbischer Intellektueller, die wiederum nach 2000 von national-konservativen Intellektuellen pejorativ insbesondere gegen die Liberaldemokratische Partei (*Liberalno-demokratska Partija*, LDP) und die dieser nahe stehende Historikerin Latinka Perović verwendet wurde. Vgl. Ivan Čolović, Druga Srbija. Beograd 1992.
[57] Diskussionsveranstaltung (wie Anm. 38).
[58] Diskussionsveranstaltung, Redebeitrag Latinka Perović (wie Anm. 38).

weder bei der Darstellung der Mängel der Geschichtswissenschaft in Serbien oder bei der Kritik westlicher Stereotypen an Serbien.

„It Takes a Serb to Know a Serb": Geschichtspolitik und Verarbeitungsformen gesellschaftlicher Krisenerfahrungen

In seiner Reaktion auf die Kritiken zu seinem Buch in Serbien bezieht sich Holm Sundhaussen auch auf Beiträge in den Kommentar-Spalten verschiedener Internetseiten, von denen einer auch die Überschrift seines Vortrags bildet.[59] Allerdings stößt dieser Rekurs auf eine Schwierigkeit. Nach bisherigen Erfahrungen stammen bis zu 60% der Kommentare auf den bedeutenderen Websites wie jenen von *Nova Srpska Politička Misao* (www.nspm.rs), *Politika* (www.politika.rs) und *B92* (www.b92.net) von Lesern, die nicht in Serbien leben. Dies gilt gerade für zugespitzte Äußerungen. Dennoch lässt sich aus den Kommentaren durchaus ein Meinungsbild der serbischen Öffentlichkeit ableiten.[60]

Das Argument, dass (gerade) ein „deutscher" Historiker „uns" nicht verstehen könne, ist im Großteil der Reaktionen der Historiker nicht explizit, aber in der Argumentation durchaus angelegt. Hier geht es darum, zu erschließen, wie sich dieser diffuse Subtext, der gleichsam vom Haupttext nur einen Klick weit entfernt in den Kommentar-Spalten unterlegt ist, im Haupttext der Reaktionen auf Sundhaussen manifestiert bzw. mit diesen verbunden ist.

Eine solche Verbindung zeigt sich in der Ablehnung der Einmischung in „innere Konflikte" der serbischen Historikerschaft. Dieses weit verbreitete Argument führte Čedomir Antić in einem Interview in der Wochenzeitung *Svedok* an: Das Buch von Sundhaussen büße dadurch viel an Qualität ein, dass sich Sundhaussen im Streit zwischen den serbischen Historikern eindeutig auf eine Seite stelle und damit die „komfortable Position" des distanzierten Beobachters aufgebe, was sich auf die Überzeugungskraft seiner Argumente auswirke.[61]

Einzig Milan Protić[62] fasste sein Ressentiment nicht in Begriffe von Stereotypen oder beklagte den Kurzschluss von Wissenschaft und Politik, sondern beförderte vielmehr den Subtext an die Oberfläche: Für ihn bestehe die größte Niederlage der serbischen Historiographie darin, dass, noch bevor sich diese

---

[59] SUNDHAUSSEN, „Wenn ein Deutscher eine serbische Geschichte schreibt…" (wie Anm. 28).

[60] So zitiert der Fernsehsender *B92* in seinen Nachrichtensendungen bei brisanten Themen auch die Kommentare aus seinem Internetportal, gleichsam als „vox populi". Ebenso verfährt die Tageszeitung *Politika*, die ausgewählte Kommentare in ihrer Print-Ausgabe veröffentlicht.

[61] Das Interview mit Čedomir Antić ist im Internet zugänglich: Milan DINIĆ, Zaključci istoričara mogu da idu u prilog jednoj od strana, ali istoričar ne sme da stane na jednu stranu, *Svedok* 658, 17.03.2009, unter <http://www.svedok.rs/index.asp?show=65802>, 06.07.2010.

[62] Milan St. Protić, Historiker, Mitglied der *Demohrišćanska Stranka* (Christlich-Demokratische Partei). Kurze Zeit (Oktober 2000 – März 2001) Bürgermeister von Belgrad.

entwickeln konnte, die erste Geschichte Serbiens von einem Deutschen geschrieben worden sei – und nun, eineinhalb Jahrhunderte später, diskutiere man wiederum über eine Geschichte Serbiens, die ein Deutscher geschrieben habe, während kein einziges „unserer" Bücher ins Deutsche übersetzt worden sei.[63]

In seinem Vortrag an der Volksuniversität Kolarac, der auch als Entgegnung auf die Unterstellung verstanden werden kann, ein Deutscher könne keine serbische Geschichte schreiben, beschäftigte sich Sundhaussen mit den Einwänden dagegen, dass ein „Fremder unsere Geschichte" schreibt. Dabei griff Sundhaussen die oben zitierten Überlegungen aus der Einleitung zur „Geschichte Serbiens" auf: Die beiden ersten Einwände, Mangel an Information, sowie die Frage der (zu großen oder mangelnden) Distanz, die ins Feld geführt werden, wenn es darum geht, die Geschichte „Anderer" zu schreiben, ließen sich verhältnismäßig leicht überwinden. Fehlende Informationen könnten ergänzt und die Frage der Distanz dahin beantwortet werden, dass letztlich immer eine Art „Halbdistanz" oder „Halbnähe" bestehe.

Schließlich diskutierte Sundhaussen die in der Einleitung erörterte Problematik des Verstehens, den Unterschied zwischen wissenschaftlichem Nachvollziehen oder Rechtfertigung und Affirmation bestimmter Vorstellungen. Danach wandte er sich grundlegenden Barrieren zu, die einen transnationalen oder transkulturellen Austausch erschweren können: Es handle sich um die Legierung distinkter Wertvorstellungen mit einer affektiv-emotionalen Grundlegung einer nationalen Diskursgemeinschaft. Diese werde durch die der Nation zugeschriebene „Aura der Besonderheit" gestärkt. Für Sundhaussen stellt sich „nationale Identität" vor allem durch Abgrenzung her, so dass im Hinblick auf Geschichte als zentralem Medium der Vermittlung von nationalem Selbstverständnis wissenschaftliche Verfahren und kollektive Sinnstiftungsbedürfnisse notwendigerweise in Konflikt geraten müssen.

In Anlehnung an seine Überlegungen in der Einleitung der Geschichte Serbiens fasst Holm Sundhaussen derart die notwendige Trennung zwischen rationaler Auseinandersetzung und den Bedürfnissen nichtwissenschaftlicher Sinnstiftungen im Kontext „nationaler Wahrnehmungscodes". Dabei betont er, es handele sich dabei nicht um eine serbische Besonderheit, sondern vielmehr um ein Phänomen, das sich in vielen Gesellschaften beobachten lasse. Das Spannungsverhältnis zwischen dem Bedürfnis nach Rekonstruktion von und wissenschaftlicher Dekonstruktion solcher sinnstiftender Praktiken stelle ein globales Phänomen dar.

Jedoch gilt es hier, die besonders vehemente Abwehrreaktion zu erklären. Weiter oben wurde dargelegt, dass diese Abwehrreaktionen in der Verbindung

---

[63] Diskussionsveranstaltung (wie Anm. 38). Protić spielt hier auf folgendes Buch an: Leopold von RANKE, Die serbische Revolution. Aus serbischen Papieren und Mittheilungen. Hamburg 1829.

zwischen Geschichte, Erinnerung und der Sinnstiftung ethnonationaler Gemeinschaft begründet sind. Wird das Meisternarrativ in Frage gestellt, betrifft dies auch den Kern der Sinnstiftung der nationalen Gemeinschaft. Dieses Moment ist für viele Gesellschaften Südosteuropas kennzeichnend.

Allerdings existiert noch eine weitere Dimension, die eine spezifische Erfahrung der Gesellschaften des ehemaligen Jugoslawien darstellt und insbesondere in Kroatien und in Serbien ausgeprägt ist, nämlich die Erfahrung von Krise und Krieg in den 1990er Jahren und die besondere Bedeutung von „Geschichte" nicht nur zur ethnonationalen Mobilisierung, sondern zur Legitimation und Indifferenz gegenüber der Gewalt des Krieges. „Geschichte" kommt dabei eine besondere Funktion zu, die Sundhaussen unter dem Stichwort „Otherness" andeutet und dabei auf einen Text des Kulturanthropologen Mattijs van de Port mit dem Titel „It Takes a Serb to Know a Serb" rekurriert:

> „,You don't know our history.' […] Sometimes it was whispered with fatigue, sometimes hurled at me in a querulous tone of voice. […] ,You don't know our history' was not an encouragement to intensify my studies. Quite the reverse. Underneath the polite applause that lauded my efforts to study the Serbs I often discerned resentment about my interest in Serbian language, culture, history. ,You don't know our history' was, above all, a statement of fact. Don't bother, is what the phrase seemed to imply, you're not going to find it out …"[64]

Sundhaussen dient die Passage als Illustration der „obstinate Otherness", zur Veranschaulichung einer Haltung, die sich einem wissenschaftlichen und transnationalen Zugang zu Geschichte verweigert. Ohne ausführlicher auf die Problematik eines ausschließlich kulturalistischen Zugangs einzugehen, wie er bei van de Port in der Prägung des Begriffs „obstinate Otherness" sichtbar wird, soll hier dieser Begriff aufgegriffen und in Beziehung gesetzt werden zu gesellschaftlicher Erfahrung von Krieg und Krise, insbesondere der Funktion, die darin „eigene Geschichte" („You don't know our history") übernimmt.

Van de Port trifft ein zentrales Moment der gesellschaftlichen Atmosphäre der 1990er Jahre, jedoch kommt bei ihm gerade die für das Verständnis der hier behandelten Debatte wichtige Erörterung der legitimatorischen Funktion von „Otherness" zu kurz.[65] Bisher wurden vor allem jene Momente von Geschichte

---

[64] Mattijs VAN DE PORT, „It Takes a Serb to Know a Serb": Uncovering the Roots of Obstinate Otherness in Serbia, *Critique of Anthropology* 19 (1999), H. 1, 7-30, 14. Vgl. auch SUNDHAUSSEN, „Wenn ein Deutscher eine serbische Geschichte schreibt…" (wie Anm. 28), 5.

[65] Allerdings reflektiert der Autor „obstinate Otherness" vorwiegend anhand der Frage, inwieweit sich Anthropologen in ihrer Forschung unfreiwillig an Prozessen des „Othering" beteiligen, indem sie vor allem auf die Andersartigkeit ihres Studienobjektes konzentriert sind, oder ob es tatsächlich einen Kern solcher „Otherness", hier als „obstinate Otherness" bezeichnet, gibt, der Forscher und Objekt tatsächlich unterscheidet. In der zitierten Passage meint van de Port, auf einen solchen Kern gestoßen zu sein. Er erwähnt zwar, dass damit auch Motive wie zum Beispiel die Entlastung von Schuld verbunden sein können, geht aber nicht weiter darauf ein. Mattijs VAN DE PORT, „It Takes a Serb to Know a Serb", 19.

und „Otherness" thematisiert, die zu einer Stabilisierung von Kollektiven dienen und diese nach außen abschotten. Dies ist zu ergänzen im Hinblick auf die Konstitutionsbedingungen kollektiver Bewusstseinsformen im Zusammenhang mit der Erfahrung gesellschaftlicher Krisensituationen.

Die im Satz „it takes a Serb to know a Serb" ausgedrückte Haltung erlebte ihren Aufschwung zu Beginn der 1990er Jahre. Das Bedürfnis der Individuen, die schockierenden Erfahrungen von Krieg und Zerfall gesellschaftlicher Institutionen in Serbien widerspruchsfrei zu erklären und sich mit diesen auszusöhnen, war ein wichtiger Impuls für die Etablierung einer Wahrnehmungsform, in der „Geschichtsmythologie"[66] dominierte. Die konkrete Erfahrung individueller Ohnmacht und der daraus gespeiste Glaube an die Macht der nationalen Schicksalsgemeinschaft gingen eine unheilvolle Verbindung ein. Die in der Endphase des sozialistischen Jugoslawiens dominierende nationalistische Ideologie verfestigte sich zur existentiellen Gewissheit, zum Bestandteil des Alltagsbewusstseins von der „Macht der Geschichte", der sich der Einzelne nicht entziehen kann.

Die Verarbeitungsformen von Krieg und Krise, gerade in jenen gesellschaftlichen Segmenten, aus denen sich die Wähler von nationalistisch ausgerichteten, den Krieg legitimierenden Parteien rekrutierten, zeigten in ihrer Alltagspraxis der Anpassung und Selbsterhaltung eine eigentümliche Form von Geschichtsbewusstsein. In einem Großteil der staatskonformen Medien vermittelte sich dies als ein Wissen, dass „nationale Eigenschaften" erblich und unveränderlich seien.

Die Konsequenz aus der Anerkennung der historischen Macht der ethnischen Gemeinschaft bedeutete einen Freispruch von jeglicher Verantwortung des Einzelnen gegenüber dem nationalen Kollektiv, in dem sich, „wissenschaftlich erwiesen", historisch verwurzelte Eigenschaften durchsetzten. Die Teilnahme am Krieg oder dessen Akzeptanz wurden somit zu etwas Unausweichlichem, Schicksalhaftem, die barbarischen Praktiken des Krieges wurden als traditionelle, historische Formen des Krieges, als hergebrachte „balkanische Gewalt" im Krieg aller gegen alle rationalisiert. Der Einzelne könne sich den Forderungen der Schicksalsgemeinschaft nicht entziehen.[67] Sodann war aber diese Schicksalsgemeinschaft selbst immer schon Opfer: Vom Mittelalter bis in die Gegenwart sei sie der „Rest eines abgeschlachteten Volkes" (so der Dichter Matija Bećković) gewesen.

---

[66] In Erweiterung des Historismusbegriffes von Chakrabarty zielt der Begriff „Geschichtsmythologie" auf die Bedeutung von Geschichte für die individuelle Verarbeitung von Krisenerfahrungen im Alltag, die konformistisches Handeln rechtfertigt. Vgl. Nenad STEFANOV, Serbische Kontinuitäten. Ethnonationalismus und gesellschaftlicher Konformismus, in: Jens BECKER / Achim ENGELBERG (Hgg.), Serbien nach den Kriegen. Frankfurt/M. 2008, 233-256.

[67] Vgl. Stjepan GREDELJ, Dominant Value Orientations, in: Mladen LAZIĆ (Hg.), Society in Crisis. Yugoslavia in the Early '90s. Belgrade 1995, 187-239; DERS., Osobenosti globalne društvene transformacije Srbije, in: Silvano BOLČIĆ (Hg.), Društvene promene i svakodnevni život: Srbija početkom devdesetih. Beograd 1995, 57-77, 70.

Eine solche Geschichtsmythologie, die jede Vorstellung von Zeit und Geschichte zerstört, indem sie Gleichzeitigkeiten zwischen den Ereignissen von 1389, 1914 oder 1941 suggerierte, bot auf einer zweiten Ebene Entlastung von persönlicher Verantwortung.[68] War der Einzelne gegenüber der Macht der serbischen Schicksalsgemeinschaft machtlos, so war diese selbst vor allem Opfer.[69]

Die Rede davon, dass „uns" ein „Fremder" nicht verstehen könne, war daher nicht allein für die Konfrontation mit Beschuldigungen „von außen" bestimmt, sondern ebenso und vorwiegend für den „internen Gebrauch". Letztlich konnten auf diese Weise seitens der Protagonisten der „Geschichtsmythologie" alle Kritikformen, die individuelle und gesellschaftliche Verantwortung einforderten, ver„fremdet" werden. Engagement gegen den Krieg konnte in Serbien auf diese Weise schlicht als unnatürlich weil anational denunziert werden. Jene Gruppen und Individuen, die sich gegen die Kriegspolitik des serbischen Regimes wandten, wurden doppelt ausgegrenzt. Zum einen waren sie ohnehin politisch marginalisiert, da sie das Primat des Nationalen und der Geschichtsmythologie im öffentlichen Diskurs nicht anerkannten. Zum anderen wurde diese Marginalisierung auch ethnisierend vollzogen, indem ihnen qua Herkunft das Recht auf Kritik abgesprochen wurde, da diese anational sei, und diese Intellektuellen deswegen vermutlich nicht-serbischer Herkunft seien. Wer die Notwendigkeit des Krieges nicht „verstehen" konnte, konnte auch „uns Serben" nicht „verstehen", und war demnach keiner von „uns".

Die gesellschaftliche Funktion dieser Art der Geschichtsmythologie zeigte sich auf zwei Ebenen: Erstens bot sie die Möglichkeit, Erfahrungen gesellschaftlicher Krisen in der genannten Richtung zu rationalisieren, zweitens stärkte sie das ethnonationalistische kollektive Bewusstsein, indem jede Kritik solcher Formen der Rationalisierung des Irrationalen als „fremd" disqualifiziert wurde.

Es wird deutlich, dass die These, ein Ausländer könne „uns" nicht verstehen, auch zu bewerten ist als Form der Legitimation des Krieges, individueller Indifferenz, sowie der Abwehr gegen jede Art der Thematisierung von Verantwortung für die im Krieg begangenen Verbrechen. „Obstinate Otherness" als scheinbarer Kern einer „Identität" begründet eine Alltagspraxis der Verdrängung individueller Verantwortung, die ein gesellschaftliches Strukturmerkmal der 1990er Jahre darstellt.

Die wissenschaftliche Diskursform des nationalen Meisternarrativs korrespondiert mit der beschriebenen Form der Legitimation konformistischen Handelns in der Sphäre des Alltags. Die eingeübten Handlungsformen der

---

[68] Vgl. Ivan ČOLOVIĆ, Die Erneuerung des Vergangenen: Zeit und Raum in der zeitgenössischen politischen Mythologie, in: Nenad STEFANOV / Michael WERZ (Hgg.), Bosnien und Europa: Die Ethnisierung der Gesellschaft. Frankfurt/M. 1994.

[69] Vgl. STEFANOV, Serbische Kontinuitäten (wie Anm. 66), 246.

1990er Jahre verfestigten die oben charakterisierten Reflexionsformen, und diese wiederum affirmierten diese Handlungsformen als durch und durch rational.

Es zeigt sich aber, dass dies nicht mehr der alleinige Zugang zur Konzeptionalisierung und zum Verständnis von Geschichte und Gesellschaft ist. Der Großteil von Sundhaussens Kritikern orientiert sich an einem Verständnis von Geschichte als Wissenschaft und gesellschaftlicher Sinnstiftung zugleich, wie es die 1980er und 1990er Jahre beherrschte. Zugänge jenseits des Nationalen, die in den beiden Jahrzehnten zuvor systematisch marginalisiert wurden, sind nun wahrnehmbarer Bestandteil der öffentlichen Auseinandersetzung, wie anhand des eingangs erwähnten Zeitungsartikels von Latinka Perović sowie in der Diskussion im Goethe-Institut deutlich wird.

Die vehemente Ablehnung von Sundhaussens Buch erklärt sich nicht nur daraus, dass die Monographie eine Provokation für das Verständnis von Geschichte ist. Die Reaktion zeigt auch, dass sich die Protagonisten des nationalen Meisternarrativs ihrer bis dahin unangefochtenen Position als Sinnstifter nicht mehr sicher sind, was sich einerseits in den polemischen Ausfällen gegen das „andere Serbien" zeigt, sowie andererseits in der deutlichen Abnahme der Relevanz der dieses Geschichtsverständnis in den letzten zwanzig Jahren repräsentierenden Institutionen wie der Serbischen Akademie der Wissenschaft.[70]

Der Jargon der eigentlichen Geschichte als Wechselbeziehung zwischen West und Ost

Es ist wichtig zu betonen, dass die dargestellte Verschränkung von Wissenschaft und Alltagspraktiken, in denen „Geschichte" eine zentrale Bedeutung zukommt, keineswegs eine serbische Besonderheit ist. Im Gegenteil. Für das Verständnis der Bedeutung von „Geschichte" gerade in Jugoslawien gilt es, diese in einer Wechselbeziehung zum Westen Europas sowie als von diesem mit-konstituiert zu betrachten.

---

[70] Exemplarisch zeigt sich dies in einem Interview mit Slavenko Terzić, der letztlich die Übernahme fremder Einflüsse in der serbischen Geschichtswissenschaft dafür verantwortlich macht, dass nun auch serbische Kollegen ein kritisches Verhältnis gegenüber der bisherigen Fassung der Nationalgeschichte entwickelten. „Frage: Sind dafür [für die Abkehr vom nationalen Meisternarrativ] bestimmte Leute aus unserem Land verantwortlich, oder kommen diese Ideen aus dem Ausland? Terzić: Ursprünglich kommen diese Ideen hauptsächlich aus dem Ausland, aber sie finden Anhänger auch in unserem Land, hauptsächlich unter jüngeren Kollegen. Schon seit Jahren organisiert eine Gruppe von Ausländern auf dem Gebiet des ehemaligen Jugoslawien „Workshops", die sich mit einer neuen Deutung der Vergangenheit dieses Raumes beschäftigen." Interview mit Slavenko Terzić: Stvorili mit o „velikosrpskoj nemani", da Srbiju svedu na beogradski pašaluk, unter <http://www.nedeljnitelegraf.co.rs/pregled/170/>, 20.07.2010.

Die Essentialisierung von Geschichte vollzog sich ebenso in Westeuropa und wurde mithin zur Form, in der sich Indifferenz gegenüber dem Krieg im ehemaligen Jugoslawien legitimieren ließ: Der Balkan hatte nicht einfach zu viel Geschichte pro Quadratkilometer, wie man sich am Rande von Tagungen angesichts temperamentvoller Streitigkeiten exjugoslawischer Kollegen mit einem ironischen Schulterzucken zuraunen konnte. Ein Teil der westlichen Öffentlichkeit wollte gerade dies auch im Balkan sehen.

Es ist kein Zufall, dass Filme wie „Underground" von Emir Kusturica oder Milčo Mančevskis „Before the Rain", in welchem ein ewiger und unausweichlich scheinender Kreislauf von Hass und Gewalt die Beziehungsgeschichte zwischen Albanern und Makedoniern dominiert, Mitte der 1990er Jahre als Deutungsfolie der Kriege in Jugoslawien auf enorme Resonanz stießen.

Dabei handelte es sich um einen globalen Trend, in dem das Paradigma der *Gesellschaft* von jenem der *Geschichte* bzw. des *Gedächtnisses* abgelöst wurde. Diese Wendung von Dan Diner[71] beschreibt nicht nur einen wissenschaftsimmanenten Paradigmenwechsel, sondern bezieht diesen auch auf veränderte gesellschaftliche Befindlichkeiten im Hinblick auf Sinnstiftungen. Während in den 1970er Jahren in Analysen und Verarbeitungsformen internationaler Konflikte das Moment des Ökonomischen fetischisiert wurde und jeder Intellektuelle, der sich für avanciert hielt, Auseinandersetzungen in den „Peripherien" in einem Basis-Überbau-Schema deutete und „Kultur" als „Verblendungszusammenhang" geringschätzte, schlug Ende der 1980er und in den 1990er Jahren das Pendel in die entgegensetzte Richtung.

Mit der zunehmenden Betonung der historischen Dimension in der Deutung aktueller Konflikte wurde oftmals versäumt, das gesellschaftlich Neue in den Gewaltformen der 1990er Jahre herauszuarbeiten, das allein mit dem lokalen geschichtlichen Kontext nicht hinreichend erklärt werden kann, wie nicht zuletzt in Bosnien deutlich wird.

Solche Fixierung auf die Geschichte, gerade in der medialen Vermittlung der Kriege in Jugoslawien, hatte auch zur Folge, dass „Geschichte" (neben Gewalt) mithin als *der* entscheidende Einflussfaktor der Gesellschaften auf dem Balkan verstanden wurde. Selten wurde im medialen Mainstream hingegen die Frage nach der gesellschaftlichen Funktion solcher „Geschichtsversessenheit" in *zwei* gesellschaftlichen Kontexten gestellt, jenem in der Bundesrepublik, sowie in jenem in Serbien.[72]

---

[71] Dan Diner, von „Gesellschaft" zu „Gedächtnis". Über historische Paradigmenwechsel, in: Ders., Gedächtniszeiten. Über jüdische und andere Geschichten. München 2003, 7-15.

[72] Dies bezieht sich nicht auf die wissenschaftliche Auseinandersetzung mit Krise und Krieg und der Funktion von Geschichte im ehemaligen Jugoslawien, Arbeiten von Holm Sundhaussen und Wolfgang Höpken wurden in diesem Text schon erwähnt, vgl. auch Ulf Brunnbauer, (Re)Writing History. Historiography in Southeast Europe after Socialism. Münster u. a. 2004; Marie-Janine Calic, Krieg und Frieden in Bosnien-Hercegovina, Frankfurt/M. 1996.

Die Wahrnehmung der Gesellschaften Jugoslawiens als von „zu viel Geschichte" geprägt machte es dem westlichen Zuschauer in den 1990er Jahren leicht, den allabendlichen Grausamkeiten auf seinem Bildschirm gegenüber eine Haltung der Indifferenz zu wahren: Tauchte vor den Kameras ein „Serbe" auf und sprach davon, dass die Westler ihn und seine Geschichte nicht verstehen könnten, traf dies auf eine besondere Disposition des Publikums, solche Darstellungen als wahr und authentisch wahrzunehmen.[73]

Die Fokussierung der öffentlichen Diskussion auf Geschichte und „Stammesidentitäten" ermöglichte es, die beunruhigende Erfahrung des Zerfalls der Sowjetunion und das latent Bedrohliche der neuen Gewaltformen in Jugoslawien auf eine Ursache zurückzuführen, die den westlichen Zuschauer von jeglicher Interpretationsmöglichkeit in breiteren, grenzüberschreitenden Zusammenhängen befreite. Sei es die Sichtweise dieser Gewaltformen jenseits eines archaisierenden balkanischen Zusammenhangs, sei es im Hinblick auf die Frage nach der Notwendigkeit politischen Handelns der EU/EG.

Der westliche Zuschauer konnte sich die beunruhigenden Bilder vom Balkan gut vom Leibe halten, da diese schließlich mit ihm und seiner Gesellschaft „nichts zu tun" hatten, einer ganz anderen, nahezu unverstehbaren „Geschichte" entsprangen.

Es wird ein Zusammenhang bezüglich der gesellschaftlichen Funktion des Arguments vom „Nichtverstehen" sichtbar: Im jugoslawischen Kontext handelte es sich um eine Form der Legitimation der Hinnahme ethnonationaler Gewalt und des Mitmachens; in den westlichen Gesellschaften um die Abwehr der Frage der Verantwortung Europas für die bosnische Tragödie. Ebenso ermöglichte es diese Haltung, der schwierigen Frage auszuweichen, inwieweit auch in westlichen Gesellschaften Potentiale der Ethnisierung gesellschaftlicher Konflikte existieren. Auf diese Weise entsprachen sich beide Formen des „Nichtverstehens" ausgesprochen gut in ihren jeweiligen Formen der Legitimation von Indifferenz. Der „Serbe" wurde in seiner Andersartigkeit anerkannt, um den westlichen Zuschauer seiner zivilisatorischen Distanz zu versichern. Zugleich bedeutete eine solche Anerkennung der Andersartigkeit im Westen die Befreiung von der Notwendigkeit, Verantwortung in universalistischen Begriffen zu thematisieren.

Die Kritiker des Buches von Holm Sundhaussen verwickeln sich in dieser Hinsicht offenbar in einen Widerspruch: auf der einen Seite prangern sie eine stereotypenhafte Stigmatisierung „der Serben" an, die in ihren Augen die Berichterstattung der westlichen Medien beherrscht. Andererseits kritisieren sie ebenso eine Darstellung etwa des Krieges der 1990er Jahre in universalistischen

---

[73] Siehe etwa die BBC-Dokumentation „Bruderkriege", in der ein Soldat Gusla spielend gezeigt wird, womit durch das Altertümlichkeit suggerierende Musikinstrument der Gusla eine unmittelbare Verbindung zwischen „Geschichte" und dem Krieg der Gegenwart unterstellt wird.

Begriffen jenseits ethnischer Kollektivzuschreibungen, die auch Thematisierung der Verantwortung der serbischen Gesellschaft und darin präzise definierter gesellschaftlicher Akteure miteinbezieht. Doch der Widerspruch ist nur ein scheinbarer: Indem ihr Selbstverständnis von Geschichte und Gesellschaft auf einem ethnischen Kollektivsubjekt „der Serben" basiert, wird in einer solchen Wahrnehmung ein Unterschied zwischen einer stereotypisierten und einer universalistisch angeleiteten Darstellung nicht sichtbar, da in beidem nur rezipiert wird, dass von „den Serben", von „uns", die Rede ist. Aus dieser Perspektive handelt es sich dann allenfalls um kleine Nuancen, die (wie es gewöhnlich heißt) „antiserbische Propaganda" von Sundhaussens Buch unterscheiden.

Im Zuge der kriegerischen Katastrophe in Jugoslawien kam es zu einer weiteren Form der Rückkoppelung in die westlichen Gesellschaften, die aus der eben beschriebenen hervorging: So griffen die Verfechter der Reaffirmation nationaler Identität in der Bundesrepublik als neuer kollektiver Sinnstiftung auf das Beispiel der Kriege in Jugoslawien zurück, um auf die Substantialität, Authentizität und ungebrochene Dauer von Religion und Nation verweisen zu können. Die Macht von Mythen, die „balkanischen Geister", wurden beschworen, um auch in der deutschen Gesellschaft die Rede etwa von der „Leitkultur" neu verankern zu können.[74] Die Drohung mit „bosnischen Verhältnissen" sollte die Notwendigkeit einer „festen" nationalen Identität eindringlich vor Augen führen. Aus unterschiedlichen gesellschaftlichen Bedingungen gespeist, ergibt sich eine Wechselbeziehung, in der gar beide Seiten in der Affirmation ihrer Verarbeitungsformen eines veränderten Alltags aufeinander angewiesen sind.

Dieser Verweis auf transnationale Wechselbeziehungen in der Essentialisierung „nationaler Geschichte" zeigt vor allem, dass es jeweils unterschiedliche gesellschaftliche Motivationslagen sind, die Vorstellungen grundsätzlicher Andersartigkeit und Nicht-Verstehbarkeit fördern. Der Ansatz von Holm Sundhaussen, hier stellvertretend für andere dieser Art beschrieben, vermittelt eine Vorstellung davon, wie ein Versuch aussehen kann, Differenz nicht hermetisch und essentialistisch zu denken. Hier wird „Andersartigkeit" erstens in gesellschaftliche Strukturen, unterschiedliche Akteure, historische Prozesse mit ihren Zäsuren und Kontinuitäten aufgelöst. Zweitens beinhaltet die Reflexion des Unterschiedes zwischen Geschichte als wissenschaftlichem Verfahren und Gedächtnis als gesellschaftlicher Konstruktion von Sinnstiftung die Möglichkeit, jene Momente aufzuspüren, die zu einer hermetischen Konzeption „unserer Geschichte" führen, die ein „Ausländer nicht zu schreiben" vermag.

---

[74] Vgl. dazu Siebo Siems, Die deutsche Karriere kollektiver Identität. Münster 2007, 195-200: „Unübersehbar hat sich nach dem Ende des *short century* die Wahrnehmung und die Realität von Gewalt verändert: Vor allem „Jugoslawien" kann als Chiffre für diese Erfahrung gelten, die sowohl ans Alltagsbewusstsein als auch an die sozialwissenschaftliche Reflexion neue Anforderungen stellt."

Die Reflexion der Entstehungsbedingungen des Konstrukts „Nationalgeschichte", die auch das Spezifische dessen gesellschaftlicher Genese herausarbeiten kann, bedeutet für die Anhänger der Meistererzählung eben nicht die Anerkennung ihrer Vorstellung von Besonderheit. Das Spezifische, Besondere besteht in deren Wahrnehmung in einer abgeschlossenen, widerspruchsfreien Interpretation von Nationalgeschichte. Das Problem ist demnach nicht, dass ein „Deutscher" eine serbische Geschichte schreibt, sondern dass er nicht die „richtige" Geschichte schreibt.

ALEXANDER VEZENKOV

Das Projekt und der Skandal „Batak"

Abstract. "Batak as a Bulgarian lieu de mémoire" was a relatively modest research project aimed at explaining how and why the village of Batak became the most important symbol for the massacres committed by "the Turks" in 1876. In late April 2007, the project suddenly became extremely infamous because it was presented as a denial of the Batak massacre as such. The present article is a critical overview of the debates among Bulgarian historians at that time, which supported these accusations that in fact were tangential to the project itself. Furthermore, the article examines the main hypotheses of the original project, taking into account all relevant objections against it. The author claims that, although several of the project's initial hypotheses did not hold, it did contribute to a better understanding of the Bulgarian national memory of the Batak massacre.

Alexander Vezenkov ist Historiker und arbeitet in Sofia.

Im Frühling 2007 wurde die bulgarische Öffentlichkeit von der Nachricht erschüttert, dass ein von einer deutschen Stiftung finanziertes Forschungsprojekt das Massaker von Batak im Jahre 1876 leugne. Alles begann am 21. April 2007 mit einem kurzen Kommentar in einer der regelmäßigen Sendungen des Bulgarischen Nationalfernsehens, *Pamet Bălgarska*, moderiert von dem populären Historiker Božidar Dimitrov, dem Direktor des Nationalen Historischen Museums. Die Zeitungen übernahmen die Anschuldigungen in ihren Ausgaben vom 24. April,[1] und das „Projekt Batak" wurde in den darauffolgenden Tagen zum Hauptthema in den nationalen Medien. Die verschiedenen Fernsehsender informierten in ihren Nachrichtensendungen ausführlich über den Fall und sendeten dramatische Reportagen aus Batak – dem „Ort des Geschehens". Neben Titelseiten mit reißerischen Überschriften („Massaker von Batak geleugnet!") räumten die Zeitungen Interviews und Kommentaren einen ausgedehnten Raum ein. An der Verurteilung des Projektes beteiligte sich eine Reihe poli-

---

[1] Zum Beispiel Učeni v Germanija otričat Bataškoto klane, *dir.bg*, unter <http://dnes.dir.bg/news.php?id=1605288>, 14.09.2009; Tatjana TASEVA, Bataškoto klane bilo mit, *Novinar*, 24.04.2007, unter <http://www.novinar.net/news/batashkoto-klane-bilo-mit_MjIzNjsw.html?qstr=баташкото%20клане>, 14.09.2009; Glasjat gavra săs svetinjata Batak, *Monitor*, 24.04.2007, unter <http://www.monitor.bg/article?id=117989>, 14.09.2009.

tischer und gesellschaftlicher Persönlichkeiten (besonders aktiv war hierbei Staatspräsident Georgi Pǎrvanov), aber auch die leitenden Gremien akademischer Einrichtungen wie der Bulgarischen Akademie der Wissenschaften und der Sofioter Universität.

Fast umgehend folgten aber auch vollkommen andere Reaktionen – Intellektuelle und Journalisten begannen darauf aufmerksam zu machen, dass es sich um eine riesige, von Medien und Politikern vorangetriebene Manipulation handele, dass hier der Versuch gemacht werde, die Freiheit wissenschaftlicher Forschung einzugrenzen. Hierbei muss erwähnt werden, dass eine solche Position auch von einer Reihe von Wissenschaftlern derjenigen staatlichen akademischen Institutionen vertreten wurde, deren Führungsgremien das „Projekt Batak" bereits verurteilt hatten.[2]

Nachdem sich der anfängliche Aufruhr etwas gelegt hatte, gab es einige Versuche, das „Projekt Batak" etwas nüchterner zu beurteilen, die jedoch zu keinem wirklichen Ergebnis führten. Die anfängliche Erwartung, dass nach dem Abklingen der Skandalstimmung in den Medien eine „ruhige", „akademische" Betrachtung des Themas folgen könne, erfüllte sich nicht. Im Gegenteil – jeder neue Versuch einer Diskussion des Projektes führte zu einer Wiederbelebung des Skandals. Ob sich die am Projekt Beteiligten „versteckten", ob sie sich „wieder zeigten" – die breite Öffentlichkeit blieb unzufrieden. Das Projekt selbst war noch nicht abgeschlossen, und nach einigen Aufschüben fand die in dessen Rahmen geplante Konferenz nicht statt. Die Auseinandersetzungen in der Öffentlichkeit gerieten zu aneinander vorbei geführten Monologen, bei denen die einen die tatsächlichen oder vermeintlichen Unzulänglichkeiten der Studie aufzählten, während die anderen die Lügen bloßlegten, die über die Studie verbreitet worden waren. Dabei begannen die Stellungnahmen zunehmend mit genervten Ausrufen wie „Ich habe es satt, mich ständig wiederholen zu müssen ..." oder „Dass diese Leute einfach nicht verstanden haben ...".

Auch die Erwartung, die entsetzlichen Vorwürfe gegen die am Projekt Beteiligten würden durch die Veröffentlichung des Kataloges[3] zu der noch nicht realisierten Ausstellung widerlegt werden, der Ende Oktober desselben Jahres in die Buchhandlungen kam, erfüllte sich nicht. Dies ist trotz allem verständlich: Einerseits haben wissenschaftliche Publikationen ein um ein Vielfaches kleineres Publikum als die Massenmedien und können sich mit deren Einfluss kaum messen. Andererseits hatten die einmal in hohen Auflagen verbreiteten Anschuldigungen tiefe Spuren hinterlassen – auch bei denjenigen, die sich für

---

[2] Učeni ot Sofijskija universitet zaštitiha svobodata na izsledovatelite, *Dnevnik*, 26.04.2007, unter <http://www.dnevnik.bg/bulgaria/2007/04/26/334725_ucheni_ot_sofiiskiia_universitet_zashtitiha_svobodata/>, 14.09.2009.

[3] Martina BALEVA / Ulf BRUNNBAUER (Hgg.), Batak – ein bulgarischer Erinnerungsort. Ausstellung. Sofia 2007.

Experten hielten. Daher konnte auch das Lesen des Katalogtextes die Meinung derjenigen, die von der Medienkampagne beeinflusst worden waren, meist nicht mehr ändern. Im Gegenteil begann man sogar, den veröffentlichten Katalog als regelrechten Beweis für den böswilligen Charakter des Projekts und das eigensinnige Beharren der Autoren auf ihren irrigen Ansichten anzusehen. Als Ausdruck seines Protests verbrannte ein bulgarischer Staatsbürger das Büchlein sogar öffentlich auf dem Hauptplatz von Ruse.[4]

Als, wenn auch nur am Rande, an der Ausarbeitung des Projektes Beteiligter, und als Mensch, der notgedrungen auch den anschließenden Skandal mitverfolgen musste, möchte ich hier nicht zuletzt meine eigene Meinung darlegen. Ich möchte vor allem zeigen, wie der Skandal die Debatte deformiert und faktisch verändert hat – es ging bei dem Projekt um den Einfluss, den ein Gemälde auf das nationale Andenken an das Massaker von Batak hatte. Ich hoffe, dass es mir gelingt, den analytischen Blick für die wesentlichen Probleme zu schärfen, die sich hinter den emotionalen – häufig sogar hysterischen – Diskussionen um das „Projekt Batak" verbergen. Beginnen möchte ich zur besseren Übersicht mit einer kurzen Zusammenfassung der historischen Ereignisse, über die während des Skandals immer wieder gesprochen wurde.

Was war tatsächlich in Batak passiert?

Batak ist eines derjenigen größeren Dörfer in den Nordrhodopen, die an der Vorbereitung des Aufstandes gegen die Osmanen im Frühling des Jahres 1876 beteiligt waren – dem sogenannten Aprilaufstand, dessen Niederschlagung einen großen Widerhall in ganz Europa auslöste. Die Kampagne zur Verteidigung der leidenden bulgarischen Bevölkerung bereitete den Boden für den Russisch-Türkischen Krieg von 1877-1878, der wiederum zur Gründung des bulgarischen Staates führte. Aber für die große Bedeutung gerade der Geschehnisse in Batak gibt es noch weitere Gründe – hier also in Kürze das, was man nach dem heutigen Stand der Forschung darüber weiß.

Nachdem sie über den vorzeitigen Ausbruch des Aufstands informiert worden waren, erhoben sich die Verschwörer in Batak in der Nacht von 21. zum 22. April (nach dem damals noch gültigen julianischen Kalender) in offener Rebellion und hielten eine Woche lang ihr Dorf und die Umgebung unter Kontrolle. Ihr Enthusiasmus und ihr Selbstvertrauen hielten bis zu dem Tag, an dem sich der erste wirkliche Gegner zeigte – vom 29. April an war das Dorf von einer Vielzahl ungeordneter Banden unter der Führung des Polizeihauptmanns von Dospat, Ahmed Ağa (Barutinli), umzingelt. Nach den ersten Zusammenstößen und nachdem man am Rande des Dorfes die ersten Brandschatzungen bemerkt

---
[4] Eine Fotografie dieser Aktion findet sich im Internet unter <http://www.bulphoto.com/image.php?img=78667>, 14.09.2009.

hatte, kamen die Dorfvorsteher und die Mehrheit der Bevölkerung schnell zu dem Schluss, dass es sinnlos wäre, eine direkte Konfrontation zu wagen. Stattdessen versteckte man sich in den eigenen Häusern. Am Abend des 30. April sah sich der Anführer des Aufstandes, Petăr Hadži Gorev, gezwungen, mit einer kleinen Gruppe seiner Anhänger zu fliehen. So endete der Aufstand von Batak.

Das bedeutete indes noch lange nicht das Ende der Geschichte, denn während der darauffolgenden Tage kam es dann zu einer Reihe wesentlich blutigerer Ereignisse. Die Dorfvorsteher, die am 2. Mai die Kapitulation erklärten und ihre Waffen an Ahmed Ağa übergaben, wurden auf besonders grausame Art getötet. Die fast völlig unbewaffnete Bevölkerung versuchte, sich in den solideren Gebäuden des Dorfes zu verstecken: in der Kirche, in der Schule und in einigen Privathäusern. Keiner dieser Zufluchtsorte erwies sich als ausreichend gut befestigt, und während der folgenden zwei Tage wurden die meisten der dort Schutz Suchenden getötet oder gezwungen, sich zu ergeben. Viele derjenigen, die sich bereits ergeben hatten, wurden ebenfalls abgeschlachtet. Am Ende hatte Batak, verglichen mit den anderen Zentren des Aprilaufstandes 1876, ein Vielfaches an Opfern zu beklagen – getötet wurden an die 2.000 Menschen, mehr als der Hälfte der Dorfbewohner. Über diese Ereignisse gibt es ausführliche zeitgenössische Schilderungen. Augenzeugen, wie der amerikanische Diplomat Eugene Schuyler und der amerikanische Journalist Januarius A. MacGahan, beschrieben erschreckende Szenen – ein völlig niedergebranntes Dorf, Hunderte unbeerdigter Leichen, den Schrecken und die Verzweiflung der Überlebenden.[5] Sogar in den offiziellen osmanischen Berichten wird erwähnt, dass Batak diejenige Ortschaft gewesen sei, die am meisten gelitten habe.[6]

So kommt es, dass Batak, obwohl mittlerweile eine wohlhabende und entwickelte Ortschaft, aus der nicht wenige berühmte Persönlichkeiten stammen, immer noch hauptsächlich als Ort des großen Massakers von 1876 im Gedächtnis der bulgarischen Gesellschaft haften geblieben ist. Das wichtigste Wahrzeichen ist die alte Dorfkirche, in der einige erhaltene Schädel und Knochen der Opfer ausgestellt sind. In der bulgarischen Geschichtsschreibung des 20. Jahrhunderts wurden die Geschehnisse allerdings weniger sachlich dargestellt. Einerseits wurde das Thema der Grausamkeiten bei der Niederschlagung des Aufstandes derart ausgebeutet, dass sich die einzigartige Tragödie von Batak im Gesamtbild fast verliert. Was Batak selbst angeht, so sprechen die Historiker dagegen mehr

---

[5] Die Berichte beider Augenzeugen finden sich in Januarius MacGahan, The Turkish Atrocities in Bulgaria. London 1876.

[6] Dimităr G. Gadzhanov, Turski iztočnici za novata ni istorija, Sbornik na BAN 3 (1914), H. 2, 1-69, 35-36.

über den Aufstand und den heldenhaften Widerstand seiner Bewohner als über das Massaker an seiner friedlichen Bevölkerung.[7]

Vom „Projekt Batak" zum „Skandal Batak"

Wie groß eigentlich der Schritt vom „Projekt Batak" zum „Skandal Batak" war, zeigt sich schon in der Tatsache, dass bereits ein Jahr vor dem Skandal die Untersuchung in einer vorläufigen Form der bulgarischen Öffentlichkeit vorgestellt worden war, ohne dass sie irgendeine Reaktion außerhalb des engeren Kreises der Spezialisten hervorgerufen hätte: Martina Balevas Artikel „Wer die Wahrheit über Batak zeigte/sagte" war Anfang Mai 2006 in der Wochenzeitschrift *Kultura* veröffentlicht worden.[8] Die zentrale Frage des Projektes lautete: Warum wurde unter den Dutzenden von Dörfern, die im Jahre 1876 Furchtbares erlitten hatten, ausgerechnet Batak zum Symbol für die „türkische" Grausamkeit? Balevas Hypothese zufolge spielte dabei ein heute fast vergessener polnischer Maler eine Rolle: Antoni Piotrowski, der im Jahr 1892 in Plovdiv sein lebensgroßes Bild „Das Massaker von Batak" vorstellte.[9] Mit seiner Entscheidung, ein Bild gerade über das Massaker von Batak zu malen, lenkte er nicht nur erneut Aufmerksamkeit auf das Dorf, sondern erregte wohl zugleich das Interesse einflussreicher Autoren, die zusammen mit dem Massaker auch den Aufstand von Batak schilderten. Darüber hinaus hatte sich Piotrowski einige Jahre zuvor, bei den Vorbereitungen für das Gemälde, offenbar das Dorf angesehen und dort eine Reihe von Fotografien inszeniert, die man danach, ohne zusätzliche Erläuterungen, als fotografische Beweise für die Folgen des Massakers zu präsentieren begann. Besonders interessant ist eine Inszenierung mit Schädeln und Knochen, die im Inneren der Kirche verstreut worden waren. Wenngleich diese Fotografie nicht direkt für die Ausführung des Gemäldes verwendet wurde, nimmt Baleva an, dass gerade mit diesem Bild die Tradition begründet wurde, die erhaltenen Knochen zur Schau zu stellen.

Nachdem der Skandal um das „Projekt Batak" ausgebrochen war, begann man von verschiedenen Seiten her damit, die Fehler des Projekts aufzuzeigen und strittige Behauptungen innerhalb der Untersuchung zu analysieren, was in der Zusammenstellung wirklich beeindruckend wirkt. Den grundlegenden Hypothesen der Untersuchung werde ich mich noch ausführlicher zuwenden, aber an dieser Stelle muss vor allem betont werden, dass der Skandal eigentlich

---

[7] Vgl. Jordan Venedikov, Istorija na văstanieto v Batak 1876 g. Sofia 1929; Jono Mitev, Nepokornijat Batak. Sofia 1961; Trendafil Kerelov, Batak glava ne sklanja. Sofia 1966; Georgi Metodiev, Epopejata Batak. Sofia 1980.

[8] Martina Baleva, Koj (po)kaza istinata za Batak, *Kultura* 17, 03.05.2006, unter <http://www.kultura.bg/article.php?id=11756>, 14.09.2009.

[9] Baleva / Brunnbauer (Hgg.), Batak – ein bulgarischer Erinnerungsort (wie Anm. 3), 30, Abb. 1.

wegen etwas begann, von dem im Projekt selbst nie die Rede war – nämlich wegen des Vorwurfs, das Massaker von Batak werde dort geleugnet. Nachdem jedoch diese Anschuldigung öffentlich geäußert worden war, isolierte man reihenweise Ausdrücke und Behauptungen aus ihrem Kontext, bis sie tatsächlich begannen, skandalös zu klingen.

Zuvor hatte das Projekt verständlicherweise die Museumsangestellten in Batak beunruhigt – denn obwohl dessen Bearbeiter nie in Zweifel zogen, dass das Massaker von 1876 tatsächlich stattgefunden hat, behaupten sie gleichzeitig, die Dorfbewohner seien eigentlich als Resultat eines sozial bedingten Konflikts auf lokaler Ebene getötet worden und nicht, weil sie am Aprilaufstand teilgenommen hatten. Abgesehen von den Museumsangestellten und den Bewohnern Bataks hätte eine solche These eigentlich sowohl den Zorn der konservativeren Historiker als auch derjenigen erwarten lassen, die die grundlegenden Thesen der heutigen bulgarischen Geschichtsschreibung zu dieser Frage akzeptiert hatten. Das Massaker von Batak war im nationalen Andenken sakralisiert worden. Trotzdem erregte diese Interpretation auf nationaler Ebene weder besondere Aufmerksamkeit, noch rief sie irgendwelche extremen Reaktionen hervor. Ein Beleg dafür ist die Stellungnahme des Museums von Batak vom Januar 2007 – in scharfem Ton gehalten, emotional, wenig argumentativ und an vielen Stellen schlichtweg unzusammenhängend, wirft man darin Martina Baleva und dem Projektleiter Ulf Brunnbauer dennoch nirgends ein „Leugnen des Massakers" vor.[10] An zwei Stellen ist von einer „Unterbewertung" sowohl des Aprilaufstandes als auch des Massakers die Rede,[11] aber die Formulierung „leugnen das Massaker von Batak" kommt nicht vor. Dementsprechend gab es auch kein größeres gesellschaftliches oder politisches Echo.

Der gesellschaftliche Sprengsatz entzündete sich erst, als – ohne dass die unmittelbare Motivation für die Behauptung zu erklären wäre – auflagenstark verbreitet wurde, das Projekt leugne das Ereignis an sich. Daraus ergab sich eine neue Situation, und die Reaktion kam unverzüglich und massiv. An diesem Punkt ist es dann auch nicht korrekt, von einer „nationalistischen Kampagne" zu sprechen – einmal derart in die Irre geführt, zeigte die Bevölkerung ein ausgesprochen leidenschaftliches Interesse an dem Thema; man suchte selbst nach zusätzlichen Informationen und kommentierte sie beflissen. Viele sahen in dem Projekt nun eine gut durchdachte antibulgarische Initiative und entrüsteten sich darüber, dass ausgerechnet das Massaker von Batak geleugnet werde; sie führten eine Menge Beweise dafür an, dass das Massaker eine unbestreitbare Tatsache sei und fanden harte Worte, um anzuprangern und zu widerlegen, was niemand je behauptet hatte. Sobald sie einmal den Anschuldigungen Glauben geschenkt hatten, wurden viele zu ihren aktiven Verfechtern. Aus seiner

---

[10] Stanovište na Istoričeski musej – Batak, 3, 24.01.2007.
[11] Ebd., 2 und 6.

eigenen Dynamik heraus übertraf dieser Skandal nicht nur die Bedeutung des Projekts, sondern meiner Meinung nach auch die Erwartungen der Initiatoren der ursprünglichen Medienkampagne. Am Ende wurde über die ganze Hysterie auch in ausländischen, vornehmlich deutschen Medien berichtet, was ein äußerst schlechtes Licht auf Bulgarien warf.[12] Daher wäre es spannend, etwas über die Hintergründe dieser so irrational erscheinenden Dynamik zu erfahren.

Vom „Medienskandal" zur „professionellen Debatte"

Ich werde hier nicht weiter auf die Geschichte des eigentlichen Skandals eingehen – die eventuelle Erforschung der großen Medienkampagne, ihrer Manipulationstechniken und der massiven gesellschaftlichen Reaktion wäre eine Aufgabe für die Sozialwissenschaften. Ich beschränke mich stattdessen auf die Frage, welchen Einfluss der Skandal auf die Diskussionen der Historiker und der am Projekt Beteiligten hatte. Interessant ist es auch, zu analysieren, ob und wie stark ihre jeweiligen Kommentare von ihren momentanen Emotionen gefärbt gewesen sein mögen. Unabhängig davon, dass der Initiator der Medienhysterie Božidar Dimitrov war – der bei seinen Kollegen als geschickter Manipulator gilt, der sich dem Geschmack der Massen anzupassen weiß – wurden seine Interpretationen am Ende dennoch auch von vielen Fachleuten ernst genommen. Und hier zeigt sich die wirkliche Dimension des Problems: Der völlig unsachliche Vorwurf wurde nicht nur von den extrem nationalistischen Elementen der bulgarischen Gesellschaft akzeptiert, im Gegenteil – ein großer Teil der angeblich gemäßigten Gelehrten und Intellektuellen und auch die breite Öffentlichkeit taten dies.

Es ist offensichtlich, dass es sich bei all jenen Veröffentlichungen, die zu beweisen versuchen, dass es in Batak ein Massaker gegeben habe und dieses kein „Mythos" sei, nicht um kritische Antworten auf das Projekt Martina Balevas handelt, sondern stattdessen die Behauptungen des Medienspektakels aufgegriffen wurden. Dasselbe gilt auch für die unzähligen Stellungnahmen führender bulgarischer Wissenschaftler, so des Direktors des Instituts für Geschichte an der Bulgarischen Akademie der Wissenschaften, Georgi Markov, vom 2. Mai,[13] der Historiker vom Kreis der Zeitschrift *Buditel* vom 24. April,[14]

---

[12] Vgl. beispielsweise Regina MÖNCH, Die Wahrheit lebt gefährlich, *Frankfurter Allgemeine Zeitung*, 13.09.2007, 37; Patrick PELTSCH, Aufruf zum Mord, *FOCUS-Online*, 25.10.2007, unter <http://www.focus.de/wissen/bildung/Geschichte/religionskonflikt_aid_136893.html>, 14.09.2009; Marion VON KRASKE / Elke SCHMITTER, Terror um ein Bild, *Der Spiegel*, 19.11.2007, unter <http://www.spiegel.de/spiegel/print/d-54002227.html>, 14.09.2009.

[13] Vgl. beispielsweise das Interview von Liana Pandelieva mit Professor Georgi MARKOV, Sred kostite se krijat mnogo pački, *Monitor*, 02.05.2007.

[14] Klaneto v Batak ne e mit, a realnost, *Buditel* 4 (2007), 1, unter <http://buditel.europressbg.net/online/media/broi_4.pdf>, 14.09.2009.

der Leitung der Akademie der Wissenschaften in Form einer offiziellen Reaktion vom 25. April,[15] des bekannten Historikers Andrej Pantev, der zugleich Abgeordneter der Bulgarischen Sozialistischen Partei ist, in der Zeitung *Trud* vom 26. April,[16] des ebenso bekannten Literaturwissenschaftlers Nikola Georgiev in der Zeitschrift *Monitor* vom selben Tag[17] sowie für eine Reihe weiterer Äußerungen. Es gilt sogar für die Vorlesung von Ilija Todev, des Leiters der Abteilung „Geschichte des bulgarischen Volks vom 15. bis zum 19. Jahrhundert" der Bulgarischen Akademie der Wissenschaften, im Zuge einer öffentlichen Sitzung des Wissenschaftsrates des Historischen Instituts, obwohl diese erst am 22. Mai stattfand – einen ganzen Monat nach dem Ausbruch des Skandals.[18] Eine angemessenere Reaktion zeigte der damalige Dekan der Historischen Fakultät der Sofioter Universität (und derzeitige Rektor der Universität), Ivan Ilčev. Er äußerte sich zwar, in Übereinstimmung mit der damaligen öffentlichen Haltung, dem Projekt gegenüber kritisch und misstrauisch, bezog sich dabei aber auf die Unzulänglichkeiten der Untersuchung selbst und nicht auf das, was ihr nur zugeschrieben wurde; auch sprach er sich entschieden gegen die von Medien und Politik geführte Kampagne aus.[19]

Den in den Medien gemachten Anschuldigungen folgend sahen die Fachleute in dem Projekt einen Akt der Böswilligkeit und einen Mangel an Achtung gegenüber den Opfern der Tragödie. Im Einklang mit der gesellschaftlichen Stimmung – und im Widerspruch zu der dem wissenschaftlichen Forschen eigenen Tendenz, alles zu hinterfragen – waren sich die Spezialisten schnell einig, dass es „heilige" Themen gebe, auf welche die Forscher Rücksicht zu nehmen hätten. Auch Ivan Ilčev warnte davor, „an Wunden zu rühren, die noch bluten, die bis zu den bloßgelegten, schmerzenden Nerven reichen".[20] Die Stellungnahme der Leitung der Sofioter Universität vom 27. April präzisierte, es gehöre sich nicht, in wissenschaftlichen Forschungsarbeiten, „die Würde und das historische Andenken des bulgarischen Volkes zu verletzen.[21] Danach erklärte Ilija Todev die allgemeine Empörung als „erklärlich, vielleicht sogar unvermeidbar, da unvorsichtige Hände unsere Heiligtümer berührt haben".[22]

---

[15] *Informacionen bjuletin na BAN* 12 (2007), H. 5, 6f.
[16] Interview von Mariela Baleva mit Professor Andrej Pantev, Njakoj iska da vgorči otnošenijata ni s Turcija, *Trud*, 26.04.2007, 17.
[17] Nikola Georgiev, Tova sa pärvite plodove na vlizaneto ni v ES, *Monitor*, 26.04.2007, 12.
[18] Ilija Todev, Bataškoto klane – mit ili istorija?, unter <http://www.ihist.bas.bg/CV/XV-XIX_ITodev/Tezisi_Batak.htm>, 14.09.2009.
[19] Ivan Ilčev, Za upotrebite na istorijata, *Sega*, 28.04.2007, unter <http://www.segabg.com/online/article.asp?issueid=2632&sectionid=5&id=0000901>, 14.09.2009.
[20] Ebd.
[21] Zitiert nach SU sâšto otreče proekta „Mitât Batak", *Monitor*, 28.04.2007, unter <http://www.monitor.bg/article?id=118512>, 14.09.2007.
[22] Todev, Bataškoto klane – mit ili istorija? (wie Anm. 18).

Bezeichnend ist allein schon die Tatsache, dass die Reaktionen der akademischen Institutionen und der führenden Spezialisten im Trubel des Skandals veröffentlicht wurden und für die breiteste Öffentlichkeit angelegt waren, diesen aber keine vertiefte fachliche Auseinandersetzung folgte. Trotz der Aufrufe, das „Projekt Batak" könne und müsse auf wissenschaftliche Art „niedergeschmettert" werden,[23] und zwar mit Fakten und Argumenten, hat bis heute keiner derjenigen professionellen Historiker, die sich Ende April 2007 den verurteilenden Kritiken angeschlossen hatten, diesen Schritt getan und den erschienenen Ausstellungskatalog mit den Aufsätzen der Projektteilnehmer einer kritischen Analyse unterzogen. Am Ende reagierten die Historiker, ähnlich wie die große Mehrheit der Bevölkerung, nicht auf das „Projekt Batak", sondern auf den „Skandal Batak". Wie sehr es tatsächlich der Skandal war, der die Diskussion selbst unter den Akademikern prägte, zeigt sich auch, wenn man die Äußerungen der führenden Spezialisten mit der einzigen Reaktion vergleicht, die es schon vor Ausbruch des Skandals gegeben hatte, und zwar von Naum Kajčev, Dozent an der historischen Fakultät der Sofioter Universität und heute Konsul der Republik Bulgarien in Bitola, der ansonsten als nationalistisch gesinnter Autor gilt. Seine Entgegnung erschien anderthalb Monate nach dem erwähnten ersten Aufsatz Balevas in der Wochenzeitung *Kultura*.[24] Kajčevs Text beschränkt sich darauf, Argumente gegen eine der Hauptthesen Balevas anzuführen. Die tragischen Ereignisse von Batak, so Kajčev, seien während der 1880er Jahre keineswegs in Vergessenheit geraten und hätten bereits zu diesem Zeitpunkt ihren Platz im nationalen Andenken eingenommen. Er weist auf einige Auslassungen und Fehler hin, ohne jedoch Verallgemeinerungen und Wertungen vorzunehmen – und ohne irgendwelche Anschuldigungen hinsichtlich eines wie auch immer gearteten „Leugnens" zu erheben. Gerade weil diese Entgegnung Kajčevs dem großen Skandal vom April 2007 vorausging, erweist sie sich als wesentlich angemessener in ihrem Ton und ihrer Form als die späteren Aussagen der sonst eher als gemäßigt wahrgenommenen Historiker.

Kurz nach Ausbruch des Skandals gab es auch Reaktionen des Historischen Museums in Batak zum eigentlichen Thema des Projekts, in Form einer kürzeren Stellungnahme im Namen des Museumskollektivs,[25] und einer detaillierteren, die von einem Mitarbeiter des Museums, Dimităr Cărpev, geschrieben wurde.[26]

---

[23] Interview mit Georgi BAKALOV, „Mităt Batak" se priceli v pametta na naroda, *Ataka* 662, 22.11.2007, unter <http://www.vestnikataka.com/module=displaystory&story_id=39955&edition_id=662&format=html>, 15.06.2010.

[24] Naum KAJčev, Kak Batak vleze v bălgarskija nacionalen razkaz, *Kultura* 24, 21.06.2006, unter <http://www.kultura.bg/article.php?id=11928>, 14.09.2009.

[25] Kollektiv des Museums Batak, Mit li sa klanetata v Batak??!!!, unter <http://www.batak-bg.com/MIT%20BATAK.htm>, 14.09.2009.

[26] Dimităr CĂRPEV, Za naučnija debat i falšifikacijata na istorijata, unter <http://www.batak-bg.com/DEDAT.htm>, 14.09.2009.

Von den verurteilenden Überschriften und einigen Wertungen einmal abgesehen, weisen diese Texte insbesondere auf konkrete Fehler und Versäumnisse des Projekts hin. Argumente gegen einzelne Aussagen tauchen zwar auch in anderen Kommentaren auf, sind jedoch anders motiviert – nämlich von der Überzeugung geleitet, es werde böswillig das Massaker von Batak geleugnet oder zumindest seine Bedeutung heruntergespielt. Diejenigen, die durch die Medien von dem Projekt erfahren hatten, lasen es in der Folge allesamt wie durch die Brille der bereits vorgefertigten Meinung, es müsse etwas Verdächtiges daran sein.

„Alles ist für Geld ..."

„Das ist alles für Geld" – mit diesen deutschen Worten (schließlich kam das Geld aus Deutschland) begann der kurze, aber akzentuierte Kommentar eines gemeinhin als fortschrittlich eingeschätzten Historikers und Dozenten der Sofioter Universität, der im Forum *Makedonija* im Internetportal *dir.bg* veröffentlicht wurde. Wenngleich dieses Posting später wieder gelöscht wurde, zeigte es doch deutlich, dass sich die spontane Reaktion der „akademischen Gemeinschaft" prinzipiell mit derjenigen der „einfachen Leute" und der „Medien" deckte. In diesem Falle spielte es noch nicht einmal eine Rolle, um wie viel Geld es sich gehandelt haben soll – zuerst beschuldigte man die Bearbeiter des Projekts, sie hätten riesige Summen erhalten, als sich dies dann nicht bestätigte, prangerte man sie an, sich für beleidigend wenig Geld „verkauft" zu haben.

Dennoch ist die Frage interessant, warum alle Repräsentanten der offiziellen Wissenschaft darauf bestanden, unbedingt über die Finanzierung des Projekts zu diskutieren. In dem bereits zitierten Interview behauptete beispielsweise Georgi Markov, zwischen den Knochen der Opfer von Batak seien „viele Bündel verborgen" – viele Geldbündel.[27] Ilija Todev dagegen beschwerte sich in seinem Vortrag darüber, dass sich die bulgarische Wissenschaft in einem Zustand des „Knockdown" befinde – aufgrund ihrer „unverändert mörderisch niedrigen Gehälter".[28] Auch Ivan Ilčev betonte am Schluss seines Artikels in der Zeitschrift *Sega* den finanziellen Aspekt: „[...] wo ist unser Staat, wenn es darum geht, mit Einsatz und Großzügigkeit wissenschaftliche Projekte zu unterstützen, insbesondere auf geisteswissenschaftlichem Gebiet, die die unsrigen, die bulgarischen Werte stärkten, sie in Europa vorzeigbar, für Europa stark machten."[29] So verwandelten sich die Vorwürfe der Käuflichkeit schnell in ein Plädoyer für eine großzügigere Finanzierung der „unsrigen", der bulgarischen Wissenschaft – was in Wirklichkeit „uns, die bulgarischen Wissenschaftler" bedeutete und vor allem die Kreise meinte, die die erwähnten Beschwerden hervorbrachten.

---

[27] Markov, Sred kostite se krijat mnogo pački (wie Anm. 13).
[28] Todev, Bataškoto klane — mit ili istorija? (wie Anm. 18).
[29] Ilčev, Za upotrebite na istorijata (wie Anm. 19).

Zwischen den Worten Ilčevs schimmert auch die Überzeugung durch, die Wahrung des einen oder anderen dieser „Werte" hänge nicht zuletzt davon ab, woher das Geld stamme (die Frage, was genau mit diesen „unsrigen, bulgarischen Werten" eigentlich gemeint ist, lassen wir hier einmal beiseite). Tatsächlich ist es nicht ohne Bedeutung, dass das Projekt von westeuropäischen akademischen Institutionen finanziert wurde. In der Regel setzen diese sich für eine Darstellung der Vergangenheit ein, die den Einfluss der nationalistischen Geschichtsschreibung zu überwinden sucht. Nationalisten, derer sich auch unter den bulgarischen Historikern manche tummeln, teilen dieses Bestreben nicht, so dass es üblicherweise zu Abwehrhaltungen gegen die Erkenntnisse solcher Projekte kommt. Es ist jedoch wichtig festzuhalten, dass eine Finanzierung durch westliche Institutionen keineswegs das Resultat einer Untersuchung vorherbestimmt und dass bestimmte wissenschaftliche Kriterien immer einzuhalten sind. Anders gesagt, Baleva hätte sich auch um die Finanzierung eines thematisch anderen Projekts bewerben können, das westlichen akademischen Ansprüchen genügt hätte, ohne gleichzeitig die „traditionellen" Historiker Bulgariens zu verärgern – außer natürlich durch die Tatsache, dass es ihr gelungen war, eine solche Finanzierung zu erhalten.

Die „antibulgarische Verschwörung" und der Kampf dagegen

Die Frage der ausländischen Finanzierung steht in direktem Zusammenhang mit der Vorstellung, dass es sich bei dem Projekt um eine wohlüberlegte antibulgarische Kampagne gehandelt habe. Man diskutierte sogar darüber, wer denn wohl der Auftraggeber gewesen sei – die Türkei, Deutschland, eine deutsche Firma mit Interessen in der Türkei, oder einfach die dunklen Mächte der Globalisierung. Diese Verschwörungstheorie wurde auch von akademischen Kreisen bereitwillig aufgegriffen. Es ist symptomatisch, dass an der „Entlarvung" des Projektes als Verschwörung nicht wenige Akademiker und Historiker beteiligt waren, die laut offizieller Unterlagen Mitarbeiter der ehemaligen Staatssicherheit waren, darunter der Direktor des Nationalen Historischen Museums Božidar Dimitrov, Staatspräsident Georgi Părvanov, der Vorsitzende der nationalistischen Partei *Vatrešna makedonska revoljucionna organizacija* (VMRO, Innere Makedonische Revolutionäre Organisation, IMRO) Krasimir Karakačanov, der Dozent an der Historischen Fakultät der Sofioter Universität Dragomir Draganov sowie Georgi Markov.[30]

Nachdem sie selbst erlebt hatten, wie sich die Geschichtswissenschaft für politische Ziele instrumentalisieren lässt, übertrugen viele bulgarische Wissen-

---

[30] Offiziell als solche benannt auf der Webseite des Komitees für die Enthüllung und Bekanntgabe der Zugehörigkeit bulgarischer Bürger zur Staatssicherheit und zu den Geheimdiensten der Bulgarischen Nationalen Armee, unter <http://www.comdos.bg>, 17.08.2010.

schaftler dieses Modell offenbar auf ihre akademischen Kontrahenten. Dabei bleibt unklar, inwieweit sie selbst von ihren eigenen Verschwörungstheorien überzeugt waren und sind, deren alleinige Funktion es ist, die breite Öffentlichkeit zu beeinflussen. Für Wissenschaftler mit einer solchen Denkweise war es schwer vorstellbar, dass die „provokanten" Thesen des Projekts das Ergebnis der eigenständigen Wahl einer Doktorandin darstellten, die sich, nach der Art der Veröffentlichung der vorläufigen Ergebnisse und der Anlage des Projekts insgesamt zu urteilen, an einen verhältnismäßig kleinen Kreis von Akademikern richtete, die Periodika zu Kunst und Kultur lesen und sich Ausstellungen ansehen.

Die in den Skandal involvierten bulgarischen Historiker sahen die Wissenschaft selbst nur als ein Mittel im Kampf gegen das „antibulgarische Projekt", das besser und effektiver als die mediale oder politische Kampagne wirken sollte. Ilija Todev zufolge sollte die bulgarische Geschichtswissenschaft eine „akademische Antwort auf die Provokationen" eines „erfahreneren, geschlosseneren und motivierteren, aber auch inkorrekteren Gegners" finden.[31] In einem späteren Interview in der Zeitung *Ataka*, dem Organ der gleichnamigen nationalistischen Partei, übte der damalige stellvertretende Rektor der Sofioter Universität, der Historiker Georgi Bakalov, Kritik an den öffentlichen Reaktionen gegen das Projekt, bei denen es „zu einer Überexponierung" gekommen sei, während es ihm zufolge nötig gewesen wäre, dem Projekt „wissenschaftlich" zu begegnen: „Man hätte doch auch mit wissenschaftlichen Mitteln niederschmetternd kontern können."[32]

Auch andere äußerten die Meinung, dass man die geplante Konferenz hätte durchführen sollen, gerade um in deren Rahmen die Thesen des Projekts widerlegen zu können. Offensichtlich wird die Wissenschaft in diesen „akademischen Kreisen" Bulgariens immer noch als Mittel im Kampf gegen heimtückische äußere und innere Feinde angesehen, anstatt als Ort für eine sachliche Diskussion widerstreitender Meinungen.

„Die wahren Gelehrten" und die „professionellen Historiker"

Der spezifische Beitrag der Historiker zur öffentlichen Debatte lag naturgemäß vor allem im Vorwurf mangelnder Professionalität. Da Martina Baleva keine Historikerin ist (sondern eine Kunsthistorikerin), schwang in den Reaktionen gegen sie auch ein gewisses Maß an „Standesdünkel" mit. Der Hauptkritikpunkt lautete, dass sie die Geschichte nicht ausreichend kenne und dass sie diese auch nicht „professionell", nämlich auf der Basis von Dokumenten untersucht habe.

---

[31] Todev, Bataškoto klane – mit ili istorija? (wie Anm. 18).
[32] Bakalov, „Mităt Batak" se priceli v pametta na naroda (wie Anm. 23).

Auf einen engen Bezug zur Quellenbasis beharrte beispielsweise Nikolaj Poppetrov vom Institut für Geschichte der Bulgarischen Akademie der Wissenschaften in einer Diskussion, die unmittelbar nach dem Ausbruch des Skandales in der Zeitung *Kultura* veröffentlicht wurde: „Ich kann doch nicht irgendwelchen anderen Lektüren zustimmen, außer nach der Lektüre der Quellen. Die Quellen – in ihrem damaligen historischen Kontext."[33] Nach Poppetrov sprach sich auch Ilija Todev wiederholt dagegen aus, die Geschichte den Händen „arroganter Dilettanten" zu überlassen, wobei er unter „Dilettanten" wie er selbst anhand einer Fußnote erläuterte, Leute versteht, „die nicht mit Quellen arbeiten".[34]

Kurioserweise verwendete Todev in seiner früheren Studie über Batak zur Zeit des Aprilaufstandes[35] selbst nichts anderes als diejenige Sekundärliteratur, insbesondere die Arbeiten von Angel Goranov-Bojčo und Jordan Venedikov, die später auch Baleva auswertete. Einige Male zitierte Todev den Schriftsteller Ivan Vazov, er zitierte sogar aus dem Evangelium, eine Analyse von Quellen oder Dokumenten unternahm er hingegen nicht. Die Darstellungen des Aufstandes und des Massakers von Batak in anderen akademischen Publikationen basieren ebenfalls fast ausschließlich auf Sekundärliteratur. Es ist daher schwer nachvollziehbar, warum in einer solchen Situation der Autorin des Projektes, und innovativen Ansätzen generell, Nachlässigkeit in der Arbeit mit den historischen Quellen vorgeworfen werden kann.

Überhaupt wurden bei der unbekannten jungen Forscherin andere, um nicht zu sagen unfaire Maßstäbe angelegt. So disqualifizierte Ilčev – obgleich selbst Autor interdisziplinärer Untersuchungen – Baleva mit dem Argument, sie sei eine Kunstwissenschaftlerin und „kennt sich zu meinem großen Bedauern einfach nicht aus",[36] wobei er so tat, als ob in dem Projekt überhaupt nicht von einem Gemälde die Rede sei. Die Kritik der professionellen Historiker an Baleva beruhte oft auch auf einem unausgesprochenen Monopolanspruch auf jedwede Forschung zu Themen, die mit der Vergangenheit zu tun haben. Das eigentliche Thema beiseite stellend, ließen sich viele von ihnen zu Generalisierungen gegenüber Kunsthistorikern und Kulturwissenschaftlern hinreißen, die ihre Meinung zu Themen äußern würden, ohne etwas von diesen zu verstehen. So kam es anstelle eines Streitgesprächs unter Spezialisten zu einem Streit darüber, wer überhaupt als Spezialist zu gelten habe. Dabei beschränkte sich das Widerlegen der gegnerischen Seite auf das häufige Wiederholen von unbegründeten Anschuldigungen wie „Pseudowissenschaftlichkeit" und „Verfälschung

---

[33] Nikolaj Poppetrov im Rahmen der Debatte Istorijata – nauka ili političeska propaganda, *Kultura* 18, 08.05.2007, unter <http://www.kultura.bg/article.php?id=12949>, 14.09.2009.

[34] TODEV, Bataškoto klane – mit ili istorija? (wie Anm. 18), Anm. 14.

[35] Ilija TODEV, Batak v Aprilskoto văstanie, in: Janko G. JANEV (Hg.), Istorija na Batak. o.O. 1995, 110-143.

[36] Ivan ILČEV, Skandalăt s Batak beše političeski udoben. Vestnicite săšto sa vinovni, *E-vestnik*, 05.05.2007, unter <http://e-vestnik.bg/934>, 14.09.2009.

der Geschichte". Charakteristisch für diese Haltung war die bereits erwähnte Stellungnahme der Leitung der Bulgarischen Akademie der Wissenschaften, wo die Ausdrücke „pseudowissenschaftliche Äußerung", „einfache pseudowissenschaftliche Werke" und „weitere Äußerung der Lügenwissenschaft" gebraucht werden sowie behauptet wird, „die dargelegten Thesen sind vom Standpunkt der Wissenschaft her primitiv, ohne Grundlage und nicht Teil einer wissenschaftlichen Debatte" und „wieder versucht man, die Geisteswissenschaften, insbesondere die Geschichte, für nichtwissenschaftliche Zwecke zu missbrauchen, was für einen zivilisierten, demokratischen Staat nicht duldbar ist".[37]

Die Expertengespräche

Das bisher Gesagte bedeutet keineswegs, dass es ausschließlich hysterische und unangemessene Kommentare gegeben hätte – viele Bulgaren mischten sich gerade deswegen in die öffentlichen Streitgespräche ein, um sich der medialen und politischen Kampagne entgegenzustellen. An dieser Stelle befassen wir uns jedoch nicht mit diesen schon für sich genommen achtenswerten Reaktionen von Bürgern, sondern mit den in diesem Zusammenhang geführten Debatten zwischen den Spezialisten. Für diese ist der Versuch charakteristisch, das Geschehene durch das Prisma bis dahin bereits vorgenommener Untersuchungen zu erklären. So beteiligte sich beispielsweise Ivan Elenkov von der Abteilung Kulturwissenschaften der Sofioter Universität mit Auszügen aus seinem – den Historikern Bulgariens wohlbekannten – Text „Über die Institutionen, die historisches Wissen hervorbringen" an der Diskussion.[38] Als Teilnehmer einer Debatte am Center for Advanced Study, die auch in der Zeitung *Kultura* veröffentlicht wurde,[39] begann er sofort, ausgesuchte Passagen aus diesem umfangreichen Werk vorzulesen. Bei derselben Debatte sprach Blagovest Njagulov vom Institut für Geschichte der Bulgarischen Akademie der Wissenschaften über die Unterscheidung zwischen „Traditionalisten" und „Innovatoren" unter den Historikern, wobei er sich auf eine einige Jahre vorher durchgeführte und bereits veröffentlichte Studie berief.[40]

In seiner bereits erwähnten Vorlesung vom 22. Mai 2007 verwertete Ilija Todev, der sich besonders ausführlich mit analogen Themen beschäftigt hat, Teile seiner bereits veröffentlichten Artikel – beinahe die Hälfte der Bibliografie zu

---

[37] *Informacionen bjuletin na BAN* (wie Anm. 15).
[38] Eine englische Fassung ist unter <http://www.cas.bg/uploads/files/Sofia-Academic-Nexus-WP/Ivan%20Elenkov.pdf > zu finden, 14.09.2009.
[39] Ivan ELENKOV im Rahmen der Debatte Istorijata – nauka ili političeska propaganda (wie Anm. 33).
[40] Antoaneta ZAPRJANOVA / Blagovest NJAGULOV / Ilijana MARČEVA, Istoriografiata meždu primestvenost I promjana, *Istoričeski pregled* 61 (2005), H. 1-2, 3-97; DIES. (Hgg.), Istoričeskata nauka v Bălgaria – săstoianie i perspektivi. Sofia 2006.

seinem Vortrag bestand aus seinen eigenen Aufsätzen. Balevas Projekt stellte er als Fortsetzung einer von ihm selbst erdachten Tradition einer „Wiedergeburtsphobie" dar, ein Begriff, den er selbst geprägt hat und der eine negative Einstellung gegenüber der sogenannten bulgarischen nationalen Wiedergeburt bezeichnet: „[...] der Fall hat eine Vorgeschichte. Und daher beginne ich in der weiter entfernten Vergangenheit."[41] Er präsentierte Interpretationen und Publikationen als „Vorgeschichte" des Projektes, die dessen Bearbeiterin – Martina Baleva – nicht gekannt hatte, als sie das Projekt ausarbeitete.[42] Zu diesem Zeitpunkt, einen Monat nach dem Beginn des Skandals, schien sich Todev nicht im Klaren darüber, wer die eigentliche Bearbeiterin des Projekts war, das er bekämpfte: Er sprach vom „aufsehenerregenden Projekt des österreichischen Bulgaristen Ulf Brunnbauer" und erwähnte Baleva lediglich als Teilnehmerin „von bulgarischer Seite".[43] Nach einer unverhältnismäßig langen Einführung überging Todev einfach das eigentliche Projekt, um sich gleich der Beantwortung der Frage zu widmen, ob das Massaker von Batak nun „Mythos oder Geschichte" sei.

Auch andere Forscher fanden im „Skandal Batak" einen Vorwand, um Fragen allgemeiner Art aufzuwerfen. Nachdem der erste Schock vorüber war, machten viele Experten ihrem Ärger darüber Luft, dass die Streitgespräche und das öffentliche Interesse eigentlich auf die weniger wichtigen Probleme gerichtet seien. Mit ihren nachfolgenden Publikationen und Äußerungen versuchten sie, die Debatte auf die scheinbar bedeutsameren Fragen zu lenken,[44] leisteten jedoch weder zur Beschwichtigung der öffentlichen Hysterie noch zur Erläuterung des Massakers von Batak und seines Gedenkens einen substantiellen Beitrag. Vielmehr spiegelten sie im Grunde nur die alten ideologischen Gegensätze zwischen „Nationalisten" und „Traditionalisten" auf der einen Seite und „modern" und „liberal" Denkenden auf der anderen Seite wider, sowie einige persönliche Feindschaften untereinander. Dies trug endgültig dazu bei, dass selbst die Fachleute des Themas überdrüssig wurden, ohne dass man sich wirklich damit auseinandergesetzt hätte. Gleichzeitig wirkte diese Art von Reaktionen für das breitere Publikum, dessen weniger anspruchsvollen Fragen keineswegs genügend Aufmerksamkeit geschenkt worden war, wenig überzeugend.

Schließlich fanden sich während des Skandals viele, die sich über „die beiden extremen Positionen" entrüstet zeigten und erklärten, „den Einen wie den An-

---

[41] Todev, Bataškoto klane — mit ili istorija? (wie Anm. 18).
[42] Dies geht aus meinen Gesprächen und meiner Korrespondenz mit Martina Baleva im Jahr 2006, also vor dem Skandal, hervor.
[43] Todev, Bataškoto klane – mit ili istorija? (wie Anm. 18).
[44] Vgl. zum Beispiel Liljana Dejanova, Batak – otkrit urok, Obektiv 146 und 147 (2007), unter <http://www.bghelsinki.org/index.php?module=pages&lg=bg&page=obektiv14618> und <http://www.bghelsinki.org/index.php?module=pages&lg=bg&page=obektiv14716>, 14.09.2009.

deren" entgegentreten zu wollen. Dies war die Reaktion vieler professioneller Historiker, aber auch gemäßigter Nationalisten, die sowohl das Projekt als auch die hysterische Gegenkampagne anprangerten.[45] Aber entgegen der herkömmlichen Weisheit lag die Wahrheit in diesem Falle nicht in der Mitte zwischen den beiden „Extremen". Im Zuge des Skandals entzündeten sich eine Serie von Streitigkeiten – um die Freiheit wissenschaftlicher Forschung und die Verehrung nationaler Heiligtümer, um Toleranz und das nationale Andenken, um extremen und gemäßigten Nationalismus, um das Anerkennen und die neue Lesart der Geschichte, um Wissenschaft und Pseudowissenschaft bis hin zu persönlichen Attacken. Wie hier gezeigt wurde, waren einige offene Verleumdungen von entscheidender Bedeutung für den Charakter der Debatte. Eine „goldene Mitte" zwischen diesen unterschiedlichen Meinungen finden zu wollen, die man zudem kaum auf zwei Extreme reduzieren kann, wäre vergeblich. Aus diesem Grund kamen auch die Bemühungen zu keinem Resultat, einen „Dialog" zu organisieren, bei dem „beide Seiten" angehört werden sollten. Hier soll daher stattdessen versucht werden, in knapper Form zu zeigen, was die Arbeit an dem Projekt umfasste und zu welchen grundlegenden Schlüssen es gelangte.

„Das Projekt ist schlecht ..."

Nach dem Ausbruch des Skandals waren selbst höchst fachmännisch formulierte Meinungsäußerungen bereits von diesem beeinflusst – sei es, indem zumindest einige der in den Medien erhobenen Vorwürfe übernommen wurden, sei es, dass diese widerlegt werden sollten. Das Urteil der professionellen Historiker lautete: „Das Projekt ist schlecht", und auch viele Gegner des von Medien und Politik geschürten Skandals betonten, dass sie die Freiheit der Meinung und der wissenschaftlichen Forschung insgesamt verteidigten, und nicht das Projekt selbst. Anstatt derart pauschal zu urteilen, erscheint es angemessener zu untersuchen, welche konkreten Mängel festzustellen sind, und ob und in welchem Maße das Projekt dadurch an Wert verliert. Zunächst muss unterschieden werden zwischen der tatsächlichen Forschung (dem Text von Martina Baleva) und dem organisatorischen bzw. finanziellen Rahmen (das Gesamtprojekt mit der Bearbeiterin Martina Baleva und dem Leiter Ulf Brunnbauer). Diese Unterscheidung ist wichtig, weil sich viele der Kritiken am „Projekt Batak" tatsächlich allgemein auf die Finanzierungsfrage bezogen, was die Aktualität des Themas belegen sollte, aber keine praktische Bedeutung für die Projektarbeit selbst hatte.

Es hatten auch andere Forscher Anteil an dem Projekt – durch Mitarbeit am Katalog zur geplanten Ausstellung sowie auch an der vorgesehenen, letztlich nie

---

[45] Vgl. zum Beipiel Milen RADEV, Batak sled Batak, *Mediapool*, 22.11.2007, unter <http://www.mediapool.bg/show/?storyid=133959&p=13>, 14.09.2009.

durchgeführten Konferenz. Es muss betont werden, dass alle Texte in diesem Katalog von den Autoren[46] eigenständig und ohne übergeordnete Koordination oder Einmischung verfasst wurden, wobei auch überarbeitete Versionen bereits anderswo publizierter Aufsätze enthalten waren. Den in diesen Beiträgen enthaltenen Thesen gegenüber wurde fast keine Kritik geübt, so dass wir uns hier auf die Fragen beschränken können, die Martina Baleva in ihrer Untersuchung aufgeworfen hat – darin liegt nämlich der Kern des „Projekts Batak", und gegen diese richteten sich auch die grundsätzlichen Anschuldigungen des „Skandals Batak".[47]

Zur Organisation des Projekts

Meiner Meinung nach lag das organisatorische Hauptproblem des Projekts darin, dass es stark auf die Realisierung sichtbarer Endprodukte ausgerichtet war, also auf die Ausstellung mit einem zweisprachigen Katalog sowie auf die Erneuerung der Ausstellung in Batak. Anstatt auf die Untersuchung selbst wurde der Akzent auf die breite Popularisierung ihrer voraussichtlichen Resultate gelegt. Die Dialektik des Projekts hätte eine eingehendere Untersuchung der Vorstellungen erfordert, die in den Jahren von 1876 bis zum Anfang des 20. Jahrhunderts von dem Massaker von Batak existierten, um so die mögliche Rolle des Künstlers Antoni Piotrowski tatsächlich zu kontextualisieren. Im Sinne gängiger „Projektkultur" wurde dieser Mangel dadurch scheinbar wettgemacht, dass Beiträge in den Ausstellungskatalog aufgenommen wurden, die bereits zu anderen Anlässen geschrieben und veröffentlicht worden waren.

An zweiter Stelle muss ein Ziel des Projekts erwähnt werden, das nicht einmal annähernd realisiert werden konnte – die vorgesehene Erneuerung der Ausstellung im Historischen Museum von Batak. Obwohl es im Vorfeld bereits Gespräche gegeben hatte, waren diesbezüglich die Vorstellungen der Projektbearbeiterin einerseits und der Museumsleitung in Batak (und ihrer Vorgesetzten in Sofia) andererseits offensichtlich vollkommen unterschiedlich.

Ich würde mich jedoch nicht den Anschuldigungen anschließen, dass das Projekt mit ausgesprochener Überheblichkeit in die Sphäre der bulgarischen Kultur- und Bildungspolitik eingedrungen sei. Vor allem werden hier erneut doppelte Maßstäbe angelegt – die meisten etablierten bulgarischen Wissenschaftler sind auf diesem Gebiet selbst seit langem aktiv, als Verfasser von

---

[46] Martina Baleva, Ulf Brunnbauer, Rumen Daskalov, Dimităr G. Dimitrov, Monika Flacke, Evgenija Ivanova, Evgenija Troeva, Alexander Vezenkov.

[47] Ich beziehe mich vor allem auf ihren Aufsatz im Ausstellungskatalog, aber auch auf eine frühere Version ihrer Studie vom Mai 2006 in der Zeitung *Kultura*, weil dort viele ihrer Hypothesen klarer formuliert sind, vgl. BALEVA, Koj (po)kaza istinata za Batak (wie Anm. 8), sowie auf ihre Replik auf die erwähnte Kritik Naum Kajčevs, vgl. DIES., Hiatusăt Batak, *Kultura* 29, 07.09.2006.

Lehrbüchern, als Experten oder Gäste in Fernsehsendungen oder auch als Mitglieder der Expertenkommissionen verschiedener Museen. Stattdessen gälte es, darauf hinzuweisen, dass in einer pluralistischen Gesellschaft die Kulturpolitik kein Monopol der staatlichen Verwaltung und ihrer Beschäftigten (unter denen sich nicht wenige umstrittene Figuren befinden) sein darf – die Initiative von Privatpersonen und NGOs hat hier durchaus ihren legitimen Platz.

Das Forschungsprojekt

Der grundlegende Vorwurf gegen Martina Baleva bezog sich auf ihre angebliche „Unkenntnis der Geschichte". Streitpunkte waren, ob es überhaupt einen echten Aufstand in Batak gegeben habe (Baleva akzeptierte die Behauptungen einiger Zeitgenossen, dass die Bewohner Bataks nicht gegen die Osmanen rebelliert hätten), wer das Massaker angerichtet habe, und aus welchen Gründen dies geschehen sei, ob man die Ereignisse als einen örtlichen Konflikt ansehen könne (im Projekt wurden dessen lokale Dimensionen betont), ob das Massaker in den Jahren nach 1878 vergessen worden sei, und ob, dementsprechend, erst der polnische Künstler Antoni Piotrowski die Aufmerksamkeit von Neuem darauf gelenkt habe. Diesem letztgenannten interessanten Zusammenhang schien das Projekt übermäßig viel Aufmerksamkeit zu widmen. Einige der ursprünglichen Hypothesen hielten einer wissenschaftlichen Prüfung stand, andere blieben unbewiesen, einige weitere mussten dagegen verworfen werden. Das ist bei fast jeder wissenschaftlichen Untersuchung der Fall. Baleva erklärte allerdings, dass sie ihre Hypothesen in einem relativ frühen Stadium ihrer Arbeit aufgestellt hatte, was sie noch angreifbarer für Kritik machte.

Nach dem Ausbruch des Skandals war von verschiedenen Seiten eine Reihe von Unzulänglichkeiten der Studie aufgezeigt worden – sachliche Fehler, Auslassungen, Fälle ungenauen Zitierens sowie unbewiesene Hypothesen. Ich würde allerdings nicht behaupten, dass alle diese Unzulänglichkeiten offenkundig sind. Bezeichnend ist, dass die meisten der sachlichen Fehler und Auslassungen, die während der Debatte im April und Mai 2007 erwähnt wurden, nicht in der zitierten Stellungnahme des Museums von Batak vom 24. Januar 2007 enthalten gewesen waren, sondern nur in den späteren Äußerungen der Museumsangestellten. Die durch den Skandal hervorgerufene Überempfindlichkeit schärfte die kritischen Blicke, und das Aufzeigen dieser Fehler war, unabhängig von den Motiven der Kritiker, für die eigentliche Untersuchung von großem Nutzen. Was allerdings geschehen würde, wenn man die Texte der Spezialisten, die Baleva kritisierten, selbst einer derart schonungslosen Analyse unterzöge, steht freilich auf einem anderen Blatt. Erfahrungsgemäß werden diejenigen, die sachliche Fehler in den Schriften der etablierten bulgarischen Wissenschaftler hervorheben, unweigerlich als Faktografen und Buchstabenfresser disqualifiziert, die angeblich vor lauter Konzentration auf die Details nicht den Sinn des großen Ganzen beurteilen könnten.[48]

Doch einmal ganz abgesehen von den sachlichen Ungenauigkeiten des Projekts möchte ich anmerken, dass die meisten augenscheinlich strittigen Thesen Martina Balevas eigentlich mit in der Wissenschaft verbreiteten Interpretationen kompatibel und einige auch von der traditionellen bulgarischen Ikonografie akzeptiert worden sind. So entspricht beispielsweise Balevas Annahme, dass jedes der im Frühling des Jahres 1876 von Repressalien betroffenen Dörfer zum Symbol des nationalen Martyriums hätte werden können, vollkommen dem Ansatz der offiziellen Geschichtsschreibung, derzufolge es sich bei Batak nur um eine von Dutzenden oder gar von Hunderten von Tragödien handelt.[49]

Die Ergebnisse der bisherigen Forschungen zum „Projekt Batak" und die folgenden Diskussionen

Nichtsdestotrotz wurde dank des „Projekts Batak" und der dadurch ausgelösten Diskussionen auch manche Frage geklärt.[50] Vor allem hat die Forschung Martina Balevas gezeigt, dass die wenigen Fotografien, die mit dem Massaker von Batak in Zusammenhang gebracht werden, in Wirklichkeit Ende der 1880er Jahre gemachte Inszenierungen sind, die dem später vergessenen polnischen Künstler Antoni Piotrowski als Vorlage für sein Gemälde „Das Massaker von Batak" gedient haben mussten. Die Wahrnehmung der drei erhaltenen Fotografien als authentische Zeugnisse und ihre in unterschiedlichen Publikationen vorgenommene Datierung teils auf das Jahr 1876, teils auf 1878, war ein Missverständnis, das unbedingt aufgeklärt werden musste. Daher ist die Frage in der Tat legitim, wie das Werk des Künstlers Piotrowski rezipiert wurde und wie es eventuell sogar das nationale Andenken an das Massaker von Batak geformt hat.

Wie bereits bemerkt, war Batak wegen der großen Opferzahl unter den im Frühling 1876 von Massakern betroffenen Dörfern tatsächlich ein Ausnahmefall, und diese Tatsache sorgte bereits für sich genommen für seine Bekanntheit. Bataks Eingang in das kollektive Gedächtnis geschah in einem kontinuierlichen Prozess, und bei der Analyse der Publikationen, die dem Massaker von Batak gewidmet sind, lässt sich für Anfang der 1890er Jahre ein eigenartiger Boom feststellen. Damit war die Entstehung der heutigen Erinnerung an „Batak 1876" jedoch noch nicht an ihrem Ende angelangt. Die gegenwärtigen Vorstel-

---

[48] Vgl. zum Beispiel Mihail GRUEV, Javlenie v poznanieto za komunizma, *Kultura* 23 (2506), 20.06.2008, unter <http://www.kultura.bg/bg/article/view/14400>, 14.09.2009.

[49] Vgl. zum Beispiel Nikolaj GENČEV, Bălgarsko văzraždane. Sofia 1988, 386, 401.

[50] Auf die mit dem Projekt selbst verbundenen Probleme wird näher eingegangen in Alexander VEZENKOV, Proektăt i skandalăt „Batak" (Razkaz na edin očevidec), *Anamnesis* 4 (2009), H. 1, 132-203, unter <http://anamnesis.info/fonts/versiq.1.3/journal/flash_journal/broi9-A.Vezenkov/A.Vezenkov.pdf>, 20.06.2010.

lungen von der Geschichte des Aprilaufstandes in Batak wurden erst von der Geschichtsschreibung der Zwischenkriegszeit sowie der sozialistischen Zeit geprägt. Von einer schrittweisen Entstehung einer nationalen Erinnerung an Batak kann nur unter Vorbehalt gesprochen werden. Von Anfang an existierte ein öffentliches Bewusstsein für das Massaker. Was als Erzählung darüber begann und zu Beginn der 1890er Jahre zum Gemeingut einer breiteren Öffentlichkeit wurde, übertrug sich später auf den Aufstand und den von einigen Bewohnern Bataks geleisteten Widerstand.

Das Gemälde des polnischen Malers Antoni Piotrowski trug zur Entstehung und Festigung der Vorstellung bei, es habe sich bei den Ereignissen in Batak um ein Massaker an friedlichen, wehrlosen Menschen gehandelt, und nicht an einer aufständischen Bevölkerung. Piotrowskis Abbildung bleibt dicht am in der Öffentlichkeit verbreiteten Stereotyp, und gerade deswegen ist ihr konkreter Einfluss schwierig zu bestimmen. Sie weicht jedoch von Memoirenschreibern und Historikern ab, die sowohl den Aufstand als auch den Widerstand der Bevölkerung berücksichtigen. Baleva merkt berechtigterweise an, dass der Künstler zwar in seinen Erinnerungen erzählt, wie er in den „Aufzeichnungen über die bulgarischen Aufstände" von Zahari Stojanov über Batak gelesen habe, aber sowohl die inszenierten Fotografien, als auch sein eigenes Gemälde sind Illustrationen zum schon erwähnten Werk von Januarius MacGahan, dem Autor der damals populärsten Beschreibung der Tragödie.[51] So gesehen sind das Gemälde von Piotrowski und die unter seiner Anleitung entstandenen Fotografien nicht der Anfang einer neuen Tradition, sondern eher ein Spiegelbild der in den 1880er Jahren vorherrschenden Vorstellungen über die Ereignisse des Jahres 1876 in Batak. Und wenngleich das Gemälde im Jahre 1892 ausgestellt wurde, so weicht es doch von den anderen in den Jahren 1891-1892 erschienenen Werken ab, die nicht nur auf das Massaker, sondern auch auf die Aufstände und die Kämpfe um Batak herum eingehen.

Was die Tradition des Andenkens an die Opfer des Massakers von Batak anhand ihrer Schädel und Knochen angeht, so ist es schwer, deren Ursprung festzustellen, doch scheint bisher alles darauf hinzudeuten, dass Piotrowski eine bereits ausgebildete Tradition vorfand, die wohl spontan in den Monaten und Jahren nach dem Massaker entstanden war – das bezeugt MacGahan, der schockierende Szenen schildert, in denen die überlebenden Bewohner Bataks Blumen zwischen die unbeerdigten Knochen ihrer Angehörigen steckten.[52] Konstantin Jireček, der das Dorf einige Jahre nach der Tragödie besuchte, fand

---

[51] MacGahan, The Turkish Atrocities (wie Anm. 5); vgl. Martina Baleva, Das Bild von Batak im kollektiven Gedächtnis der Bulgaren, in: Baleva / Brunnbauer (Hgg.), Batak – ein bulgarischer Erinnerungsort (wie Anm. 3), 15-47, 35f.
[52] MacGahan, The Turkish Atrocities (wie Anm. 5), 30.

die Schädel und Knochen vieler der Opfer in der Kirche aufgereiht.[53] Dieses Bild wurde tatsächlich gerade dank verschiedener Fotografien in den darauffolgenden Jahrzehnten ausgesprochen stark popularisiert.[54] Dagegen hat die unter der Anleitung von Piotrowski im Inneren der Kirche aufgenommene Fotografie[55] keine besondere Verbreitung erfahren und diente auch nicht als Vorlage für nachfolgende Bearbeitungen des Themas, obwohl sie die früheste erhaltene Aufnahme darstellt und in ihrer Komposition sehr künstlerisch ist.

Mit der Zeit bekam das Ausstellen der Knochen der Opfer eine dauerhafte nationale und politische Bedeutung – auf diese Weise sollte in der bulgarischen Gesellschaft die Erinnerung an die Tragödie der Bewohner Bataks aufrechterhalten werden. Aber tatsächlich gerieten letztere, nachdem sich die „heroische" Version der Ereignisse von Batak durchgesetzt hatte, in den Hintergrund der Erzählungen von Historikern und Lokalpatrioten. Deren Bemühungen zum Trotz zeigte der Skandal von 2007 jedoch klar, dass die öffentliche Meinung zwar das Massaker von Batak und die Knochen der Opfer sakralisiert hat, über den Aufstand selbst dagegen nicht annähernd so viel weiß und sich darüber auch nicht sonderlich aufregt. Ob absichtlich oder nicht, gerade das Berühren dieses einen Punktes („Massaker von Batak geleugnet") löste den Skandal aus. Dieser wiederum offenbarte einige interessante Charakterzüge der heutigen bulgarischen Gesellschaft.

Was lässt sich aus dem „Skandal Batak" lernen?

Die Mehrheit der Wissenschaftler und Intellektuellen erklärte den „Skandal Batak" zuförderst zu einer Aktion der „Politiker" gegen die „Wissenschaftler", wobei sie die Hauptverantwortlichen in den extremen Nationalisten und den ehemaligen Mitarbeitern der Staatssicherheit sah. Aber von welcher Seite auch der erste Anstoß für den Skandal gekommen war, die folgende massive Reaktion der Öffentlichkeit zeigte, dass man es hier mit weitverbreiteten Einstellungen zu tun hatte. Zwar manifestierten sich während des Skandals genügend Fälle von extremem Nationalismus und Intoleranz. Das heißt aber nicht, dass es sich dabei nur um das Werk ultranationalistischer Randgruppen handelte, auch wenn diese sich nach Kräften beteiligten. Im Gegenteil – das Charakteristische am Skandal war, dass er breiteste gesellschaftliche Kreise elektrisierte. Eine zentrale Rolle beim Schüren des Skandals spielten auflagenstarke Zeitungen und populäre Fernsehsender, die nichts mit den extremen Nationalisten zu tun haben. Staatspräsident Părvanov hat während des Skandals mehr Unsinn

---

[53] Konstantin JIREČEK, Pătuvania po Bălgarija. Sofia 1974, 516.
[54] BALEVA / BRUNNBAUER (Hgg.), Batak – ein bulgarischer Erinnerungsort (wie Anm. 3), 48f., Abb. 8, 9, 10, 11 und 12.
[55] Ebd., 31, Abb. 3.

dahergeredet[56] als die Führer der extremen nationalistischen Parteien. Auch viele gemäßigte Politiker, wie der ehemalige Präsident Petăr Stojanov, zeigten sich entrüstet, vermutlich weil sie nicht richtig verstanden hatten, worum es ging. Das Projekt Batak wurde sogar in einer Erklärung des Gemeinderats der Hauptstadt verurteilt – einer Behörde, der man Ineffektivität, Mangel an Voraussicht und häufige Interessenkonflikte vorwerfen könnte, wohl kaum jedoch Extremismus oder extremen Nationalismus.

Aber selbst Božidar Dimitrov ist, gemessen an den Maßstäben der politischen Landkarte Bulgariens, kein „Extremist". Zum Zeitpunkt des Skandals war er Mitglied der regierenden Bulgarischen Sozialistischen Partei (BSP) und 2003-2007 einer ihrer Abgeordneten im Gemeinderat der Hauptstadt, am Anfang sogar als Fraktionsvorsitzender der Partei in diesem Rat. 2009 verließ Dimitrov die BSP, wurde unmittelbar danach von der Partei „Bürger für europäische Entwicklung in Bulgarien" (GERB) zum Kandidaten erhoben, zum Volksvertreter gewählt und gleich darauf auch zum Minister ohne Geschäftsbereich im Kabinett der zur Regierungspartei aufgestiegenen GERB. Die BSP ist in Wirklichkeit die ehemalige Kommunistische Partei Bulgariens, und die GERB hat eine große Zahl von ehemaligen Angestellten des Innenministeriums in ihren Reihen, aber dennoch handelt es sich bei diesen Parteien um den politischen Mainstream in Bulgarien, der zudem wenigstens formal in Europa anerkannt ist – die BSP ist Mitglied der Europäischen Sozialistischen Partei, GERB der Europäischen Volkspartei.

Eine Schlüsselrolle im Skandal spielten die Führungsgremien der offiziellen Wissenschaft in Bulgarien. Wenngleich der Initiator der Medienkampagne, Božidar Dimitrov, als Autor einer Reihe patriotischer Bücher – erwähnt seien hier nur „Die Bulgaren – die ersten Europäer"[57] und „Die Bulgaren – Die Verbreiter der Zivilisation in der Welt der Slawen"[58], die unter anderem ins Deutsche übersetzt wurden – von seinen Historikerkollegen oft belächelt wird, so ist er doch ein professioneller, promovierter und habilitierter Historiker. Staatspräsident Georgi Părvanov ist ebenfalls promovierter und habilitierter Historiker, es deutet jedoch alles darauf hin, dass er sich für seine Stellungnahmen zum Skandal mit

---

[56] Einige Beispiele dafür finden sich auf der offiziellen Webseite des Präsidenten: „[...] unsere Kultur ist die Basis der europäischen Zivilisation. Das ist nicht nur meine Meinung. Das ist die Einschätzung von unseren Freunden, von Staatschefs, von Akademikerkreisen, von der europäischen Gemeinschaft in diesem Moment. [...] Ich habe viele führende Leute Europas getroffen – europäische Staatsmänner, Präsidenten, Premiers, viele Intellektuelle. Sie alle sprechen mit Respekt von der ethnischen und religiösen Toleranz in Bulgarien." Izkazvane na prezidenta Georgi Părvanov na diskusijata „Batak v bălgarskata nacionalna identičnost. Mit i/ili realnost" unter <http://www.president.bg/news.php?id=2871&st=0>, 14.09.2009.

[57] Božidar DIMITROV, Bălgarite – părvite evropejci. Sofia 2002, deutsche Fassung Die Bulgaren – die ersten Europäer. Sofia 2003.

[58] Božidar DIMITROV, Bălgarite – Civilizatori na slavjanskia svjat. Sofia 1993, deutsche Fassung Die Bulgaren – Die Verbreiter der Zivilisation in der Welt der Slawen. Sofia, 1994.

anderen Spezialisten beraten hat. Ob es sich bei ihnen um die besten Vertreter ihres Fachs handelt oder nicht, sei dahingestellt. Jedenfalls repräsentieren sie durchaus den Mainstream der offiziellen Geschichtsschreibung in Bulgarien. Wenn wir dazu noch die Reaktionen der in diesem Artikel aufgezählten Wissenschaftler und akademischen Institutionen berücksichtigen, wird klar, dass die stark emotionale Haltung zur eigenen Vergangenheit und das krankhafte Misstrauen gegenüber „fremden" Fachleuten und ihrer Arbeit im Bewusstsein der breiten Masse so tief verankert sind, dass auch ein großer Teil der akademischen Gemeinschaft im Land sie teilt.

Aus dem Bulgarischen übersetzt von Doris Klein.

MICHAEL SCHMIDT-NEKE

Skanderbegs Gefangene:
Zur Debatte um den albanischen Nationalhelden

Abstract. A new scholarly biography on Albania's national hero, Skanderbeg, by (as most Albanian critics do not fail to mention) Swiss-born author Oliver Jens Schmitt (currently professor for Southeast European History in Vienna), was published in Albanian in late 2008. It became immediately the subject of blatant polemics, including personal insults and threats against the author, as well as public support. A fierce debate raged not only among Albania's scientific community, but also in the mass media (including internet fora and newsgroups), and among the political leadership, with President Topi in the lead. Schmitt was accused of trying to deprive Albanians of their best-known and most-respected historical personality. In fact, Schmitt deconstructs the age-old view of an invincible hero who led his people in their epic struggle for freedom. Schmitt's argument that Skanderbeg's roots were Orthodox rather than Catholic is among the most controversial. The article documents the Albanian debate precipitated by the book.

Michael Schmidt-Neke ist Historiker, Autor von Veröffentlichungen zur Geschichte und Gegenwart des albanischen Raumes und arbeitet beim Schleswig-Holsteinischen Landtag in Kiel.

Die Tradition um Skanderbeg

Es gab bis zur Mitte des 19. Jahrhunderts nur eine bedeutende Quelle für die unglaublich zahlreichen geschichtlichen und literarischen Bearbeitungen des Lebens des albanischen Nationalhelden Skanderbeg,[1] die kurz nach 1500 entstandene Biographie des Marinus Barletius, die neben historischen auch belletristische Elemente enthält und vom Genre des Ritterromans geprägt ist. Die Skanderbeg-Tradition war in Mittel- und Westeuropa viel stärker als in Albanien selbst, wo die Orientierung auf diesen „Nationalhelden" erst im Zuge der Nationalbewegung (die sogenannte *Rilindja*, wörtl. Wiedergeburt) über Italien (besonders den Arbëresh-Autoren Girolamo de Rada)[2] wieder ins

---

[1] Vgl. Kasem Biçoku / Jup Kastrati, Gjergj Kastrioti Skënderbeu. Bibliografi. Bd. 1: 1454-1835. Tirana 1997; Georges Petrovitch, Scanderbeg (Georges Castriota). Essai de bibliographie raisonnée. Paris 1881. Repr. München 1967.

[2] Arshi Pipa, Hieronymus de Rada. München 1978 (Albanische Forschungen, 18).

Herkunftsland zurückkehrte. Erst Mitte des 19. Jahrhunderts, beginnend mit Jakob Philipp Fallmerayer, löste sich die Geschichtswissenschaft von ihrer Fixierung auf dieses Buch und begann, sich der Figur Skanderbeg quellenkritisch zu nähern. Eine große, wissenschaftlichen Ansprüchen genügende Biographie entstand zunächst nicht. Besonders in Albanien wurde er nach seiner Wiederentdeckung in der *Rilindja* gewissermaßen auf ein Podest gestellt und ausnahmslos von sämtlichen Regimes (egal, ob von König Zogu, den italienischen und deutschen Besatzern, den Kommunisten oder der postkommunistischen Republik) als Legitimationsstifter instrumentalisiert,[3] sowohl physisch in Gestalt der großen Denkmäler in Tirana, Kruja und mittlerweile auch Prishtina, als auch wissenschaftlich, wofür die mehrfach umgeschriebene Biographie aus der Feder des Bischofs und Revolutionärs Fan Noli[4] und das große Symposion zu seinem 500. Todestag 1968 in Tirana stehen.[5] Auch die Staatssymbolik bezieht sich in Wappen und Flagge auf Skanderbeg.

Diskurs um Traditionen und Identitäten

Der Kult um Skanderbeg ist für albanische Muslime zweischneidig: Sie ehren ihn als historisch bedeutendsten Vertreter ihres Volkes, gehören aber der Religion seiner Feinde an. Dieser Konflikt betrifft in noch stärkerem Maße die ausländische Tradition, in der Skanderbeg nicht primär der albanische Nationalheld, sondern vor allem der Vorkämpfer des Christentums (Athleta Christi) ist;[6] besonders in der philhellenischen Tradition in der ersten Hälfte des 19. Jahrhunderts wurde er sogar als Grieche wahrgenommen.

Damit knüpft die aktuelle Kontroverse um Skanderbeg an die in den 1970er Jahren erbittert geführte Diskussion um die These des kosovarischen Historikers Hasan Kaleshi an. Dieser brach damals ein Tabu, indem er die Islamisierung der Mehrheit der Albaner unter der Osmanenherrschaft als entscheidenden positiven Faktor für deren Überleben als Nation wertete, die sonst Gefahr gelaufen wäre, von den ökonomisch und (über ihre Schrift- und Kirchensprache) kulturell überlegenen serbischen und griechischen Nachbarn auf der Grundlage der Orthodoxie assimiliert zu werden.[7]

---

[3] Michael SCHMIDT-NEKE, Nationalism and National Myth: Skanderbeg and the Twentieth-Century Albanian Regimes, *The European Legacy* 2 (1997), H. 1, 1-7.

[4] Fan S. NOLI, George Castrioti Scanderbeg. New York 1947.

[5] Konferenca e Dytë e Studimeve Albanologjike. Tiranë, 12-18 janar 1968. 3 Bde. Tirana 1969.

[6] Ein besonders abschreckendes Beispiel ist das während des Zweiten Weltkrieges auf der Piazza Albania in Rom errichtete Reiterstandbild Skanderbegs von Romano Romanelli.

[7] Hasan KALESHI, Das türkische Vordringen auf dem Balkan und die Islamisierung – Faktoren für die Erhaltung der ethnischen und nationalen Existenz des albanischen Volkes, in: Peter BARTL / Horst GLASSL (Hgg.), Südosteuropa unter dem Halbmond. München 1975, 125-138.

Die Frage nach dem Stellenwert des Islam als oktroyierter Religion der Eroberer oder als Teil des eigenen kulturellen Erbes im albanischen Selbstverständnis ist seit einigen Jahren Gegenstand einer erbitterten Kontroverse um die albanische nationale Identität, deren Protagonisten der Schriftsteller Ismail Kadare und der kosovarische Literaturwissenschaftler Rexhep Qosja sind. Kadare vertritt die Position, dass die Albaner in ihrer gesamten Kultur und Zivilisation ein europäisches und kein orientalisches Volk seien. Die osmanische Besatzung und der Kommunismus hätten demnach diese Zugehörigkeit zeitweilig unterbrochen, aber nicht beendet. Qosja wandte sich gegen die von Kadare behauptete Unvereinbarkeit der europäischen und der muslimisch-orientalischen Zivilisation und wies den Albanern gerade wegen ihrer religiösen Ausdifferenzierung die Rolle einer Frieden stiftenden Brücke zwischen West und Ost zu. Diese Debatte wird in den Massenmedien und im Internet noch immer mit großer Schärfe geführt; dabei finden beide Thesen sowohl in Albanien als auch unter den Albanern des ehemaligen Jugoslawien und in der Diaspora Befürworter und Gegner.[8] Dies hat natürlich nicht nur Implikationen für die Zukunft, also für die Frage, ob die angestrebte EU-Mitgliedschaft mit der in den 1990er Jahren erfolgten Aufnahme Albaniens in die Islamische Liga kompatibel ist, sondern auch für die Bewertung der Vergangenheit, also die Integration des albanischen Siedlungsraumes in das Osmanische Reich, die Auswirkungen dieser Zugehörigkeit und die Motive und Ursachen der Loslösung.

Ein neues Buch über Skanderbeg

Oliver Jens Schmitt (geb. 1973 in Basel) promovierte in München mit einer Studie über die venezianischen Besitzungen in Albanien im 15. Jahrhundert.[9] Seit 2005 ist er Professor für die Geschichte Südosteuropas an der Universität Wien; diese schnelle wissenschaftliche Karriere verleitete Kommentatoren in Albanien dazu, mit dem bloßen Verweis auf sein Alter seine Qualifikation in Zweifel zu ziehen. Schmitt hat inzwischen, gewissermaßen als Spiegelbild zu seiner Untersuchung des venezianischen Albanien im 15. Jahrhundert, Skanderbegs Albanien in Form einer kritischen Biographie erforscht, deren deutsche Ausgabe im September 2009 erschienen ist.[10] Der bekannte Publizist Ardian Klosi hat dieses Buch bereits 2008 ins Albanische übersetzt. Autor und Übersetzer stellten es im Spätherbst 2008 in Tirana öffentlich vor und lösten eine Welle der Empörung aus.

[8] Egin CEKA, Die Debatte zwischen Ismail Kadare und Rexhep Qosja um die nationale Identität der Albaner, *Südosteuropa. Zeitschrift für Politik und Gesellschaft* 54 (2006), H. 3, 451-460.

[9] Oliver Jens SCHMITT, Das venezianische Albanien (1392-1479). München 2001 (Südosteuropäische Arbeiten, 110); albanische Übersetzung durch Ardian KLOSI, Arbëria venedike. Tirana 2007.

[10] Oliver Jens SCHMITT, Skanderbeg. Der neue Alexander auf dem Balkan. Regensburg 2009.

Schmitt bemüht sich, seinen Protagonisten in seinem zeitlichen und regionalen Kontext zu verstehen und zu erklären. Dass Skanderbegs Mutter Vojsava aus einer slawischen Familie stammte, überrascht genauso wenig wie die nicht nur in unveröffentlichten Archivalien, sondern bereits bei byzantinischen Historikern nachzulesende Tatsache, dass sein Vater mitnichten den albanischen Vornamen Gjon, sondern die slawische Form des Namens Johannes, Ivan, trug. Was sagt das über Skanderbegs ethnische Zugehörigkeit aus? Schmitt zufolge gar nichts; in seiner Geschichte Kosovos stellt er klar, dass nur aus einem in den Quellen genannten albanischen Vornamen eindeutig auf eine Zugehörigkeit zum albanischen Volk geschlossen werden könne, während slawische Vornamen von allen Völkern der Region verwendet worden seien.[11]

Schmitt geht ferner davon aus, dass Skanderbeg ursprünglich nicht der katholischen, sondern der orthodoxen Konfession angehörte. Der aus Gründen der politischen Opportunität erfolgte mehrfache Wechsel nicht nur zwischen Islam und Christentum, sondern auch zwischen der orthodoxen und der katholischen Konfession sind absolut nichts Ungewöhnliches in dieser Zeit, insbesondere nicht bei den Albanern, die noch heute an der Schnittstelle verschiedener Glaubensrichtungen leben. Noch weniger Freunde machte sich Schmitt dadurch, dass er die Rückkehr Skanderbegs nach Kruja 1443 nicht mit politischen oder moralischen Beweggründen – etwa dem, sein Volk in die Freiheit zu führen – erklärt, sondern in erster Linie mit der Blutrache für seinen Vater, und nicht etwa für seine der Tradition zufolge von Sultan Murat II. ermordeten Brüder (die meisten von ihnen erfreuten sich zu diesem Zeitpunkt bester Gesundheit). Ein Gesandter Skanderbegs habe 1454, einem indirekten Bericht zufolge, gegenüber dem Papst erklärt, Ivan Kastriota sei auf Befehl des Sultans getötet worden und dafür habe dessen Sohn Skanderbeg sich zunächst dadurch gerächt, dass er den Lieblingssohn von Sultan Murat II., Alaeddin Ali Çelebi, ermorden ließ. Somit habe der Halbbruder des letzteren, der spätere Sultan Mehmet II. in Skanderbeg nicht nur einen seiner hartnäckigsten Feinde, sondern gleichzeitig denjenigen sehen müssen, der ihm den Weg zum Thron gebahnt hatte.

Schmitt beschreibt Skanderbegs Kämpfe nicht als Triumphzug, sondern als Aneinanderreihung von Erfolgen und schweren Rückschlägen, und er stellt die entscheidende Frage nach der Bilanz des 25 Jahre währenden Krieges gegen die Osmanen. Ausgerechnet der Nicht-Marxist Schmitt weist auf etwas hin, was die materialistischen Historiker der Hoxha-Ära nicht sagten (oder nicht zu sagen wagten), nämlich dass dieser nicht zu gewinnende Kampf in erster Linie von den Bauern mit ihrer wirtschaftlichen Existenz und ihrem Leben bezahlt und dass der Aktionsraum Skanderbegs durch den Krieg entvölkert worden sei.[12]

---

[11] Oliver Jens SCHMITT, Kosovo. Kurze Geschichte einer zentralbalkanischen Landschaft. Berlin, Köln, Weimar 2008, 139.
[12] SCHMITT, Skanderbeg (wie Anm. 10), 269–273.

Der Übersetzer Ardian Klosi, der auch einen großen Teil der Öffentlichkeitsarbeit für die Biographie übernahm, äußerte, es sei an der Zeit, sich von liebgewordenen Vorstellungen zu verabschieden und auch die Geschichtsbücher der Schulen zu überarbeiten. Dem Vorbehalt, dass man Legenden nicht antasten dürfe, begegnete Klosi mit der Feststellung, dass Legenden und Tatsachen eben nicht dasselbe seien und dass die Wissenschaft nicht dazu da sei, Legenden zu konservieren.[13]

Umgang mit unbequemen Thesen

Als Anfang der 1990er Jahre der Freiburger Historiker Gottfried Schramm der im albanischen Raum nie in Zweifel gezogenen These von der illyrischen Abstammung der Albaner – und damit ihrer „Autochthonie" in ihrem jetzigen Siedlungsgebiet – widersprach und Gustav Weigands[14] Theorie der Abstammung der Albaner von dem thrakischen Stamm der Bessen neu argumentierte[15] und in Tirana vortrug, überging die Öffentlichkeit seine Thesen nur insoweit nicht mit Schweigen, als sie zwar nicht Schramms Auffassungen, dafür aber mehrere Polemiken und Kritiken veröffentlichte. In Schmitts Fall lag die Strategie der Öffentlichkeit nicht in einem Totschweigen, sondern überwiegend in einem hysterischen Anathema. Der Schriftsteller Ismail Kadare veröffentlichte bereits am 18. November 2008 einen sehr scharfen Kommentar, demzufolge eine negative Bewertung Skanderbegs nur bei Albaniens Feinden, den Türken und auch den Slawen, Tradition hätte; Skanderbeg sei nicht nur das Symbol der Freiheit, sondern auch der Zugehörigkeit Albaniens zu Europa.[16]

Der Autor Fatos Lubonja veröffentlichte am 2. Dezember einen umfangreichen Gegenangriff; er bezeichnete die Dekonstruktion der Mythen, die besonders der albanische Nationalkommunismus unter Kadares maßgeblicher Beteiligung gepflegt habe, als Hauptanliegen der geistigen Freiheit, der auch seine Zeitschrift *Përpjekja* (Bemühung) seit Langem verpflichtet sei. Die Schulen und Wissenschaftseinrichtungen leisteten hier noch kaum einen Beitrag. Der Skanderbeg-Mythos habe im 19. Jahrhundert eine wichtige Funktion bei der Herausbildung des Nationalbewusstseins gehabt, doch dieser Funktion bedürfe es heute nicht mehr. Die Instrumentalisierung dieses Mythos durch die Hoxha-Diktatur habe letztendlich dazu geführt, dass viele Albaner keine Zukunft mehr für sich in ihrem Land sahen und sehen. Was die Kosovaren angehe, sei deren

---

[13] Vgl. Dokument 1, vgl. unten S. 285f.
[14] Gustav WEIGAND, Ethnographie von Makedonien. Geschichtlich-nationaler, sprachlich-statistischer Teil. Leipzig 1924, 11-14.
[15] Gottfried SCHRAMM, Anfänge des albanischen Christentums. Die frühe Bekehrung der Bessen und ihre langen Folgen. Freiburg/Br. 1994.
[16] Vgl. Dokument 2, 286f.

größter Feind die Unwissenheit, und die Angriffe auf Schmitt, die ihn als Feind der Albaner darstellten, seien der Gipfel der Unwissenheit. Die Dekonstruktion der Mythen könne, so Lubonja, nicht der Wissenschaft überlassen bleiben, ohne die Schulen und die öffentliche Bewusstseinsbildung einzubeziehen. Der Skanderbeg-Mythos sei (trotz der gegenläufigen Ansätze, ihn zum Symbol einer albanisch-slawischen Symbiose zu machen) auch dazu missbraucht worden, nicht nur antitürkische, sondern auch antislawische Ressentiments zu nähren, besonders seitens der katholischen Autoren aus Shkodra. In der nationalkommunistischen Interpretation sei Skanderbeg dann zum Vorläufer des Isolationismus der 1970er und 1980er Jahre stilisiert worden, indem eine Parallele zwischen dem Kampf des kleinen Volkes der Albaner gegen die osmanische Übermacht und dem späteren Kampf „gegen Imperialismus und Revisionismus" gezogen worden sei – eine Parallele, die Kadare mit Büchern wie „Die Festung" maßgeblich mitkonstruiert habe. Das Vorbild eines tollkühnen Kriegerfürsten – wie Skanderbeg in Denkmälern und Literatur dargestellt werde – tauge nicht für eine moderne Generation.[17]

Die Debatte im Ausland

Auch aus der Diaspora hagelte es wilde Polemiken. Lekë Pervizi, ein Wortführer der nationalistischen albanischen Emigranten in Belgien, fragte am 17. Januar 2009: „Wer wagt es, Skanderbeg mit Dreck zu bewerfen?" Er riet Schmitt, im Interesse seiner Gesundheit nicht nach Kruja zu fahren, und warf dem Übersetzer, den er nicht einmal mit Namen nennen wollte, Inkompetenz vor. Das Buch sei ebenso wenig wissenschaftlich wie Dan Browns Erfolgsroman „Der Da Vinci-Code".[18]

Aus Kosovo meldete sich der Parlamentspräsident Jakup Krasniqi, der ehemalige Sprecher der kosovarischen Befreiungsarmee UÇK, zu Wort. Er betonte, dass die albanische Geschichtswissenschaft (und insbesondere Kristo Frashëri) alles Wesentliche zu Skanderbeg gesagt habe, und bestritt nicht nur Schmitts wissenschaftliche Qualifikation, sondern warf ihm und Klosi außerdem vor, auf politische Bestellung gearbeitet zu haben. Auch wenn er den Auftraggeber nicht nannte, verstand jeder Leser, dass Serbien gemeint war.[19]

Die Staatsspitze mischt sich ein

Wie es der Zufall wollte, legte das albanische Kabinett am 3. Dezember 2008 die Gestaltung der künftigen albanischen Personaldokumente fest, auf denen

---

[17] Vgl. Dokument 3, 287–290.
[18] Vgl. Dokument 5, 290f.
[19] Vgl. Dokument 6, 292.

natürlich auch Skanderbeg abgebildet sein sollte. Ministerpräsident Sali Berisha erklärte dazu: „Skanderbeg ist derjenige, der mehr als jeder andere die Albaner auf ihrem Weg nach Europa inspiriert hat und noch inspiriert. [...] Er hatte einen Staat, als die anderen keine Staaten hatten, als die Staaten der Region einer nach dem anderen gefallen waren."[20] Am 17. Januar 2009 hielt Staatspräsident Bamir Topi (Demokratische Partei, PD), ein Naturwissenschaftler, das Hauptreferat auf einer Konferenz in Shkodra über die großen Adelsfamilien, die er in Bausch und Bogen würdigte. Er ging dabei mit scharfen Worten auf die Skanderbeg-Kontroverse ein, ohne Schmitt und Klosi namentlich zu erwähnen.[21]

Eine islamisch-nationalistische Stimme

Von besonderem Interesse ist ein Kommentar, den die albanisch-nationalistische kosovarische Zeitung *Bota Sot* in acht Folgen vom 21. bis zum 28. Januar 2009 brachte.[22] Sein Autor ist Abdi Baleta, ein Politiker und Publizist aus Albanien. Der 1941 in Guri i Bardhë (Bezirk Mati) geborene Autor hatte zur letzten albanischen Studentengeneration in der UdSSR gehört, war unter dem kommunistischen System Diplomat und vertrat sein Land 1977-1982 als Botschafter bei den Vereinten Nationen. Danach fiel er eigenen Angaben zufolge in Ungnade und war später als Richter und wissenschaftlicher Mitarbeiter tätig. Beim Systemwechsel engagierte er sich zunächst in der Demokratischen Partei (PD) Sali Berishas und wurde Abgeordneter, verließ jedoch schon 1993 Partei und Fraktion.[23] Baleta war danach in einer rechten Abspaltung der PD, der Rechten Demokratischen Partei (PDD), aktiv, gründete aber kurz darauf die Partei des Nationalen Wiederaufbaus (*Partia e Rimëkëmbjes Kombëtare*, PRK). Die PRK und ihr Wochenblatt *Rimekëmbja* (Wiederaufbau) sind keine Partei bzw. Zeitung im eigentlichen Sinne; die PRK kandidiert nicht bei Wahlen, sondern ruft gelegentlich zu Boykotten verschiedener Art auf, und ihr (vor wenigen Jahren eingestelltes) Organ verbreitete keine Nachrichten, sondern ausschließlich Kommentare. Im nationalistischen Spektrum ist die PRK bemerkenswert, weil sie einen islamischen Rechtsradikalismus vertritt – keineswegs im Sinne eines fundamentalistischen Islamismus, sondern indem sie die albanische Geschichte umdeutet und in der Türkenherrschaft und der Islamisierung die Rettung der albanischen Nation vor einer schrittweisen Slawisierung und Gräzisierung sowie vor einer Unterwerfung unter das Diktat des Westens sieht.

---

[20] Debati, Berisha vlerëson figurën e Skënderbeut, *Shekulli*, 04.12.2008, unter <http://www.shekulli.com.al/news/49/ARTICLE/37174/2008-12-04.html>, 11.10.2010.

[21] Vgl. Dokument 7, 293f.

[22] Abdi BALETA, Riformatim damagogjik dhe mistik i imazhit të Skënderbeut, *Bota Sot*, 21.-28.01.2009, unter <http://www.botasot.info/def.php?category=20&id=3988>, 14.06.2010.

[23] Daten nach dem Klappentext in Abdi BALETA, Shqiptarët përballë shovinizmit serbo-grek. Tirana 1995.

Der Rahmentitel der Artikelserie, „Demagogische und mystische Neuformung des Skanderbeg-Bildes", enthält keineswegs, wie man erwarten könnte, einen weiteren Frontalangriff auf Schmitt, sondern im Gegenteil auf die Instrumentalisierung Skanderbegs durch die Politik, sowohl seitens der Kommunisten als auch seitens der postkommunistischen Politiker wie Präsident Bamir Topi. Skanderbeg sei immer wieder seiner eigentlichen Rolle als Nationalheld des albanischen Volkes entkleidet und als Vorkämpfer des Christentums, als Legitimationsstifter einer isolationistischen Festungsmentalität oder als Türöffner nach Westeuropa umgedeutet worden. Schmitts Verdienst bestehe darin, ihn auf seinen historischen Kern zurückgeführt zu haben. Baleta nimmt Schmitt gegen den Vorwurf in Schutz, er habe in seiner Studie Skanderbeg beleidigt; sein Buch tauge eben nur nicht dazu, ein Dreigestirn aus Skanderbeg, Mutter Teresa und Ismail Kadare zu konstruieren, das symbolisch für eine Neubestimmung der albanischen Identität als derjenigen eines westlich-katholischen Landes bzw. Volkes stehe. Die heutige EU sei nicht die natürliche Heimat der Albaner, sondern ein fremdes Imperium, so wie dies im 15. Jahrhundert das Osmanische Reich gewesen sei.[24]

Historikerstreit

Es gab natürlich auch Äußerungen von fachlich kompetenter Seite. Der Herausgeber der wissenschaftlichen Zeitschrift *Hylli i Dritës* aus Shkodra, Ardian Ndreca, warf in der kulturellen Beilage der Tageszeitung *Gazeta Shqiptare* Schmitt vor, eine Reihe schwerer sachlicher Fehler begangen zu haben, die seine Gesamtanalyse unhaltbar machten. Eine ausführliche Auseinandersetzung Ndrecas mit Schmitts Thesen erschien in Buchform.[25] Er bestreitet insbesondere die These einer albanisch-slawischen Symbiose auf der Grundlage der orthodoxen Konfession und unterstreicht, dass die Namen der Heerführer klar belegten, dass Skanderbegs Kampf gegen die Türken ein albanisches Unternehmen war, in dem Serben nur als Angehörige von dessen Truppen eine Rolle gespielt hätten. Er hält Schmitt vor, dass viele seiner Analysen auf reiner Spekulation ohne Quellenbasis beruhten. Das gelte besonders für das behaup-

---

[24] Vgl. Dokument 8, 294-297.

[25] Ardian NDRECA, Kur „Skënderbeu" nuk asht historia e Skënderbeut. Dy fjalë rreth librit „Skënderbeut" të Oliver Jens Schmitt. Tirana 2008. Ndrecas im November 2008 erschienene Schrift war das erste einer ganzen Reihe von Büchern, die innerhalb kürzester Zeit als Repliken auf Schmitts Buch veröffentlicht wurden, vgl. beispielsweise Fatos DAÇI, Skënderbeu i vërtetë. O. O. (aber wohl Tirana) 2009; Kristo FRASHËRI, Skënderbeu i shpërfytyruar nga një historian zviceran dhe disa analistë shqiptarë. Tirana 2009; Sandër LLESHI, „Skënderbeu" ose misioni i pamundur i Schmitt-it. Tirana 2009. Die beiden letztgenannten erschienen in Kadares Onufri-Verlag.

tete Blutrache-Motiv Skanderbegs und dessen Verwicklung in die Ermordung eines osmanischen Prinzen.[26]

Am 23. Januar 2009 würdigte der Lokalhistoriker Fatos Daçi aus Dibra, dass Schmitt Dibra als Herkunftsregion Skanderbegs akzeptiere, verteidigte seinen Nationalhelden aber zugleich vehement gegen die Vermutung, er könne auch nur teilweise serbischer Herkunft sein.[27] Eine positivere Rezeption erfuhr Schmitts Buch durch Artan Puto, einen bekannten Vertreter der jüngeren Generation albanischer Historiker, dessen Meinung zu dem Buch u. a. auf der Website *www.zeriislam.com* veröffentlicht wurde. Puto sieht in Schmitts Studie eines der wichtigsten Bücher zur albanischen Geschichte, weil es sowohl neue Erkenntnisse zur Geschichte des 15. Jahrhunderts als auch zum Verständnis der Person Skanderbegs jenseits des Schleiers des multifunktionalen Mythos liefere. Skanderbeg verkörpere einen moralischen Mythos des Einsatzes für das Vaterland, einen Mythos der Aufopferung für Europa, einen Mythos des Vorrangs des Vaterlandes vor der Religion und einen Mythos der militärischen Tapferkeit. In diesem Sinne seien die Mythen politisch instrumentalisiert und in Schule und Medien verbreitet worden.[28]

In Kristo Frashëri fand Schmitt seinen kompetentesten Gegner, der seine Argumente ebenfalls in Buchform herausgegeben hat.[29] Der ungeheuer produktive Doyen der albanischen Historiker (geb. 1920)[30] hatte erst 2002 eine große Skanderbeg-Biographie veröffentlicht, die bisher auf überraschend wenig Resonanz gestoßen ist.[31] Er griff den Autor unter der Überschrift „Skanderbeg und die lapidaren Absurditäten des Oliver Schmitt" in furiosem Ton an.[32]

Laut Frashëri gehöre es zu den negativen Seiten der albanischen Demokratie, dass die Gesetze nur Lebende vor Beleidigungen und Verleumdungen schützten, nicht aber tote Helden. Leider habe Schmitt für die Übersetzung seines Buchs, das die albanische Nation in Form ihres Helden beleidige, sofort finanzielle Mittel und mediale Unterstützung gefunden, was für die meisten Veröffentlichungen über Skanderbeg und zur albanischen Geschichte nicht zutreffe. Frashëri selbst habe sich vergeblich um Subventionen für eine Übersetzung seiner Skanderbeg-Biographie und für die Veröffentlichung einer mehrbändigen Quellensammlung über Skanderbeg bemüht. Der Staat

---

[26] Vgl. Dokument 10, 299f.
[27] Fatos Daçı, Dibrani Gjergj Kastrioti nuk mund të jetë një serb. Simbioza e shoqërisë pa standarde, *Zemra Shqiptare*, 23.01.2009, unter <http://www.zemrashqiptare.net/article/Speciale/6538/>, 10.08.2010.
[28] Vgl. Dokument 9, 297-299.
[29] Frashëri, Skënderbeu i shpërfytyruar (wie Anm. 25).
[30] Muzafer Korkuti (Hg.), Kristo Frashëri – Jeta dhe vepra. Tirana 2000; dort findet sich auch Frashëris Schriftenverzeichnis (161-182).
[31] Kristo Frashëri, Skënderbeu. Jeta dhe vepra. Tirana 2002.
[32] Vgl. Dokument 11, 300-302.

zeige eine merkwürdige Prioritätensetzung. Er selbst mache sich als Bürger Albaniens die Proteste gegen Schmitts Thesen zu eigen. In seinem Buch ging Frashëri noch einen Schritt weiter und appellierte an den Staat, gegen extremistische Ansichten, die das Zusammenleben der Bürger beeinträchtigten, in gleicher Weise prophylaktisch vorzugehen wie gegen Seuchen.[33] Die ausländische Geschichtsforschung sei Frashëri zufolge mit der albanischen einverstanden gewesen, was die grundsätzlich positive Bewertung Skanderbegs anbelangte. Schmitts Thesen stünden somit völlig isoliert. Skanderbegs Image als Held sei keine posthume Erfindung der europäischen Mächte, die ihn im Stich ließen, ihn jedoch als mythischen Helden zum Symbol für ihre späteren Kämpfe gegen die Türken benötigten, sondern vielmehr die Empfindung aller Zeitgenossen gewesen. Besonders wendet sich Frashëri gegen Schmitts These, Skanderbeg sei durch die Blutrache für seinen Vater motiviert von den Türken abgefallen, und die Sultane hätten gerade deswegen größte militärische Anstrengungen unternommen, ihn zu besiegen, weil schon aus Abschreckungsgründen eine Bestrafung des „Deserteurs" nötig gewesen sei. Schmitt verwechsle Ursache und Wirkung, wenn er Skanderbegs Widerstand für die Zerstörungen durch die Türken verantwortlich mache. Genauso gut müsse er dann Churchill anstatt Hitler für die Bombardierung Englands verantwortlich machen, wie es Goebbels auch getan habe, und die Kollaborateure der Nazis rechtfertigen, die ihr Handeln damit begründet hätten, dass sie ihren Ländern Schlimmeres ersparen wollten. Schmitt versteige sich dazu, dass Skanderbegs Kampf und nicht etwa die türkische Besetzung des Landes Albanien daran gehindert habe, sich nach europäischen Modellen zu entwickeln. Schmitt befinde sich damit in der Tradition der osmanischen Chronisten, aber auch von Edward Gibbon. Er desavouiere sich selbst als Historiker, wenn er einen ein Vierteljahrhundert andauernden Kampf monokausal mit dem Motiv der Blutrache erkläre, anstatt ihn in seinen sozialen, politischen, ökonomischen und kulturellen Kontext zu stellen. Er unternehme den untauglichen Versuch, den real existierenden Skanderbeg zu einem Gebirgshäuptling zu machen und alles andere in den Bereich der Mythologie zu verbannen.

Frashëris polemisches Buch versteigt sich in Form und Inhalt zu Absurditäten. Die Diskreditierung Schmitts wird auch in formaler Hinsicht durchgehalten: Frashëri nennt ihn fast immer „O. Schmitt", was in der Politsprache des kommunistischen Systems ein Ausdruck der Anathematisierung durch Reduzierung des Namens war. Zudem bezeichnet Frashëri Schmitt ständig als den „Schweizer Historiker", womit er durchblicken lässt, dass Fragen der nationalen Geschichte nur von albanischen Autoren kompetent behandelt werden könnten. Schließlich thematisiert Frashëri Schmitts Jugend in Verbindung mit seiner – wie Frashëri

---

[33] Frashëri, Skënderbeu i shpërfytyruar (wie Anm. 25), 198.

es sieht – professionellen Inkompetenz. Zugleich hält er Schmitts Buch für politisch motiviert: Er sei deutscher Nationalität und stelle sich bewusst in die Traditionen einer deutschen Geschichtsschreibung, die nicht nur von der Geringschätzung kleiner Völker, sondern direkt von nationalsozialistischen Erklärungsmustern geprägt sei. Schmitt wird von Frashëri als ein besonderer Verehrer Georg Stadtmüllers[34] dargestellt, der in Schmitts Buch nicht einmal im Literaturverzeichnis vorkommt.[35]

Hier zeigen sich gleich mehrere Konfliktlinien. So ist der Streit zwischen Frashëri und Schmitt ein Generationenkonflikt zwischen einem 89-jährigen und einem 37-jährigen Historiker; Frashëri, der wohl letzte Überlebende der Gründergeneration der albanischen Wissenschaftsstrukturen, sieht das Lebenswerk dieser Generation in Frage gestellt, zumal Schmitt ihn mit den Worten „einer der führenden Vertreter der kommunistischen Historiografie"[36] abfertigt, wie er überhaupt mit den Erkenntnissen der albanischen Geschichtswissenschaft der kommunistischen Ära wenig anfangen kann.[37]

Zudem ist der Streit auch ein Konflikt zwischen einem Albaner und einem Ausländer um die Frage, ob ein nationaler (oder: ethnozentrischer) Blickwinkel zum Verständnis der Ereignisse des 15. Jahrhunderts und von Skanderbegs Persönlichkeit legitim oder gar notwendig ist, oder ob diese Perspektive einer wissenschaftlichen Erklärung entgegensteht. Und er ist zum dritten ein – wenn auch imaginierter – politischer Konflikt. Frashëris politische Sozialisation begann im Milieu linksgerichteter französischer Lehrer in Korça und führte ihn als jungen Mann in die kommunistisch geführte Partisanenarmee, die gegen die beiden faschistischen Besatzungsmächte kämpfte. So absurd der Versuch wirkt, einen in den 70er Jahren geborenen Schweizer, der sich noch nicht einmal öffentlich parteipolitisch positioniert hat, in Mithaftung für nationalsozialistische Großraumideologen zu nehmen, so sehr wirkt hier die Mentalität einer Generation weiter, die ihr Land immer wieder als Objekt von Diplomatie und Kriegführung größerer Mächte wahrnahm und in Skanderbeg das Gegenmodell findet: Albanien als Faktor der Weltpolitik, ein Albanien, das mit den Großmächten auf Augenhöhe verhandelt oder gegen sie kämpft.

---

[34] Vgl. Gerhard GRIMM, Georg Stadtmüller und Fritz Valjavec – Zwischen Anpassung und Selbstbehauptung, in: Mathias BEER / Gerhard SEEWANN (Hgg.), Südostforschung im Schatten des Dritten Reiches. Institutionen – Inhalte – Personen. München 2004, 237-255.

[35] FRASHËRI, Skënderbeu i shpërfytyruar (wie Anm. 25), 58-62.

[36] SCHMITT, Skanderbeg (wie Anm. 10), 351.

[37] Oliver Jens SCHMITT, Genosse Aleks und seine Partei oder: Zu Politik und Geschichtswissenschaft im kommunistischen Albanien (1945-1991), in: Markus KRZOSKA / Hans-Christian MANER (Hgg.), Beruf und Berufung. Geschichtswissenschaft und Nationsbildung in Ostmittel- und Südosteuropa im 19. und 20. Jahrhundert. Münster 2005 (Studien zur Geschichte, Kultur und Gesellschaft Südosteuropas, 4), 143-166.

In der weiteren Debatte wurde Schmitt aber auch eine Geistesverwandtschaft mit großserbischen Nationalisten vorgeworfen, weil er ein Buch des serbischen Historikers Jovan Radonić verwendete. Dieses Argument geht besonders dramatisch ins Leere, weil Schmitt selbst Radonić als „Vertreter eines großserbischen Nationalismus"[38] bezeichnet und weil es sich bei dem von Schmitt verwendeten Werk Radonićs nicht um eine interpretierende Studie, sondern um eine Edition von Quellen handelt, die der kroatische Historiker Milan Šufflay (der in seinen Schriften auf die Symbiose zwischen Serben und Albanern in der Vergangenheit hingewiesen hatte) und der Ungar Ludwig von Thallóczy gesammelt hatten.

Die Polemiken wurden 2009 in Internet-Foren und in der Presse weitergeführt. In den Internet-Foren wird Schmitt weiterhin vorgeworfen, er betreibe mit geistigen Mitteln das Geschäft der (serbischen) Feinde Albaniens, während nichtalbanische Stimmen die Debatte ihrerseits als Beweis für die „Zurückgebliebenheit" der Albaner nutzen. Im Bemühen um eine sachliche Auseinandersetzung scheiden sich die Geister zwischen zustimmenden Positionen, wie Puto und Lubonja sie bezogen haben, und – mitunter polemisch vorgetragener – Kritik an der Argumentation Schmitts, die dem genannten Kommentar von Ardian Ndreca folgen.

Gesellschaftlicher Reifeprozess

Vor 1991 pflegten albanische Gesprächspartner zu betonen, man müsse die besonderen Verhältnisse Albaniens aus seiner Geschichte, der jahrhundertelangen Unterdrückung und der mehrmals verlorenen Unabhängigkeit verstehen. Nach 1991 kam das überwundene kommunistische System als weiterer „negativer Standortfaktor" hinzu. Die Lebendigkeit der Geschichte oder vielmehr der historisch gewachsenen Mythen ist nicht nur in Albanien übermächtig. Man denke nur an die zerstörerische Kraft, die der serbische Mythos von der Schlacht auf dem Amselfeld 1389 bis in unsere Tage entfaltet hat. In ganz Osteuropa fällt es Teilen der Öffentlichkeit schwer, historische Tatsachen und sachliche Kontroversen darüber von historischen Mythen zu trennen.[39]

Das Konzept des Nationalhelden ist keines der Geschichtswissenschaft, sondern der Mythologie. Der Nationalheld von Schmitts Herkunftsland hat, soweit wir wissen, niemals gelebt. Dennoch ist Wilhelm Tell, nicht zuletzt durch Schillers Drama, als Symbol des Aufbegehrens gegen Tyrannei lebendig. Auch dieser Mythos hat Dekonstruktionen wie die durch Max Frisch (Wilhelm Tell für die Schule, 1971) vertragen. Kristo Frashëris Polemik hingegen macht Tell zum Modellfall eines sozusagen „unwürdigen" Nationalhelden, der nichts weiter

---

[38] SCHMITT, Skanderbeg (wie Anm. 10), 349.
[39] Vgl. die Beiträge von Nenad Stefanov und Alexander Vezenkov in dieser Ausgabe.

geleistet habe, als seinem Kind auf Befehl einen Apfel vom Kopf zu schießen.[40] Der britische Held König Artus geht einer umstrittenen Theorie zufolge auf einen römischen Offizier namens Lucius Artorius Castus zurück, und den Deutschen wurde lange Zeit Arminius („Hermann der Cherusker") als Nationalheld angetragen, obwohl er unbestreitbar ein germanischer Verbündeter der Römer war und sich aus unbekannten Gründen dann gegen diese wandte; die Diskussion um Arminius ist anlässlich des 2000. Jahrestages der (nicht einmal zweifelsfrei lokalisierbaren) Schlacht im Teutoburger Wald wieder lebendiger geworden.

Breite gesellschaftliche Diskussionen über ein Buch zur spätmittelalterlichen Geschichte, wie sie derzeit in Albanien und im gesamten albanischen Raum geführt werden, sind in Westeuropa schwer vorstellbar. Allenfalls Fragen der Zeitgeschichte wie der sogenannte „Historikerstreit" um Ernst Noltes Versuche einer Historisierung des Nationalsozialismus oder Daniel Goldhagens „willige Helfer" Hitlers haben ähnlich hohe Wellen geschlagen. Der durchschnittliche Albaner interessiert sich ebenso wenig für Fragen des Mittelalters wie der durchschnittliche Deutsche. Die Frage nach der Identität des albanischen Volkes beschäftigt die Publizistik des albanischen Raumes jedoch seit Jahren mit großer Intensität. Skanderbeg ist mit Ausnahme von Tepedelenli Ali Pascha und Enver Hoxha die einzige international relevante historische Persönlichkeit des albanischen Raumes; Hoxha wird heute ganz überwiegend verurteilt, und auch Tepedelenli Ali Pascha ist als positiver Referenzpunkt ungeeignet. Wird nun auch Skanderbeg von seinem Podest geholt und einer differenzierten Betrachtung unterzogen, wird in der Sicht eines Teils der Öffentlichkeit dieser einzige Angelpunkt, der Albanien mit Europa verbindet, in Zweifel gezogen.

Dokumentation

Dokument 1
Ardian Klosi: Geschichte und Märchen
Quelle: Ardian KLOSI, Histori e përralla, *Shekulli* 18.11.2009, unter <http://www.shekulli.com.al/news/260/ARTICLE/36193/2008-11-18.html>, 10.08.2010.

Ich habe in der Presse oft hervorgehoben, wie wichtig eine grundsätzliche Überarbeitung unserer Schulbücher ist, besonders jener für Geschichte, albanische Sprache und Literatur […].

Es gibt ein eigenartiges Phänomen: Während bestimmte Segmente unserer Gesellschaft voranschreiten und schon fast europäisches Niveau erreichen, z. B. das Banken- und Versicherungswesen, bleibt das gesellschaftliche Wissen in Albanien, und besonders das über uns selbst, unsere Geschichte, unsere Identität, unsere Reli-

---
[40] FRASHËRI, Skënderbeu i shpërfytyruar (wie Anm. 25), 42.

gionen, weit zurück. Hinzu kommt das Halbwissen mancher nationaler Koryphäen, die gesamtnationale Debatten untereinander führen und dabei nur Nebelkerzen werfen.

Die Autoren der Schulbücher sind noch mehr oder minder dieselben wie vor 20 Jahren: So sehr sie sich innerlich geändert haben mögen, werden sie doch ihre Denkweise nicht ändern. Die Änderungen, die sie in den Schulbüchern vorgenommen haben, sind meist kosmetisch.

Die Geschichte Skanderbegs [...] ist nur eine der tragenden Säulen unserer Geschichtsschreibung. Die Reaktionen auf die Veröffentlichung des „Skanderbeg" sind völlig gegensätzlich. Viele Menschen fühlen eine große Erleichterung, weil sie endlich in unserer Muttersprache in einem Buch wie dem von Oliver Schmitt die Wahrheit über ihre Geschichte lesen können. Andere erheben ihre Stimme und sagen, man dürfe Mythen nicht antasten.

Bei der Buchmesse kam jemand an meinen Stand und sagte, dass man nicht an Legenden wie denen von Skanderbeg rühren dürfe. Ich sagte ihm, er habe sich in der Adresse geirrt, weil ich nur historische und wissenschaftliche Bücher führe. Für Märchen, sagte ich ihm, sei der Verlag X zuständig, für Legenden und Epen der Verlag Y.

Dokument 2
Ismail Kadare: Die Entmythisierung von Gjergj Kastrioti, eine Schande für die Nation
Quelle: Ismail KADARE, Çmitizimi i Gjergj Kastriotit, turpi i kombit, *Shekulli Blog*, 18.11.2008, unter <http://blog.shekulli.com.al/2008/11/18/cmitizimi-i-figures-se-gjergj-kastriotit-eshte-njenga-turpet-e-kombit/>, 10.08.2010.

Die Entmythisierung der Gestalt Gjergj Kastriotis ist einer der Schandflecken der albanischen Nation. Es gibt einige Autoren, die dies in unverschämtester Weise versucht haben. Dieses Problem reicht sehr tief und ist für die albanische Nation von grundlegender Bedeutung. Die Gestalt von Gjergj Kastrioti zu entmythisieren bedeutet, das Konzept der Freiheit anzugreifen.

Man will uns einreden, Gjergj Kastrioti sei eine negative Gestalt der albanischen Geschichte gewesen. Das ist in ihrer ganzen Hässlichkeit eine ganz alte Geschichte. Dazu hat es bereits Thesen gegeben. Die erste dieser Thesen wurde vor rund 200 bis 300 Jahren von unseren Nachbarn aufgestellt. Aber vor ihnen hatten schon die Türken sich in dieser Hinsicht geäußert, weil für sie Gjergj Kastrioti ein Renegat, Verräter und Feind war. Es hat auch Versuche desjenigen Teils des albanischen Volkes gegeben, der den Renegaten zuzuzählen ist, sich dieser These anzuschließen.

Gegen Gjergj Kastrioti zu sein, bedeutet, die Knechtschaft der Freiheit vorzuziehen, und Albanien wäre das erste Land in Europa, das dies täte. Es wäre das erste Land in Europa, das seine Geschichte mit einem großen, hässlichen Fleck belasten würde, der auch in Jahrhunderten nicht getilgt würde. Perverse Menschen mit pseudointellektueller Seele vereinigen sich zu dieser Kampagne.

Gjergj Kastrioti ist die Gestalt, die die Einheit Albaniens mit Europa symbolisiert. Eine so schändliche Kampagne hat es in unserer Geschichte noch nicht gegeben, und wenn wir sie akzeptieren, werden wir die würdeloseste Nation in Europa sein.

Dokument 3
Fatos Lubonja: Fac sapiens liber eris
Quelle: Fatos LUBONJA, Fac sapiens, liber eris, *Shekulli* 02.12.2008, unter <http://www.shekulli.com.al/news/49/ARTICLE/37048/2008-12-02.html>, 10.08.2010.

Ich gebe seit über zehn Jahren eine Zeitschrift (*Përpjekja*) heraus, deren Ziel es ist, in die albanische Kultur einen kritischen Geist und in diesem Zusammenhang auch die Entmythisierung (Dekonstruktion) vieler Mythen des Nationalkommunismus einzuführen, im Namen von Wissen und Freiheit. „Fac sapiens, liber eris" (Werde wissend, damit du frei wirst) ist auch das Motto der Zeitschrift. [...]

In *Përpjekja* finden sich auch Polemiken gegen das Werk Kadares, als einem der wichtigsten Schmiede der Mythen des Nationalkommunismus. Es ist traurig, wenn man sieht, dass unsere Gesellschaft, anstatt junge Historiker, Forscher und Pädagogen im oben erwähnten Geist der Wissenschaft zu generieren, im Laufe der Jahre, und angefangen mit den Schulen oder Akademien, dazu neigt, sich in nationalkommunistischen Klischees einzuigeln, was dann in banalster Form seinen Niederschlag in den Medien findet. [...]

Wenn wir unseren Nationalkommunisten, die zu verspäteten Nationalromantikern geworden sind, Verständnis entgegenbringen wollten, müssten wir sagen, dass der Kern ihrer Idee in Folgendem besteht: Skanderbeg ist das Symbol des Kampfes der Albaner für die Freiheit (und Kadare zufolge für die Vereinigung mit Europa) und darf als solches nicht angetastet werden. Es gibt Stimmen, die sagen, auch wenn es ein Märchen ist, „lasst es uns als Märchen behalten" oder „ wir brauchen Helden".

Mit anderen Worten, wenn jemand eine wissenschaftliche Geschichte Skanderbegs schreibt oder verlegt, derzufolge Skanderbeg möglicherweise kein Albaner war, gar keinen unabhängigen albanischen Staat aufbaute, sich nicht nur mit Albanern für albanische Interessen verbündete, sondern auch mit Slawen u. a. für Belange der Religion und des Besitzes, ein Vasall des Königs von Neapel war und als solcher auch Massaker in Apulien verantwortete, er Kruja nicht mittels eines nationalen Befreiungskampfes, sondern mittels eines gefälschten Befehls des Sultans einnahm, dann folgt daraus, laut diesen Leuten, dass die Menschen ihre Liebe zu ihm verlieren, und dieser Verlust der Liebe zu Skanderbeg verursachte dann den Bruch ihres Rückgrats oder die Vergiftung ihres Rückenmarks und ihr Umfallen; ja, selbst den Verlust des Heroismus, des Freiheitsgefühls usw. Ist das so? Keineswegs! Das hat die Zeit Enver Hoxhas bewiesen, und das beweist auch unsere Gegenwart. Ich versichere

Ihnen, selbst wenn alle Albaner hören und glauben würden, dass Skanderbeg nur ein Gauner war, würde gar nichts passieren. Wir würden genauso auf dem Boden bleiben, wie wir es jetzt sind, weil die größte Knechtschaft die der Unwissenheit ist.

Denn heute liegt das Problem nicht mehr wie im 19. Jahrhundert, als der Skanderbeg-Mythos entstand, darin, Albanien zum Staat zu machen und den Albanern ein Nationalbewusstsein zu geben. Heute liegt das Problem darin, die Albaner des 21. Jahrhunderts zu Albanern mit einem zivilen Bewusstsein für die Zeit, in der wir leben, zu machen, weil Albanien entstanden ist, zum Guten oder zum Schlechten für die Albaner, und weil die Albaner ein Nationalbewusstsein haben, zum Guten oder zum Schlechten für die Albaner. Und dabei hilft uns der Skanderbeg-Mythos überhaupt nicht, sondern wir brauchen andere intellektuelle und geistige Instrumente. [...]

(Jemand könnte die Kosovo-Albaner erwähnen, aber grundsätzlich meine ich, dass auch für sie und ihre Sache dasselbe gilt – dass auch ihr größter Feind die Unwissenheit ist. Und es ist der Gipfel der Unwissenheit, ja Irrsinn, zu glauben, dass Europäer wie Schmitt so über Skanderbeg schreiben, weil sie gern die Sache der Kosovo-Albaner diskreditieren möchten. Vielmehr diskreditiert solch ein Denken sie selbst mehr als alles andere, weil es zeigt, dass sie kulturell nicht reif für eine Mitgliedschaft in der europäischen Gemeinschaft sind.) [...]

Es stellt sich die Frage: Sollen die Albaner ein Buch wie das des Historikers Oliver Schmitt lesen oder nicht? Sollen solche Texte Aufnahme in unsere Lehrpläne finden? Oder sollen wir so tun, als existierten solche Bücher nicht? Einige der durchtriebensten Verteidiger der Nicht-Dekonstruktion von Mythen haben die Idee aufgebracht, man möge die wissenschaftliche Wahrheit den Akademikern überlassen, ohne ihre Arbeit mit der der Schulen zu vermengen: „Die einzige Art, in der die Wissenschaft die nationalistischen, totalitären Mythen, die wir aus der Nationalbewegung und aus der kommunistischen Zeit geerbt haben, auflösen kann, ist, sie dies in völliger Unabhängigkeit von der Schule, der Populärkultur, der nationalen Symbole und der Verwendung historischer Erzählungen als Instrumente der ethischen und zivilen Erziehung der Bürger tun zu lassen. Die Geschichte Albaniens, auch wenn sie in mythologischer Form bearbeitet wurde, ist Teil der Aufgabe der Schule, den Kindern eine moderne bürgerliche Identität zu geben." (Ardian Vehbiu in *Shekulli* vom 18.11.2008.) Aber ist das wirklich der Fall? Bilden wir wirklich eine moderne bürgerliche Identität, indem wir unsere Kinder mit nationalistischen Mythen füttern, wie sie vor anderthalb Jahrhunderten geschaffen und in totalitärem Geist von der kommunistischen Diktatur verstärkt wurden? Es reicht, sich die nationalkommunistischen Klischees anzusehen, mit denen die albanischen Zeitungen diese Argumente behandeln, oder die Reaktionen im Internet von vielen, die zur Zeit der Diktatur Kinder waren, um zu verstehen, dass es nicht so ist. [...]

Der Skanderbeg-Mythos ist ein historisches Konstrukt aus einer bestimmten Zeit und einem bestimmten Zusammenhang, geprägt von Kämpfen und Hass zwischen Nationen. Wenn er also als Mythos behandelt werden muss, darf man nicht die Frage stellen, wie Skanderbeg „gewesen ist", sondern „wie und in welchem Zusammenhang der Skanderbeg-Mythos konstruiert wurde". [...] Es ist ein mehrfach wieder aufgenommener, neu konstruierter Mythos. Er wurde zuerst als Mythos im Namen des Christentums konstruiert, als Skanderbeg den Beinamen „Ritter der Christenheit" trug, während er zwei bis drei Jahrhunderte später im Namen des Nationalismus erneuert wurde. [...]

Das Problem ist, dass wir das Unglück hatten, dass dieses nationalistische Konstrukt seine letzte und längste Ausformung in Symbiose mit der kommunistischen Ideologie Enver Hoxhas erfuhr, der es für seine eigenen Machtinteressen nutzte, besonders nach dem Bruch mit der UdSSR, als Skanderbeg Stalin auf dem zentralen Platz von Tirana ablöste. Im Zuge dieser Manipulation im Geiste des Totalitarismus, der auch die Wissenschaft der Ideologie dienstbar machte, wie auch Oliver Schmitt sagt, sollte Skanderbeg „irrealste" Dimensionen projizieren, die Selbstisolierung Albaniens sollte gleichgesetzt werden mit der mittelalterlichen Festung, die sich nun dem Ansturm von Imperialismus und Revisionismus entgegenstellte. Und hier ist sicher besonders Kadare zu belasten als Baumeister dieser nationalkommunistischen Mythologie in seinen vielen Büchern über das albanische Mittelalter, die mit dieser Symbolik ausgestattet sind.

Auch bildlich ist das Image Skanderbegs, das durch die Statue und die Büste von [Odhise] Paskali und viele andere Werke dieser Zeit geprägt ist, das eines wilden Kriegers auf seinem Ross und somit ganz anders als das Image, das in den europäischen Ländern verbreitet war: jenes eines weisen, klugen Greises, sicher eines Mannes der Waffen, aber auch eines zivilisierten und gebildeten Menschen. Ich will in diesem Zusammenhang auch auf den Mythos als Märchen für Kinder eingehen. Sicher werden wir kleinen Kindern von Skanderbeg und seinem Ross erzählen. Müssen wir auch, weil sie ihn ja überall auf den Plätzen sehen. Aber meiner Meinung nach darf man nicht so über ihn reden, wie man es während der Isolation, während des Großen Winters, getan hat.

Das trägt nicht zu ihrer Bildung, zu einer modernen bürgerlichen Identität bei. Heute haben sich die Märchen mit Menschen oder Tieren, die man Kindern erzählt, hinsichtlich der Zielsetzung verändert, insofern sie eine anders geartete Kultur vermitteln sollen. Sie haben sich deshalb verändert, damit die Kinder z. B. in einem anderen Geist erzogen werden, was die Beziehungen zwischen Mann und Frau angeht. Sie haben sich verändert, um die Haltung der Kinder zu Tieren anders zu gestalten. Sie haben sich verändert, um die Haltung der Kinder zu Krieg und Frieden in bestimmter Weise wachsen zu lassen. Auch Mythen verändern sich, manchmal werden sie vergessen, oder es werden neue Mythen [...] geschaffen.

Wenn also Kadare in den Jahren des Kommunismus schrieb, dass das Schwert von Skanderbegs Albanern gerade war, weil die Albaner die Guten waren, während das Schwert der Türken (der Jatagan) krumm war, weil sie die Bösen waren (so in dem Gedicht für Kinder „Im Waffenmuseum", Tirana 1989), ist es heute, in einer Zeit, da wir hoffen, gemeinsam mit den Türken nach Europa zu kommen, nicht mehr angebracht, bei unseren Kindern dasselbe Image von ihnen zu schaffen wie zu Zeiten der nationalistischen Kriege oder der nationalkommunistischen Isolation.

Skanderbeg [...] kann nicht gleichzeitig Inspirator sowohl der Feindschaft als auch der Freundschaft und Zusammenarbeit mit den Türken, Griechen, Serben, Makedoniern usw. in Europa sein. Mehr noch, dies würde eine schwere Schizophrenie schaffen. [...]

Dokument 4
Nuri Dragoj: Die Skanderbeg-Debatte ist antialbanisch und antieuropäisch
Quelle: Nuri DRAGOJ, Debati për Skënderbeun është antishqiptar dhe antievropian, *Zemra Shqiptare*, 12.12.2008, unter <http://www.zemrashqiptare.net/article/Komente/5935>, 10.08.2010.

[...] Gjergj Kastrioti Skanderbeg ist nicht nur unser Held, sondern auch der Mann, der versuchte, Türen nach Europa zu öffnen. Es gibt Bemühungen, unser nationales Gedächtnis zu löschen. [...] Dies geschieht absichtlich, damit in unserem nationalen Gedächtnis nichts mehr bleibt, weil so die Auslöschung unserer Nation leichter wird. Eine Nation ohne geschichtliches Gedächtnis ist dazu verurteilt, ausgelöscht zu werden. [...]

Die Veröffentlichung der Studie des Österreichers [sic] Oliver Schmitt über Skanderbeg, die von Ardian Klosi ins Albanische übersetzt wurde, brach eine Welle von Illusionen und Unklarheiten über diesen Giganten der albanischen Nation los. Das ging so weit, dass seine nationale Zugehörigkeit angezweifelt wurde, indem er mit dem Argument zum Serben gemacht wurde, sein Name [sic!, gemeint ist der Name seines Vaters, d. Ü.] sei Ivan gewesen. Sein Name war Gjon und er änderte später seinen Namen in Ivan, weil er keinerlei Unterstützung seitens der Katholiken von Venedig erhielt, und als er von den Türken besiegt wurde, die seine vier Kinder als Geiseln nahmen, wurde er Muslim unter dem Namen Hamza. [...] Was aufmerksam macht, ist der Versuch, das Land von innen zu destabilisieren. Man fordert, dass die albanische Nation keinen Mythos haben soll. [...] Und all das findet in einer Zeit statt, in der die Frage der Unabhängigkeit Kosovos diskutiert wird.

Dokument 5
Lekë Pervizi: Wer wagt es, Skanderbeg mit Dreck zu bewerfen?
Quelle: Lekë PERVIZI, Kush guxon të hedhë baltë mbi Skanderbeun?, *Zemra Shqiptare*, 17.01.2009, unter <http://www.zemrashqiptare.net/article/Komente/6034/>, 10.08.2010.

[...] der Druck und Vertrieb eines Buches über Skanderbeg, geschrieben von irgendeinem Wissenschaftler und Historiker, Prof. Dr., und weitere großartige Titel [...] mit dem komplizierten deutschen Namen Oliver Jens Schmidt [sic]. Als ich das erfuhr, freute ich mich. Jetzt wird unser Nationalheld auch von Ausländern der modernen Zeit gewürdigt! Aber bald kam mir die Galle hoch, als ich hörte, dass dieser Herr mit vielen Doktor- und anderen Titeln versuchte, uns Gjergj Kastrioti anders darzustellen, als es in den vergangenen 500 Jahren in mehr als 500 Werken und Büchern (ein Freund sagte, es seien sogar 1000) geschehen ist. Was bedeutet das? Nichts als ein Ausrutscher, nicht physisch mit dem Hirn, sondern intellektuell. Was soll's, das verzeiht man diesem Superhistoriker (Superman), der keine Verbindung zu Albaniens rauem Boden hat, wo auch die Steine und das Gras die Geschichte Skanderbegs kennen, und nicht nur die Menschen. Wir warnen den Herrn Historiker, nicht den Fehler zu begehen, als Tourist nach Kruja zu gehen, denn es könnte dort ein neuer Gjergj Aleksi erscheinen, der ihn für Ballaban hält; dann könnte es ihm schlecht ergehen und er bezieht tüchtig Prügel! Wenn ihm der Verstand abhanden gekommen ist, soll er sich in irgendeinem psychiatrischen Institut in der Schweiz kurieren lassen [...].

Ich glaube, ich habe es übertrieben, weil nicht so sehr der hochgelehrte Professor und Historiker Schuld hat als vielmehr der albanische Übersetzer dieses widerlichen Antiwerkes. Wer immer dieser Übersetzer war, kannte erstens die Geschichte Skanderbegs nicht, und falls er ein Buch gelesen hat, ist er über Barletius und Noli nicht hinausgekommen. Zweitens kennt er keine der toten Sprachen, weder Latein noch Altgriechisch, ebenso wenig die sprachlichen Formen aus der Zeit Skanderbegs. Drittens hat er keinen Schimmer von den Sitten und Traditionen seines Landes, in dem er geboren wurde, lebt, arbeitet und „schreibt". [...]

Wie kann es sein, dass das Buch des berühmten deutschen Professors zuerst eilig auf Albanisch in Albanien erscheint und nicht zuerst auf Deutsch in seinem Land? Das zeigt auch etwas anderes, noch Unappetitlicheres. Der Übersetzer hat sich von Schmitts Science-Fiction-Geschichte verleiten lassen zu glauben, das Buch würde massiv von sensationshungrigen Albanern gekauft werden, zumal es um unseren Nationalhelden geht, über den unerhörte, geradezu skandalöse Sachen zu lesen sein sollten. Bekanntlich ist ein Skandal das attraktivste Thema in unseren Tagen, und der Leser fällt über solche Meldungen her wie die Fliege über den Brei. Diese Tatsache zeigte sich auch an dem berühmten Roman „Der Da Vinci-Code", der in Millionenauflage verkauft wurde, und trotzdem ist der Inhalt nur eine erfundene Montage ohne jeden Wahrheitsgehalt, und auch schlecht geschrieben. Das war vielleicht auch das Ziel beim Schreiben und Verlegen dieses Buches, in dem behauptet wird, es werde eine unbekannte Seite an Skanderbeg gezeigt, die von A bis Z erfunden ist, nur um den armen betrogenen Leser anzulocken. [...]

Dokument 6
Jakup Krasniqi: Skanderbeg – als Mythos und als Geschichte – ein zentraler Wert der Nation
Quelle: Jakup KRASNIQI, Skënderbeu – si mit dhe histori – kryevlerë kombëtare, *Gazeta Shqiptare*, 21.01.2009, unter <http://www.balkanweb.com/gazetav5/artikull.php?id=51620>, 10.08.2010.

Vor ein paar Jahren hatte ich gehört, ein Albaner im Ausland bereite ein „Geschichtsbuch" vor, in dem er erklären oder „begründen" wollte, welchen Schaden Gjergj Kastrioti-Skanderbeg den Albanern mit seinem Befreiungskampf gegen die osmanischen Besatzer zugefügt habe. Ich war nicht allzu überrascht, denn dies entsprach dem nihilistischen Geist (eine Seifenblase) bestimmter Gruppen von kosmopolitischen Albanern Anfang der neunziger Jahre des vergangenen Jahrhunderts. Es waren Jahre des Elends und der Verleugnung. [...] Damals nahm ich diese Nachricht nicht ernst, weil ich überzeugt war, dass ein solcher Geist, der in unserem nationalen Raum wie ein Nebel hing, nicht den Strahlen der nationalen Sonne standhalten konnte, die auch schlimmere Zeiten überlebt hatte und die durch die Jahrhunderte kein Unwetter hatte kraftlos machen können. [...]

Lassen Sie mich gleich zu Beginn feststellen, dass gegen diese jahrzehntelangen kollektiven und individuellen wissenschaftlichen Spitzenleistungen [Krasniqi bezieht sich auf die albanische Historiographie, besonders Kristo Frashëri, Aleks Buda und die von der Akademie herausgegebene mehrbändige „Geschichte Albaniens", d. Ü.] ein Anfänger in der historischen Wissenschaft wie Schmitt nicht ankommen kann, und noch weniger können gegen diese kolossalen Errungenschaften der albanischen Geschichtswissenschaft Analysten, Publizisten oder gar ein prinzipienloser Übersetzer ankommen, wie sie heutzutage wie Pilze aus dem Boden schießen. Sie haben wahrhaft weder das intellektuelle noch das wissenschaftliche Format, um die Errungenschaften der albanischen Geschichtsschreibung von Barletius, Bardhi, Noli bis zu Biçoku u. a. zu stürzen, die alle für ihre hohen kulturellen, moralischen, intellektuellen und wissenschaftlichen Werte bekannt sind. Natürlich kommen hier auch viele ausländische Biographen ins Spiel, die Skanderbeg teils hoch geschätzt, teils abgelehnt haben. Über Schmitt sage ich ganz allgemein, dass er als Historiker vieles von dem bestätigt, was die albanische Geschichtsschreibung festgestellt hat, aber es gelang ihm nicht, etwas zu widerlegen, obwohl er es versuchte, weil Schmitt, ein Politiker und Analyst, politisch bestellte Felder beackert. Warum tut er das? Das wissen Schmitt & Klosi! [...]

Dokument 7
Bamir Topi: Skanderbeg und die Armseligkeit derer, die ihn angreifen
Quelle: Bamir Topi, Skënderbeu dhe mjerimi i atyre që e sulmojnë, *Shqip*, 18.01.2009, unter
<http://www.gazeta-shqip.com/artikull.php?id=57140>, 10.08.2010.

Die großen albanischen Adelshäuser haben ihren Ursprung im Mittelalter in den Fürstentümern der Arbëria, finden ihren Gipfel in der Familie Kastrioti und in Skanderbeg, und finden danach einen neuen Standort gemäß den historischen Umständen, in die der albanische Faktor einbezogen ist. Ich bin überzeugt, dass der gesamte albanische Adel sowie die Familien, die sich ihm mit einzigartigen Gesten des Patriotismus, des Heldentums, der Klugheit oder des politischen Handelns im Dienste der nationalen Freiheit, der Unabhängigkeit Kosovos und des Wohlergehens der Nation anschlossen, in alten und neuen Zeiten bezeugen, dass Skanderbeg, der größte Adlige, überall, in jedem Albaner, als Ideal und als Wirklichkeit gegenwärtig ist.
  Vor Jahrhunderten, am 17. Januar 1468, schied der oberste Herr von Albanien, Gjergj Kastrioti Skanderbeg, aus dem Leben, um die lebendigste Persönlichkeit der gesamten Geschichte der Albaner zu werden. Fan Noli, der sich sein ganzes Leben lang ständig mit ihm auseinandersetzte, bestätigte dies kurz vor seinem Tode: „Manchmal frage ich mich, ob es heute überhaupt einen Menschen geben kann, der so lebendig ist wie Skanderbeg." Er war Wirklichkeit, Modell und Symbiose einer heiligen Sache, des Freiheitskampfes gegen die Knechtschaft. Er war der Führer eines gerechten und heldenhaften Verteidigungskampfes und ein Mann, der einen Staat schuf. Die Wirkungen dieser Leistung werden nie verblassen. Sie waren der Grundstock für die Nationale Wiedergeburt bis zum November 1912, im erhabenen Streben nach einem unabhängigen albanischen Staat, dem Kern der nationalen Identität und des zeitgenössischen Bewusstseins. [...]
  Für ihn war nicht sein eigenes Fürstentum wichtig, sondern die Vereinigung der Arbëria. Sein Heldenkampf ist Widerspiegelung des Wollens der Albaner und nicht seiner persönlichen Interessen. Der 25-jährige Widerstand strahlte noch jahrhundertelang nach im Unterbewusstsein des Volkes, als Folklore, als ständige Erzählung und nährte wieder und wieder neue Aufstände. Der Kampf für Kosovos Freiheit und Unabhängigkeit wurde auch vom Andenken an den Helden inspiriert. So mancher beneidet uns um unseren Nationalhelden, um seine Taten, seinen Ruhm, die Beziehungen, die er zwischen seiner Nation und dem politischen und militärischen Europa seiner Zeit unterhielt, und versucht heute, ihn in neuem Licht darzustellen. [...] Der eine oder andere Knechtsgeist, der mit rückläufigem Mut ausgestattet ist, versucht heute, die Rolle Skanderbegs in unserer Geschichte oder in der Geschichte der europäischen Zivilisation zu verfremden. Das ist ein armseliger Versuch, weil die Geschichte keine Lektionen entgegennimmt, sondern sie erteilt. [...]
  Heute sehen die Albaner im gesamten Balkanraum in Skanderbeg und seiner Arbëria ein großes Modell der Integration in die Völkerfamilie des vereinigten

Europa. Dank seiner ist unsere Geschichte in jener Periode ein ruhmreicher Teil der Geschichte Europas, die Skanderbeg sicher als eine herausragende Persönlichkeit zu würdigen hat. Heute schließt Albanien sich der NATO an und unternimmt wichtige Schritte in Richtung auf die EU, und in diesen Taten sehe ich eine Projektion der ältesten Wünsche der Albaner, in Frieden, Sicherheit und Freiheit innerhalb ihrer natürlichen Familie zu leben, die Europa heißt, der Familie, deren Verteidiger Gjergj Kastrioti Skanderbeg war.

Dokument 8
Abdi Baleta: Demagogische und mystische Neuformierung des Skanderbeg-Bildes
Quelle: Abdi BALETA, Riformatim demagogjik dhe mistik i imazhit të Skënderbeut, Bota Sot, 21.-28.01.2009, unter <http://www.botasot.info/def.php?category=20&id=3988>; <http://www.botasot.info/def.php?category=20&id=4070>; <http://www.botasot.info/def.php?category=20&id=4136>; <http://www.botasot.info/def.php?category=20&id=4250>; <http://www.botasot.info/def.php?category=20&id=4346>; <http://www.botasot.info/def.php?category=20&id=4472>; <http://www.botasot.info/def.php?category=20&id=4531>; <http://www.botasot.info/def.php?category=20&id=4637>, 10.08.2010.

[…] [Anlässlich seines 500. Todestages 1968 wurde seitens der kommunistischen Führung] die geschichtliche und legendäre Gestalt Skanderbegs neu geformt, um ein neues Symbol zum ideologischen Gebrauch zu schaffen. Das Besondere der Gedenkveranstaltungen des Jahres 2009 ist es, dass sie für eine weitere Neuformung der Gestalt Skanderbegs genutzt wurden, um eine neue Symbolik zum demagogischen politischen und religiös-mystischen Gebrauch zu schaffen. […]

Das wahre Ausmaß der Gestalt und des Bildes Skanderbegs steht seit Jahrhunderten fest. Es bedarf keiner neuen historischen, politischen und religiösen Porträtierungen, keiner Mythisierungen und keines Mystizismus um Skanderbeg. Es ist lediglich erforderlich, dass wir die Geschichte Skanderbegs als Kämpfer und Staatsmann auf der Quellenbasis so realistisch wie möglich kennenlernen. Woher kommt dann wohl diese Aufregung, dass sogar der albanische Staatschef mit der Autorität seines Amtes eingreift und den „Schutz Skanderbegs" organisiert?! „Nationalhelden" sind schon geschützt, sobald sie als solche anerkannt werden. Wenn sie als solche nicht akzeptiert werden, hilft ihnen kein Schutz des Staates, der Gesetze, der Polizei oder des Militärs auf den Sockel. Ramiz Alia erklärte Enver Hoxha zum „größten Manne in der Geschichte der Albaner", größer als Skanderbeg, und weihte die übergroße Statue Envers genau gegenüber dem Skanderbeg-Denkmal im Zentrum von Tirana ein. Wo ist Envers Denkmal heute? Vor wenigen Jahren, am 20. Februar 1991, wurde es von den Menschen gestürzt, die ihn nicht als „Nationalhelden" akzeptierten. Skanderbeg ist immer noch da. […]

Das Andenken an Skanderbegs Taten sollte 1968 der politischen Macht Enver Hoxhas in Albanien dienen, um den Geist und den Stolz der Albaner auf den

„Kampf wie unter Belagerung in der Festung des Sozialismus an der Adria" gegen die Gefahren, die von den Supermächten ausgingen, zu mobilisieren, also genau wie zu Skanderbegs Zeit gegen die damaligen Supermächte. Im Jahre 2009 gedenkt man Skanderbegs anders, weil die führenden Leute der Gedenkzeremonien ihre politische Botschaft anbringen mussten, dass die Orientierung in Richtung europäischer Integration vorrangig sei und dass Skanderbeg für die Albaner vor allem ihre Orientierung hin zum Westen symbolisiere. [...]

Eine unziemliche Neuformung lässt die reale und mythische Figur Skanderbegs verblassen, sie holt ihn von seinem wilden Streitross und versetzt ihn in die Position eines friedensseligen Mönches oder Einsiedlers in irgendeinem mystischen Unterschlupf, den die Menschen aufsuchen, um Trost für ihre Sorgen zu finden oder um die Hoffnung zu nähren, dass sie so schneller an Visa für Europa kommen könnten. [...]

Bekanntlich wurden die meisten historischen, poetischen, literarischen und musikalischen Werke über Skanderbeg außerhalb Albaniens und von Nichtalbanern geschrieben. Die albanischen Geschichtswissenschaftler und Propagandisten haben sich hauptsächlich auf derartige Werke bezogen, um unseren Nationalhelden in den Himmel zu heben. Die Europäer haben es früher als die Albaner für notwendig gehalten, die reale ruhmreiche Geschichte Skanderbegs in eine Legende zu verwandeln und auf dieser Grundlage Mythen um seine Gestalt zu schaffen. [...]

Es ist unvorstellbar, von Historikern zu erwarten, dass sie heute nur in diesem Geist oder mit solchen Inspirationen schreiben und Oliver Jens Schmitt mit einem Bannfluch zu belegen, weil er, Jahrhunderte später, nicht immer noch den Geist der „Scanderbeiade" von [Margherita] Sarocchi bewahrt oder weil er nicht Marinus Barletius nachahmt, dessen Werk Schmitt tatsächlich hoch schätzt und als Grundlage für die Skanderbegforschung bezeichnet. Aber als Mann der Wissenschaft, nicht der Kunst oder der romantischen Historiographie, hat Schmitt die Absicht, objektiv die Realität von Skanderbegs Zeit und Taten widerzuspiegeln. [...]

In diesen Schriften herrscht eine trotzige und oft dilettantische Stimmung bei der Behandlung des Problems vor, die darauf abzielt, den Schweizer Forscher schlecht zu machen und einen neuen, sehr negativen (Anti)Mythos zu schaffen, den der „Verleumdung des Nationalhelden der Albaner", der seine Anhänger bei ungebildeten Leuten oder bei Kriechern findet, die vor lauter Ruhmgeschrei für Skanderbeg heiser werden, aber selbst unter den heutigen Bedingungen das Gegenteil von dem predigen und tun, was Skanderbeg zu seiner Zeit tat. Ismail Kadare, in zahlreichen Interviews, öffentlichen Erklärungen und anderen Schriften der Bannerträger dieser Propaganda eines „mythischen Skanderbeg", hat nicht nur schlimmer als jeder andere die Natur der Debatte entstellt, die durch Schmitts Buch entfacht wurde, sondern verleumdet auch schamlos diejenigen, die gut begründete wissenschaftliche Ansichten haben, nur weil sie nicht zu den amateurhaften Erklärungen Kadares passen. [...]

Grundlage für die Stellungnahmen gegen Schmitts Buch ist der Zorn derer, die nicht wissen, wie sie das Buch frei verwenden können, wie sie das Image und die

Bedeutung der Taten Skanderbegs in Übereinstimmung mit ihrer These neu formen können, dass es für die Albaner nur zwei politische und geistige Prioritäten geben könne: enge Bindungen ausschließlich an die westliche Welt und die Bekehrung der albanischen Muslime zu Katholiken. Sie schaffen dasselbe ja auch nicht mit den Mythen, die um Mutter Teresa als ihrer Heiligen geschaffen wurden, die sie auffordert, sich nur dem westlichen Katholizismus anzuschließen. [...]

Diese Kampagne der „Mytho-Skanderbegianer" wird nicht geführt, weil die „Mythologie des albanischen nationalen Heldentums" angegriffen wird, sondern weil ihre politischen, ideologischen und religiösen Inspiratoren bei den Albanern zwei neue (Anti-)Mythen verankern wollen: 1. Skanderbeg als unerschütterlicher Kämpfer für die Verbindung der Albaner mit dem päpstlichen Katholizismus, 2. Skanderbeg als Vorläufer des Europäertums und der Trennung der Albaner vom Osten sowie ihrer ausschließlichen Westintegration. Es sind also viel eher die politischen als die wissenschaftlichen Erschütterungen, die die Verwünschungen von Schmitts Buch auslösen. In dieser propagandistischen Atmosphäre entstand auch die Idee, dass Skanderbegs Todestag zum „Tag der Gebete und Meditationen" für die Albaner erklärt werden sollte. So wird der Skanderbeg-Mythologie auch noch ein Schleier religiöser Art umgehängt, den die Menschen aller Religionen in Albanien tragen sollen. Es hat nichts mit der früheren und heutigen Realität zu tun, wenn Skanderbeg als Symbol eines (maskierten) Strebens nach einer einheitlichen Religion, als Vorläufer des Europäertums und der europäischen Integration, als Vorbote des gnadenvollen christlichen Mutter-Teresatums des 20. Jahrhunderts präsentiert wird, so wie es den „Friedensmarschierern" vom 17. Januar 2009 gefiel. [...]

Man kann eine neue Arbeit über Skanderbegs Geschichte nicht von vornherein zur albanerfeindlichen Ketzerei erklären, zumal sie auch nach einer noch nicht offen ausgesprochenen Ansicht einiger Spezialisten für Geschichtsschreibung quellenmäßig sehr gut belegt ist, auch wenn sie keine umstürzenden Neuerungen in der Skanderbeg-Forschung bringt. [...]

Hier und heute genügt es, bei der Feststellung von Ardian Klosi zu bleiben, dass Schmitt die Gestalt des Nationalhelden der Albaner erhöht und gereinigt, er ihn aber nicht beleidigt oder besudelt hat, sondern ihn auf ein menschliches Maß gebracht hat, fern von der Mythologie. Schmitt hat also genau das getan, was die albanische Politik und die Intellektuellen fordern, die für die europäische Integration eintreten; er ist der Idee verhaftet geblieben, dass Skanderbeg bereits im Mittelalter ein albanischer Verfechter der westeuropäischen Integration gewesen sei. [...]

Aber die heutigen sturköpfigen Gegner von Schmitts Buch propagierten lang und breit, dass Skanderbeg – auch wenn er sah, dass er mit dem Kopf gegen eine so furchtbare Mauer wie das Osmanische Reich anrannte – diesen verlorenen Kampf um des Papstes und der Christenheit willen geführt habe. Sie wollten die Albaner davon überzeugen, dass Skanderbeg mehr wegen des Papstes als wegen seines Vaters kämpfte, während Schmitt nachweist, dass er wegen seines Vaters und nicht wegen des Papstes kämpfte. [...]

Manche schnauben vor Wut, Bücher wie das von Schmitt zerstörten die albanische nationale Symbolik, indem sie ein Mitglied des diese Symbolik ausmachenden Trios Skanderbeg – Mutter Teresa – Kadare befleckten, wie es die auf den Katholizismus zentrierte Strömung errichtete, um ihren Traum von der katholischen Reconquista bei den Albanern zu stärken. Diese Strömung will als nationale Symbolik eine „heilige Dreieinigkeit" von Persönlichkeiten auf der Grundlage des Katholizismus durchsetzen: Skanderbeg als Kämpfer für den Papst, und nicht für seinen Vater, Mutter Teresa als einzige spirituelle Quelle der Albaner und Kadare als einzigen kulturellen Inspirator für die Konvertierung zum Katholizismus. [...]

Nur die auf den Katholizismus Fixierten sind verärgert, weil sie es bedauern, dass die Gestalt Skanderbegs als Nationalheld geformt wurde und nicht mehr einfach ein Kämpfer für Christus blieb, wie die europäische Romantik ihrer eigenen Interessen wegen glauben machen wollte. [...]

Auch wenn es gar nicht in seiner Absicht lag, hat Schmitt die Albaner angeregt, darüber nachzudenken, dass man zunächst seine Mutter und seinen Vater, seine Familie, sein Land und seine Nation lieben soll, bevor man sich auf die flüchtigen Ideen des Kosmopolitismus, der Frömmelei, der Ideologien, des Panbalkanismus, des Europäertums und der Globalisierung verlegt. [...]

Wir gedenken Skanderbegs und ehren ihn als den großen Krieger, der er war, als Träumer von der Vereinigung der Albaner seiner Zeit, aber nicht als Priester oder Heiligen, der uns nur dazu motiviert, an jedem 17. Januar schweigend zu beten und zu meditieren. Skanderbeg ehren diejenigen, die sagen, dass die Albaner sich als Nation in einem Staat vereinigen müssen, und nicht diejenigen, die sagen, dass sich die Albaner in Europa und in Brüssel vereinigen sollen, aufgeteilt in Fürstentümer und Anhängsel an andere Staaten. Diejenigen, die diese „europäische Vereinigung" und nicht die albanische der Albaner predigen, sind die heutigen Anhänger der Osmanen und nicht die von Skanderbeg, sie sind dieselben wie jene Anhänger des Aufgehens in einem Imperium, die sich gegen Skanderbeg stellten. [...] Heute hat die Europäische Union diese Rolle eines Imperiums. [...]

Dokument 9
Artan Puto: Vom mythischen zum historischen Skanderbeg
Quelle: Artan Puto, Nga Skënderbeu mitik në atë historik, *Shekulli*, 18.01.2009, unter <http://www.shekulli.com.al/2009/01/nga-skenderbeu-mitik-ne-ate-historik.html>, 10.08.2010.

[...] Meiner Ansicht nach hat dieses Werk eine doppelte Bedeutung: 1. Weil es eine Periode des Spätmittelalters beleuchtet, über die wir wenige Kenntnisse haben, zumal es eine Periode radikaler Veränderungen war, die mit dem Beginn der osmanischen Herrschaft auf dem Balkan zu tun haben; 2. weil es den dichten Vorhang des Mythos von einer Persönlichkeit wie Skanderbeg lüftet und ihn in seinen zeitlichen Kontext stellt. [...] In diesem Buch steigt Skanderbeg von der Höhe einer legendären Figur herab und erscheint als irdische Persönlichkeit. Dieser zweite Aspekt erscheint mir besonders wichtig, weil nur die Dekonstruktion mythischer Gestalten zur Kenntnis der Geschichte verhelfen kann.

Warum wurde Skanderbeg in einen multifunktionalen Mythos verwandelt?
Der Mythos an sich hat im Sinne historischer Kenntnis oder Exaktheit keine Bedeutung. Er ist wichtig, weil er eine bestimmte Botschaft in bestimmten Zeiten vermittelt. Diesen Charakter erwirbt er, oder besser gesagt, er wird ihm angetragen, aufgrund von Interessen, die in den meisten Fällen nichts mit Geschichte als Wissenschaft zu tun haben. Aber mittels des Mythos kann die Mentalität/Ideologie einer bestimmten Zeit verstanden werden, d. h. die Gründe dafür, warum historische Gestalten eine Veränderung erfahren und in kulturelle Denkmäler verwandelt werden.

Der Mythos ist eine Form, mittels derer bestimmte Gemeinschaften die Grundlagen ihrer Existenz, ihr System moralischer Werte festlegen. Der Mythos wird von nationalistischen Intellektuellen, die es übernehmen, in einer bestimmten Zeit ihre „Nation" zu vertreten, in eine Erzählung verwandelt. […] Der Skanderbeg-Mythos […] beinhaltete mehrere Botschaften […]: den Mythos der moralischen Werte – Skanderbeg kämpfte für sein Vaterland und nicht für kleinliche Interessen; den Mythos des Leidens und der ungerechten Behandlung durch die Geschichte – die Aufopferung für Europa rechtfertigte so die Wiedervereinigung Albaniens mit Europa, und die Anerkennung der albanischen Nation durch Europa wurde als Tilgung einer historischen „Schuld" gesehen, im Sinne der Rückkehr auf den „Mutterkontinent" nach der Türkenherrschaft; […] den Mythos des schwachen Religionsgefühls oder der Einheit über die religiösen Grenzen hinweg, da Skanderbeg mehrmals seine Religion wechselte; […] den Mythos der Kühnheit und der kämpferischen Natur des albanischen Volkes […].

Was bringt nun das Buch von Prof. Schmitt? Das ethnische Prinzip war kein wichtiges Prinzip in einer Zeit, als die religiösen Unterschiede zwischen Christen und Muslimen und auch zwischen Stadt und Land die wichtigsten waren. […] Ebenso die Rolle der einheimischen Christen in den osmanischen Armeen. Der Vormarsch der Osmanen auf dem Balkan wird in diesem Buch als komplexer Prozess erklärt, bei dem die gemeinsamen Interessen der Osmanen mit denen von Elementen des einheimischen Adels, egal ob Arbër, Serben, Bulgaren, Griechen usw., eine besondere Rolle spielten.

Die Geschichte Skanderbegs ist die typische Geschichte eines mittelalterlichen Führers. Seine persönliche Herrschaft und die Erweiterung seines Herrschaftsraumes waren die Hauptmotive seines Kampfes und nicht „nationale Motive", die in dieser Zeit keine Bedeutung hatten. Seine Gefolgsleute waren verschiedener ethnischer Herkunft. […] Es kann keine Rede sein von einer stabilisierten Staatsverwaltung in einem bestimmten Territorium unter den Bedingungen, unter denen Skanderbeg operierte. Im Mittelalter existierten einfach nicht die objektiven Bedingungen, um eine zentralisierte Verwaltung aufzubauen, schon gar nicht in den Gebieten Skanderbegs, die größtenteils gebirgig waren. […] Die Reaktionen zeigen ein sehr niedriges intellektuelles/akademisches Niveau, bei dem eine nationalistische vulgäre Aggressivität vorherrscht, oder günstigstenfalls – und das sind die wenigsten Reaktionen – Sorgen über eine Herabsetzung.

Dokument 10
Ardian Ndreca: Wenn „Skanderbeg" nicht mehr die Geschichte Skanderbegs ist
Quelle: Gabimet e Schmitt-it në një libër të ri. [Auszüge aus] Ardian NDRECA, Kur „Skënderbeu" nuk asht historia e Skënderbeut, *Zemra Shqiptare*, 31.12.2008, unter <http://www.zemrashqiptare.net/article/Editorial/6213/>, 10.08.2010.

[...] Völlig zu Recht fordern Autor und Übersetzer die Polemiker auf, das Buch erst zu lesen und dann darüber zu debattieren. Das ist offenbar ein berechtigter Hinweis, auch wenn es scheint, dass der Übersetzer mit dem Enthusiasmus, der in solchen Fällen oft die öffentliche Meinung bestimmt, sich selbst als Koautor des Werkes sieht und so den tatsächlichen Autor in die Polemiken hineinzieht und dessen Thesen – vielleicht einfach wegen des Marketings – in kontroverser Form präsentiert. [...]

Das große wissenschaftliche Manko ist m. E., dass ein Großteil von Schmitts Buch auf Mutmaßungen basiert. Eine solche Mutmaßung ist: Skanderbeg habe seine Vorstellung vom Islam von Bektashi-Derwischen erhalten, worunter die Legende von Sari Salltëk am wenigsten märchenhaft erscheint, wie Schmitt betont. Eine weitere Mutmaßung betrifft die Sprachen, die Skanderbeg kannte: Dem Autor zufolge sprach er Westbulgarisch, vielleicht Serbisch, Arbër [= Albanisch, d. Ü.], Griechisch, Türkisch, Arabisch, Persisch. Das sind gewiss Hypothesen, für die Schmitt keine sicheren Quellen angibt. Kurz gesagt, eine Mutmaßung, die Skanderbeg als Kollegen von Pico della Mirandola und nicht als Krieger erscheinen lässt. Eine dritte Mutmaßung ist die Begegnung zwischen Skanderbeg und Hunyadi. Eine weitere die Züge Skanderbegs in den christlichen Norden, als er noch dem Sultan diente, um seine politischen Fäden zu knüpfen. Mutmaßung ist die Angabe, dass Skanderbeg 1443 Hunyadis und Brankovićs Pläne kannte. Mutmaßungen sind die Zweifel Schmitts daran, dass die in Wien gezeigten Waffen Skanderbeg gehörten. Vielleicht gehörten diese Waffen nicht Skanderbeg, aber als Historiker müsste er entsprechende Dokumente beibringen und seine Hypothese stützen. Schmitts Begründung ist in diesem Punkt geradezu kindisch. Weil das Schwert eine fehlerhafte arabische Inschrift aufweise und Skanderbeg gut Arabisch gesprochen habe (auch eine Hypothese), hätte er kein Schwert mit fehlerhaften Inschriften verwendet. Wäre also ein Schwert mit Schreibfehlern im Kampf gegen die Osmanen weniger wirkungsvoll gewesen?! Und wenn Skanderbeg Schwierigkeiten mit der arabischen Grammatik gehabt und die Schreibfehler auf seinem Schwert gar nicht bemerkt hätte? Eine weitere Mutmaßung: Der Helmkranz hätte nach Schmitt kaum im 15. Jahrhundert hergestellt werden können. Aber, so fährt er fort, die Ziegenhörner auf dem Helm seien echt, weil sie an den neuen Alexander erinnerten. Lies: Sie beweisen eine These, die Schmitt in einem früheren Artikel äußerte. Aber wie können Schwert und Helm Fälschungen, die Hörner aber echt sein! Das weiß nur der Autor. Eine weitere Mutmaßung: Möglicherweise hätten die orthodoxen Popen der Dörfer der Arbëria eine andere Haltung als ihre Bischöfe gehabt. Und noch eine Mutmaßung: Skanderbeg müsse man sich vor 1443 als sunnitischen Muslim vorstellen. Mutmaßungen äußert Schmitt auch über die Bevölkerung der albanischen Gebiete. Seine Begründung ist: 1536-1539 zählten die Osmanen in Dibra 44.000 Einwohner. Mutmaßung: In diesen Jahren erreichte die Bevölkerung von Dibra wieder das Niveau aus der Zeit vor der osmanischen Besetzung, also lebten dort vor der osmanischen Besetzung 44.000 Einwohner. Eine weitere Mutmaßung: Im Matigebiet und in der Niederung zwischen der Küste und Kruja lebten mindestens ebenso wenige Menschen wie in Dibra. Schlussfolgerung: „Wir gelangen zu der vorsichtigen Einschätzung von 90.000 Bewohnern in den von Skanderbeg bewohnten Gebieten". Quod erat demonstrandum! [...]

Dokument 11
Kristo Frashëri: Skanderbeg und die lapidaren Absurditäten des Oliver Schmitt
Quelle: Kristo FRASHËRI, Skënderbeu dhe absurditetet lapidare të Oliver Schmitt, *Zemra Shqiptare*, 23.03.2009, unter <http://www.zemrashqiptare.net/article/Speciale/7375/>, 10.08.2010.

[...] Obwohl die Abhandlung unseren Nationalhelden entstellt, obwohl die albanische Nation durch die Verunstaltung ihres Helden beleidigt wird, fanden sich problemlos die finanziellen Mittel für die Übersetzung und den Druck auf Albanisch, und ebenso die Bereitschaft von Presse und Fernsehen, dies zu propagieren. Unglücklicherweise zeigte sich diese Bereitschaft nicht zur Veröffentlichung einer Reihe von Quellenbänden über unseren Nationalhelden, und ebenso wenig zeigt man Interesse an der Übersetzung und Veröffentlichung in wenigstens einer internationalen Sprache [meiner] Monographie „Gjergj Kastrioti Skënderbeu. Leben und Werk", Tirana 2002. Anscheinend ist unsere Demokratie mitunter eher zu Schmähungen als zum Stolz auf unsere Nation geneigt. [...]
  Als Bürger schließe ich mich den Stimmen an, die gegen die Beleidigungen, Verdrehungen, Entstellungen zum Schaden Skanderbegs durch den Schweizer Historiker Oliver Jens Schmitt und seine albanischen Claqueure protestiert haben, die es kaum erwarten können, jeden positiven Wert ihrer Nation mit Dreck zu bewerfen, einer Nation, die es nach Jahrhunderten der Unwetter, der Unterdrückung und des Elends endlich geschafft hat, die ersehnte Freiheit zu genießen. Nachdem Skanderbeg selbst nicht sprechen kann, empfinde ich es als meine Pflicht als Historiker, soweit ich es vermag, die geschichtlichen Argumente vorzubringen, die die Spekulationen, Verleumdungen, Entstellungen widerlegen, die benutzt wurden, um unseren Nationalhelden zu entstellen. [...]
  Erstens sei Skanderbeg gemäß O. Schmitt in Wirklichkeit kein Held gewesen, wie ihn die albanische und weltweite Geschichtsschreibung einschätzt, sondern ein Berghäuptling, den Europa zum Helden machte, weil es einen triumphierenden Helden brauchte. Dennoch, so ergänzt er, bleibe Skanderbeg ein „schillernder Held"

und kein wahrer Held. Skanderbeg ist also dem Schweizer Historiker zufolge ein falscher, von der politischen Werkstatt Europas fabrizierter Held. Zweitens bezieht er sich auf die Verwüstungen, die Albanien während des ein Vierteljahrhundert währenden Heldenkampfes erlitt. Er sagt, Skanderbeg selbst sei verantwortlich gewesen für die Verheerungen und Entvölkerungen, die das albanische Gebiet während des ein Viertel des 15. Jahrhunderts dauernden Krieges erlitt. Daraus ergibt sich nach O. Schmitt, dass Albanien nicht zerstört worden wäre, wenn Skanderbeg seine Heldentaten nicht unternommen hätte. O. Schmitt versteht nicht, dass er mit dieser Kritik nicht nur Skanderbeg offen angreift, sondern alle berühmten Helden Europas, einschließlich Janos Hunyadi, dass sie ihm zufolge alle verantwortlich für die großen Schäden wären, die ihre Länder während der Verteidigungskriege gegen die Osmanen erlitten. […] Er vergisst auch, dass die Geschichte keine Verteidigungskriege, jedenfalls keine Kriege um das Überleben, ohne Opfer an Menschen und ohne materielle Schäden kennt. […] Wollten wir die Opfer, die der Kampf um das Überleben fordert, aufwiegen, dann müsste O. Schmitt nicht Adolf Hitler, sondern Winston Churchill verurteilen, weil dieser dann ja für die unzähligen menschlichen und materiellen Verluste verantwortlich wäre, die Großbritannien während des Zweiten Weltkriegs erlitt. Schmitts Logik erinnert an die Anklagen des Nazi-Propagandachefs Joseph Goebbels, der Churchill die Verantwortung für die Zerstörung Englands durch die deutsche Luftwaffe zuwies. Mit dieser Logik wird auch die Politik der Kollaborateure im Zweiten Weltkrieg legitimiert, die ihre Zusammenarbeit mit den nazifaschistischen Besatzern mit dem Argument rechtfertigten, dass sie ihr Land vor den Zerstörungen des Krieges bewahren wollten. Drittens hätte nach Ansicht von O. Schmitt Skanderbeg seinem Volk besser gedient, wenn er den Sultan nicht verlassen hätte, wenn er also keinen Befreiungskrieg gegen ihn begonnen hätte. Diese Sichtweise verstärkt er noch, wenn er schreibt, dass Skanderbeg „eine tragische Figur einer Periode war, in der sich die Zeiten änderten". Ihm zufolge war also der tragische Faktor, der Albanien hinderte, sich den Veränderungen der Zeit anzupassen, Skanderbeg und nicht die osmanische Besatzung. Mit anderen Worten, wäre Skanderbeg nicht auf der Bühne erschienen, hätte sich auch Albanien auf dem Weg, den Westeuropa einschlug, entwickelt. […]

Nach der Lektüre der Abhandlung des Schweizer Historikers ist man überzeugt, dass er mit seiner Arbeitsmethode – selektive Quellenauswahl, falsche Lesart einiger nebelhafter Informationen aus dem Mittelalter, Auslassen der von der Geschichtsschreibung über Skanderbeg erzielten Ergebnissen und einige an den Haaren herbeigezogene Interpretationen – versucht, wenn auch erfolglos, Skanderbeg der historischen Wahrhaftigkeit zu entkleiden und gewaltsam nicht einen Helden, sondern einen Berghäuptling zu präsentieren. Mehr noch, mit seiner Arbeitsmethode versucht der Schweizer Historiker die Sichtweise, die wir heute von Skanderbeg als Nationalhelden haben, auch in anderer Hinsicht zu entstellen, nämlich die Persönlichkeit Skanderbegs, angeblich im Namen der Wissenschaft, als Mythos zu präsentieren. Er fordert, wieder im Namen der modernen Wissenschaft, die, wie er behauptet, sich nicht mit Mythen abfinde, Skanderbeg von dem Platz, den er in der Geschichte Albaniens als Nationalheld einnimmt, zu entthronen, ihn sogar vom Antlitz der albanischen Geschichte zu tilgen.

Ohne Zweifel gibt es keinen Grund, Skanderbeg, der im Angesicht des Furors des Osmanischen Reiches und der Intrigen der Republik Venedig siegreich blieb, von dem Platz zu entfernen, den er in der Geschichte Albaniens und Europas einnahm, entgegen den Absurditäten eines Historikers, der, wie man sehen wird, in armseliger Weise die historischen Quellen missbraucht. […]

Alle Dokumente wurden vom Autor aus dem Albanischen übersetzt.

BUCHBESPRECHUNGEN

Augusta DIMOU (Hg.), "Transition" and the Politics of History Education in Southeast Europe. Göttingen: V & R unipress 2009. 402 S., ISBN 978-3-89971-531-6, € 45,90

When states fall apart, change radically or are re-created, their history is re-modelled as well. At one level this is obvious and visible: statues are knocked down, streets and buildings re-named, flags changed. At a deeper level repercussions continue for much longer, for example in history education in schools. The processes by which history curricula and textbooks changed following political upheavals constitute the theme of this book. Any reader who doubts the seriousness of the politics of history education should start by reading the last essay, on Moldova. There, in 2002, proposed changes to the history curriculum led to civil unrest, threatening the government itself. The author, Stefan IHRIG, gives a wonderfully vivid account of the maneuvres between politicians, historians, education policymakers, and textbook writers in the continuing struggle to establish an identity in Moldova.

This volume is a collection of interesting articles with a thoughtful introduction by the editor, Augusta DIMOU. The authors are academic researchers with varied interests in history, education, politics, and the social sciences. Some were directly involved in implementing change in history education. The editor and a number of the authors have participated in the work of the Georg Eckert Institute for International Textbook Research in Braunschweig, Germany, a unique institution with a long record of international textbook research.

The end of communism in Southeast Europe destroyed any belief in the Marxist interpretation of history, as well as the idea of the "brotherhood of South Slavs". As new states were created after the collapse of communism, a nationalist view on history gained in strength submerged in the old federated Yugoslavia. Politicians in many of these countries discovered passionate popular reactions to new interpretations of history suggested for inclusion in school textbooks. Yet popular local views had to be balanced against considerable pressures towards adopting other conceptions by international bodies such as the European Commission, the Council of Europe, the World Bank, OSCE, UNICEF and UNESCO.

Marxist ideology included a deep belief that there was one "true" meaning to history, and for years afterwards many Southeast European states continued to seek for an equally "certain" alternative interpretation. All of these states inherited a tightly prescribed didactic model, while textbooks filled in the detailed facts and the correct conclusions to be drawn. Pupils were not required to reflect on historical events, but rather to absorb and reproduce facts and univocal interpretations.

The process of "transition" from an authoritative version of history to a more critical and pluralistic approach is illustrated in the case of Slovenia. As DIMOU remarks in her introduction, the idea of transition is awkward, suggesting a clear goal and a roadmap. But even under the best circumstances, "reforms" do not always produce the expected results. The first article by Peter Vodopivec gives a detailed picture of the early changes made in Slovenia after independence in 1991. Surveys to monitor the effects of the changes quickly revealed a tendency for teachers to transmit the new curriculum in the old authoritative manner. Clearly, training teachers in new teaching methods was a vital component of an effective transition to a new education policy. There were also sharply opposed views on the interpretation of topics in modern national history. Altogether, there were four cycles of revision of the history curricula.

A second article on Slovenia by Vilma Brodnik details reforms implemented between 2006 and 2008. New teaching methods required pupils to use a variety of source materials, rather than relying on one textbook alone. Interdisciplinary work and a comparative European approach were encouraged. The author concludes that, by now, Slovenia is no longer in "transition", but has reached a position comparable to that in established liberal democracies. This is not a fixed end, she claims, as changes may still be needed "about every five years" (71).

The two articles on Slovenia illustrate a peaceful transition from a communist interpretation of the past to a pluralistic one more suited to the ideals of a liberal democracy. It took longer than expected, but a stable political climate allowed progressive changes to occur.

In the rest of the Balkans, no such smooth transition was possible, and history education was inextricably entangled with territorial disputes and wars. In Croatia, Kosovo, and Serbia, the history curriculum in schools was used by governments to justify ethno-nationalist wars.

The article on Croatia by Snježana Koren and Branislava Baranović shows clearly how, in the immediate context of war, a new curriculum justifying the conflict was established by 1995. The powerful authoritarian methods of the previous regime remained in place to convey a new nationalistic message. This article also shows the difficulties in changing such an approach to history education when the fighting is over. Within Croatia, there had always been some criticism of the distortion of history. Yet the governments were unwilling to face serious public debate over how to teach topics in modern history such as the history of World War II, or, even more controversially, the history of the Homeland War of the 1990s. The authors conclude that there is still ambivalence about how to interpret history in schools: the old nationalistic paradigm no longer convinces the population, but new approaches are still underdeveloped.

Serbia provides the clearest example of how readily the history taught in schools can become state propaganda. The author of the first article, Dubravka Stojanović, begins with the assertion that in Serbia "both historiography and the teaching of history have served more as forms of preparatory military training than as scholarly disciplines of critical thinking" (141). With a frank and clear analysis, Stojanović lays bare the key components of myth-history, the powerful vision around which selected historical facts were carefully arranged. A second article on Serbia by Augusta Dimou analyses with regretful care how, after the fall of Milošević, attempts to reform the education system have foundered. Those who worked for reform lacked the political clout to implement it. The history curriculum is still tightly controlled by the Ministry of Education. For each grade of school there is one obligatory textbook, improved in presentation, but still transmitting the single, state-endorsed interpretation of history.

The article on Kosovo by Denisa Kostovicova illustrates an even more unusual situation: the use of education as a direct political tool in the struggle for an independent Kosovo. Political history dominated school texts. In both Serbia and Kosovo the curricula justified exclusive claim to the territory and the basis of conflict with "the other". Periods of peaceful co-existence under the Ottomans or in the old Yugoslavia were air-brushed out of the schoolbooks. A national narrative was constructed which was ethnically based and exclusive in nature. Even after the intervention of NATO and the declaration of independence in 2008, the legacy of the earlier history curriculum remains.

There are similarities between the situation in Macedonia and in Bosnia and Herzegovina. In both states a fragile multiethnic balance has been created by the international community, but at the grassroots level of history education the multiethnic state hardly exists.

Robert PICHLER gives an interesting and succinct account of how events unfolded in Macedonia in the shadow of the events in Kosovo. By 2001 the emergence of a serious ethnic conflict precipitated the intervention of the international community, which enforced the negotiation of a new political settlement that preserved the peace and a degree of stability in a multiethnic but fragile state. Between 2002 and 2005 the history curriculum was revised. It was agreed that the different ethnic groups in the country should be portrayed in a positive light and that antagonistic stereotypes should be removed. Macedonian and Albanian pupils each learned about one other, and new textbooks, jointly written by Macedonian and Albanian authors, were produced. This procedure, aimed at fairness, uncovered deeper problems which are still unresolved. Small minorities like the Turks feel completely ignored and the multiethnic character of the state remains unrecognized in favor of two competing, ethnically-based histories. PICHLER interviewed historians from both sides, and their comments are enlightening. As one historian puts it, there is no common memory: "We have completely divided historical narratives based on ethnic adherence. How can we create an identity of a civic state on the basis of ethnically divided histories?" (231).

Violent civil war resulted in a tense interethnic situation in Bosnia and Herzegovina. The war was ended in 1995 by a peace agreement that was brokered by the international community, which established a complex settlement and a multiethnic state. The article by Falk PINGEL explains in measured language the tangled strands of the interactions between the central government, local communities, and the numerous international bodies. During the war each of the three ethnic groups developed their own history curricula. It was only in 2002 that a law was passed insisting on the construction of a Common Core Curriculum. However, as the law filtered down to local level it was re-interpreted, transformed, or evaded. One of the later sections in this article is aptly titled: "The obstacle course: from principles to practice" (284-293).

A second article on Bosnia and Herzegovina by Heike KARGE and Katarina BATARILO presents the results of detailed research carried out in 2007/08 concerning the practical effects that changes in the law had on textbook production and the attitudes of teachers. These two articles on history education in Bosnia and Herzegovina are complementary, as one focuses on policy and the other on the analysis of its implementation at the grassroots level.

All of the articles in this book reward careful reading and are supported by a wide range of references. The introduction provides an incisive discussion of the theoretical issues raised by the problems of history education. Therefore, this book has broad relevance. The ways in which school history is created and transmitted are revealing about the state of the nation. In changing contexts, history instruction at schools reflects attempts to establish or resist new social, cultural, and political orders.

Ann Low-Beer (†, Leamington*)

* *Die Nachricht vom plötzlichen Tod Ann Low-Beers erreichte die Redaktion wenige Tage vor der Drucklegung. Sie konnte die Fahnenkorrekturen nicht mehr vornehmen, und wir drucken den Beitrag mit Genehmigung ihrer Familie. Die Rezension ist einer der letzten Texte, die Ann verfasst hat. Er gerät in tragischer Weise zu einer Art Abschlussbericht zu ihrer jahrelangen Teilhabe an der Arbeit des Georg-Eckert-Instituts im Rahmen des Stabilitätspaktes für Südosteuropa. Wir trauern um eine gute Kollegin und aufmerksame Beobachterin balkanischer Bildungspolitik und -inhalte.*

Sabrina P. Ramet, Serbia, Croatia and Slovenia at Peace and at War. Selected Writings, 1983–2007. Zürich, Berlin: LIT Verlag 2008. 288 S., ISBN 978-3-8258-1267-6, € 29,90

Sabrina Petra Ramet, the renowned professor of political science and one of the sharpest "external" experts on Yugoslav socialism and post-socialist transition in the Western Balkans, has expanded her comprehensive bibliography on these topics with her book, a selection of her articles originally published between 1983 and 2007. The book thus covers the period marked by the first signs of the fatal crisis of socialist Yugoslavia, its outbreak at the end of 1980s, the bloody wars of the 1990s, and its epilogue in the form of the complete disintegration of the former multiethnic federation in the aftermath of Montenegro's and Kosovo's declarations of independence.

Unlike many works written by Western experts on the post-Yugoslav conflicts, the articles included here present neither a basic chronological survey of the developments in question, nor merely a political and diplomatic analysis of the issues addressed. Instead, Ramet's approach is characterized by a remarkable cross-disciplinary attempt to understand the past and current issues in the region. She offers her reflections on the causes and mechanisms of the conflicts that affected the former Yugoslav nations and their attempts to solve them. The articles were written at a time when the dénouements of the events addressed were still underway, and consequently give a priority to the disciplinary research methods of political sciences, sociology and anthropology. Ramet does offer suggestions on how to facilitate the transition to democratic regimes in the region. The introductory section, dealing with the crisis of the 1980s and the wars of the 1990s from the point of view of both domestic and foreign policy, is followed by three sections which explore the situations in Serbia, Croatia, and Slovenia, respectively, after 1990.

The author sees the roots of Serb nationalism, which she regards as the main factor leading to the armed conflicts, in the town-versus-countryside dichotomy, as well as in the fact that the rural population proved especially receptive to Slobodan Milošević's nationalist mobilization. The prevalence of a conservative mentality outside of the only truly urban center of Belgrade fostered, according to the author, traditionalist values, xenophobia, anti-feminism and anti-intellectualism. While Belgrade was more supportive of a transnational socialist order, rural-based conservatism enabled the formation of the image of the Serb nation as a perpetual victim, nurtured by historical myth-building, in which "intellectuals" and the literati also played a substantial role.

According to the author, the western perception of the conflicts in former Yugoslavia was initially based on the (false) propositions that the conflict between

Serbs and Croats was centuries old, that the war was primarily religious in nature, that no one had anticipated it, and that the Croatian government should share near equal blame for its outbreak as Serbia. Ramet rejects all of these presumptions. International diplomacy was largely modeled on the U.S.'s attitude towards Yugoslavia (later Serbia and Montenegro) on the one hand, and towards Slovenia and Croatia on the other. The American unpreparedness for the Yugoslav crisis is discussed in two articles. Using transcripts of speeches to the U.S. Congress, which she considers to be a good indicator of contemporary American public opinion, the author names several members of Congress who had anticipated the possibility of a bloody resolution to the conflicts in the Balkans long before the George H. W. Bush administration.

According to the author, the main agent of Croatian post-socialist transition was the Croatian Democratic Union (*Hrvatska Demokratska Zajednica*, HDZ), which not only advocated anti-communism and nationalism, but turned Croatia into "a kind of autocracy by self-declared majority" (168). Such a development was facilitated by Croatia's majority electoral system, which in the mid-1990s established the HDZ as the party with an absolute majority, and by its semi-presidential system entrusted the president Franjo Tudjman, the "father of the nation", with wide-ranging powers. The HDZ used its strong ties with the largely state-controlled media to bolster its populist appeals, propagating nationalist values, stressing the Catholic character of the Croat nation, and even resurrecting the fascist traditions of the World War II-era Independent State of Croatia (*Nezavisna Država Hrvatska*, NDH).

Despite Tudjman's involvement in war crimes, in the exodus of Serbs from the Krajina and Slavonia, as well as in the armed conflicts between Bosniak and Croat forces in Bosnia, he has to be differentiated, according to Ramet, from Milošević, who orchestrated an aggressive war, brutal repression, and nationalist indoctrination. As a result, after Tudjman's death, Croatia was much more decisive in pursuing its path towards democratization and the strengthening of liberal values than Serbia was after the fall of Milošević.

The situation in Slovenia is discussed in the final quarter of the book. Two articles concentrate on its process of democratization, alongside a conceptual analysis of its political order. The author dates the beginning of democratization in Slovenia to 1986, when the reform group headed by Milan Kučan took the helm of the League of Communists of Slovenia and later on adopted constitutional amendments enabling a political alternative to socialism to develop outside its ideological orbit. The author stresses the importance of opposition movements in the fields of culture and subculture during the first phase of democratization. She adds an interesting perspective to the polemics on the distribution of merits for the attainment of independence that are cyclically resurrected in the Slovenian political arena. She sees the end of the second phase of democratization in the election of the right-wing government coalition DEMOS, which succeeded in attaining Slovenian independence despite increasing pressure from Milošević. Contrary to the Croatian HDZ, the parties composing DEMOS subsequently disintegrated and turned over their leading role in Slovenian politics to the Liberal Democracy of Slovenia (*Liberalna demokracija Slovenije*, LDS, the successor to the League of Socialist Youth of Slovenia). Up to 2004, the LDS remained the main agent of democratic transition, focusing their efforts on establishing a maximum of individual freedom of choice and an atmosphere of general tolerance. As Ramet points out, the challenge was only partially met, owing mostly to persisting gender inequality, reflected not so much in daily life (which rather reflects the results of efforts at women's emancipation as previously sponsored by the socialists) as in the poor representation of women in positions of power and attempts to prohibit abortion, as well as intolerance towards homosexuals, foreigners, immigrants, minorities (especially Roma), and the so-called "erased" citizens.

Interestingly, the articles dealing with Slovenia and Croatia do not mention the border dispute between the two states and its implications in the fields of domestic and foreign policy as well as social mobilization. Another relevant issue which would benefit from a more thorough analysis is the narrow concentration of capital ownership and unfinished privatization in Slovenia in comparison to other post-socialist countries in East and Southeast Europe.

The present selection of articles undoubtedly represents a well-chosen synthesis of analyses of crises, conflicts and transition processes in the three republics of the former Yugoslav federation. It differs from similar studies on the Western Balkans thanks to the author's in-depth insights, which are reflected in her sincere willingness to comprehensively understand the region's political, social, psychological and, to a slightly lesser extent, economic dimensions. A few minor content-related inconsistencies do not seriously diminish the quality of Ramet's writing. On the contrary, the book offers an innovative and refreshingly critical "view from the outside" not only to the common reader, but also to the expert in the field.

Jure Ramšak (Koper)

Anđelko Milardović, Zapadni balkon. Fragmenti o ideologiji i politici Zapada. Zagreb: Pan liber 2009. 262 S., ISBN: 978-953-6285-63-1, Kuna 189,00

Der vorliegende Band „Zapadni Balkon" des Zagreber Politikwissenschaftlers Anđelko Milardović bündelt eine Sammlung von Kurzkommentaren, die zwischen 2006 und 2009 in der kroatischen Tageszeitung *Vjesnik* erschienen sind. Das Wortspiel des Titels funktioniert auch in der deutschen Sprache: Vom „westlichen Balkon" aus lasse sich der „westliche Balkan" gut beobachten. Diese Wortschöpfung westlicher Diplomaten, so Milardović, habe ihn zu der Gegenreaktion veranlasst, „den Westen" in den „westlichen Balkon" umzubenennen.

Die Themenpalette, die Milardović in seinen Kurzbeiträgen streift, ist wesentlich breiter als der Titel und die Einleitung es vermuten lassen: Im ersten Kapitel über „den Westen" und sein Verhältnis zu „dem Anderen" greift er Fragen der politischen Philosophie sowie verschiedene politische Theorien auf, wie die vom „Ende der Geschichte" (Fukuyama) und vom „Kampf der Zivilisationen" (Huntington). Das zweite Kapitel weitet diese Aspekte aus zu einer Reflexion über die Ideologie westlicher Politik insgesamt. Die thematischen Sprünge sind dabei groß und reichen von abstrakten Überlegungen zur Transformation der Ideologie in der Postmoderne über solche zu zwischen- und überstaatlichem Nationalismus bis zu jenen zur Medialisierung und Simulation von Politik. Gegenstand der Beiträge zum dritten Kapitel ist dann konkreter das Verhältnis zwischen dem „westlichen Balkon" und dem westlichen Balkan. Hier streift Milardović eine Reihe von Fragestellungen, wie jener nach der Finalität der EU, ihren inneren Konfliktlinien sowie dem Spannungsfeld zwischen ihrem Zentrum und ihrer Peripherie. Im vierten Kapitel geht es unter anderem um den Begriff des „westlichen Balkans" als orientalistisches Konstrukt sowie um die Rolle der Eliten im Prozess der Demokratisierung und der Transformation. Nach einem kurzen Abstecher zum Thema „Souveränität" im fünften Kapitel widmet sich der Autor im sechsten Teil dem Euroskeptizismus, bevor er im siebten und abschließenden Kapitel mit Texten zu „Der Philosoph im Zeitalter politischer Stürme" oder „Der Philosoph und die Liebe" wieder in abstrakte intellektuelle Höhen entschwindet.

Milardović behandelt Themen von epischer Tragweite wie die Definition der politischen Moderne und das Konzept des Kosmopolitismus auf engem Raum. Der kleinere Teil der Beiträge besteht aus Polemiken, die sich mit dem erklärten Kernthema des Bandes beschäftigen, nämlich der Beziehung zwischen dem westlichen Balkan und dem „westlichen Balkon". Wer, inspiriert durch den Titel, eine ironische und augenzwinkernde Diskussion der durchaus kritikwürdigen Politik des Westens und der EU-Mitgliedsstaaten erwartet, wird jedoch enttäuscht. Milardovićs Texte zeichnen in der Summe ein zynisches Feindbild westlicher Dominanzkultur, deren ausschließliches Ziel es sei, ihre Peripherie auszunutzen. Die Abbildung Niccolò Machiavellis auf dem Rückumschlag des Buches deutet dabei bereits an, dass Macht und Abhängigkeit die zentralen Kategorien seiner Analyse sind.

Die imaginäre Region des westlichen Balkans entstamme demnach westlichen Hegemoniewünschen (an anderer Stelle spricht er von einer Verbindung zwischen Brüssel und London) und ziele darauf, die Fragilität der EU zu verschleiern, damit diese stattdessen ihre Macht demonstrieren könne (108). Nicht zuletzt wegen der „Aufgeblasenheit" seiner Akteure sei der „westliche Balkon" eine „prätentiöse Mikroregion" (140) und weise Anzeichen von kulturellem Rassismus auf. Im Zusammenhang mit dem kürzlich gelösten Grenzkonflikt zwischen Slowenien und Kroatien prangert er die „erpresserische Politik" der EU und der „slowenischen westbalkanischen Elite" an, die ihre gesamte Schwäche und Unfähigkeit, als Ordnungsmacht „auf dem Balkan" zu wirken, offenbart habe (111). Die EU verhalte sich – anstatt den Balkan zu zivilisieren – somit selbst „balkanesk" und unterstütze latent Versuche ihrer Mitgliedsstaaten, territoriale Zugewinne zu erpressen.

Milardović kommt in seiner Argumentation ohne größere Schattierungen aus. Darin geben die kapitalistischen Gesellschaften des Westens die Spielregeln vor: Dieser verteile Kredite gegen hohe Zinsen, die freilich nicht für die Modernisierung der Produktion, sondern für den Konsum der im Westen produzierten Waren gedacht seien. Zudem habe er den Osten mit einem Erziehungssystem versorgt, das unkritische und unkreative Persönlichkeiten hervorbringe. Die Peripherie diene dem Zentrum mit der Bereitstellung billiger Arbeitskräfte, Rohstoffe und Immobilien.

Durch Milardovićs grob gerasterte Machtkategorien fallen dabei all jene Entwicklungen, die die Gleichberechtigung der neuen EU-Mitglieder gegenüber den alten unterstreichen, wie sie sich etwa in den harten Verhandlungen Polens über den Vertrag von Lissabon gezeigt haben. Milardovićs Kommentar zur intrusiven Bildungspolitik, der auf den in Kroatien stark umstrittenen Bolognaprozess abzielt, ist nicht nur deshalb unsachlich, weil die EU-Mitgliedsstaaten diesen keineswegs im Zusammenhang mit der Osterweiterung initiiert haben, sondern auch, weil seine Kausalkette nicht einmal unter Zuhilfenahme weitgehender Pauschalisierungen haltbar ist. Es ist diese Einseitigkeit an vielen Stellen in Milardovićs Argumentation, die sie ihrer Glaubwürdigkeit beraubt und somit auch seine Beobachtungen zu den wirklich kritikwürdigen Aspekten der Westbalkanpolitik der EU entwerten.

Es ist dem Format des Kurzkommentars geschuldet, dass interessante und wichtige Themen nur andiskutiert werden und fast zwangsläufig kaum über allgemeine Pauschalisierungen hinausgelangen. Hierzu zählt der ständige Gebrauch „der EU" als quasi unitärer Akteurin, der über die zahlreichen bedeutsamen Unterschiede zwischen den politischen Agenden der Kommission und des Europäischen Parlaments sowie einiger Mitgliedstaaten hinweggeht. Weitaus problematischer ist jedoch die Inflation von Schlagworten wie „globales Dorf" oder „McDonaldisierung der Gesellschaft", die nicht nur vielen Texten einen Allgemeinplatzcharakter verleihen, sondern auch für Rückschlüsse herhalten müssen, die so unspezifisch sind, dass sie kaum noch etwas aussagen. „Globale Eliten" beispielsweise seien „von der Gesellschaft abgekoppelt" und arbeiteten nicht für das Gemeinwohl, sondern „für ihr eigenes Interesse, oder das Interesse der globalen Koalition" und begäben sich in Pakte mit „bloßen Erfüllungsgehilfen ohne eigenen Verstand" (30).

Milardovićs Bild der EU weist unübersehbare Parallelen zum Euroskeptizismus auf, wie er bei einem Großteil der kroatischen Bevölkerung zu finden ist. Er gründet sich auf die unbestimmte Angst, dass Kroatien in der „riesigen EU" untergehen und vom Großkapitalismus erdrückt werden könnte. Darüber hinaus spiegelt der Autor das in großen Teilen der Bevölkerung Südosteuropas verbreitete Selbstverständnis wider, stets nur Opfer unbeeinflussbarer Entwicklungen zu sein. Die „Verwestlichung" – nach Milardović ein oktroyierter Prozess – kann jedoch ohne die starke Nachfrage der Menschen nach westlichen (Lifestyle-)Produkten gar nicht stattfinden. Nicht zuletzt gibt er keine Antwort auf die sich aufdrängende Frage, ob Kroatien durch die NATO- und die bevorstehende EU-Mitgliedschaft nicht längst ein Teil des Westens geworden ist.

Interessanterweise zieht der Autor aus seiner Darstellung eines augenscheinlich nur destruktiven Westens nicht die Schlussfolgerung, dass dieser abzulehnen sei. Vielmehr erkennt er die Irreversibilität der Integration Kroatiens in europäische und globale Zusammenhänge an und fordert daher den konsequenten Aufbau einer Wissensgesellschaft und einer rationalen Bürokratie, die im Dienste der Bürger stehe. Er plädiert für eine Modernisierung Kroatiens, was nicht zuletzt eine Stärkung der Gerichtsbarkeit und der Verwaltung bedeute. Falls diese Modernisierung nicht gelinge, werde Kroatien auf dem Balkan und somit in der „dritten Liga" verbleiben (132).

Die Monographie hätte dazu genutzt werden können, die Beiträge zu obsoleten Themen der Tagespolitik herauszulassen, den inhaltlichen Fokus gemäß des Buchtitels und der Einleitung stärker auf die Fragen der identitären, regionalpolitischen und -wirtschaftlichen Westintegration zu konzentrieren und nicht zuletzt die interessanten Ideen der Einzelbeiträge zu bündeln und weiter auszuführen. Dies gilt insbesondere für Ansätze Milardovićs, die an die kritische Diskussion der TINA-Politiken („there is no alternative") des IWF und der Weltbank anschließen und beispielsweise drei Entwicklungspfade für Länder wie Kroatien vorschlagen: Die „Euroglobalisierung", den „Verbleib auf dem Balkan" sowie „Neutralität" (109). Hier wäre es nicht nur angesichts des hohen Euroskeptizismus in Kroatien sinnvoll gewesen, eine Richtungsdebatte zu initiieren, die statt Frustration über den dominanten Westen Verständnis für realpolitische Zwänge, aber auch für den potentiellen Nutzen einer Westintegration zu wecken vermocht hätte.

Tomislav Maršić (Berlin / Oxford)

Emir SULJAGIĆ, **Srebrenica – Notizen aus der Hölle.** Aus dem Bosnischen von Katharina Wolf-Grießhaber, Wien: Paul Zsolnay Verlag 2009. 240 S., ISBN 355-2-0544-72, € 17,90

Carla DEL PONTE / Chuck SUDETIC, **Im Namen der Anklage. Meine Jagd nach Kriegsverbrechern und die Suche nach Gerechtigkeit.** Aus dem Italienischen von Gabriele Gockel und Thomas Wollermann, Frankfurt/M.: S. Fischer Verlag 2009. 528 S., ISBN 978-3-10-013911-5, € 22,95

Die Erinnerungen von Carla del Ponte an ihre Arbeit als ehemalige Chefanklägerin am Ruanda- und am Jugoslawien-Tribunal sowie die Erinnerungen von Emir Suljagić an das Leben und Sterben in Srebrenica sind Mahnungen wider das Vergessen: Zwei Bücher, die, mit scharfer Beobachtungsgabe geschrieben, ihren subjektiven Zugang zum Erzählten nicht verbergen. Zwei Bücher, die das, wonach die Rezensentin sucht – den „Mehrwert" – vor allem aus ihrem deutlich artikulierten kritischen Blick auf die Praktiken internationaler Politik und internationalen Rechts generieren. Dass derartige Mahnungen mehr als nottun, bewies unlängst die Initiative in der bosnischen Republika Srpska, per Regierungsentscheid die Opferzahlen des Völkermordes von Srebrenica in Frage zu stellen. Beide Autoren stellen sich der höchst komplexen, ethische, politische und juristische Elemente verbindenden Frage nach der Definition von Verbrechen. Nüchternheit – wenn nicht Desillusion – sowie ein bemerkenswertes Maß selbstkritischer Reflexion zeichnen beide Bücher gleichermaßen aus. Beide gehen weit über einen autobiographisch aufbereiteten Zugang zum Thema Völkermord am Ende des 20. Jahrhunderts hinaus. Zugleich korrigieren sie manchen populären Mythos. Suljagić gelingt eine eindrucksvolle Widerlegung der oftmals postulierten moralischen Unantastbarkeit der Eingekesselten von Srebrenica. Del Ponte wiederum verweist darauf, dass nicht nur vor Ort, auf dem Balkan oder in Ruanda, die Arbeit der internationalen Gerichtshöfe regelmäßig obstruiert wurde. Vielmehr laviere auch der „Westen" von jeher zwischen Kooperation und Nichtkooperation mit den Gerichtshöfen, geleitet von machtpolitischen Erwägungen verschiedenster Art.

Der 1975 geborene Emir Suljagić überlebte als UN-Dolmetscher den Völkermord und hat als erster Einheimischer ein Werk über Srebrenica verfasst. Zehn Jahre nach den Ereignissen veröffentlichte er seinen nun auch in deutscher Sprache vorliegenden Bericht über die Jahre 1992-1995. Vor allem in Bezug auf die „internationale Öffentlichkeit" nimmt er kein Blatt vor den Mund. Wir kennen diese Kritik aus anderen Berichten; wir kennen die Vorwürfe der Mütter von Srebrenica. Die diesjährige Aktion zur Errichtung einer „Säule der Schande" in Potočari führt der Weltöffentlichkeit, so sie denn noch hinhört, das Versagen der UN und des „Westens" noch einmal vor Augen. Suljagić geht hier viel weiter. Seine teils prosaisch-belletristisch, teils dokumentarisch angelegten Erinnerungen zeichnen das Versagen aller Beteiligten vor Ort im Geflecht des Kriegsalltags nach. Neben dem politischen und moralischen Versagen der Internationalen geht es ihm vor allem um die Verrohung der eingekesselten Menschen: Mit sicherem Gespür verweist er auf diejenigen Momente, die weder Bestandteil offizieller Berichte noch der heute in Bosnien und Herzegowina gepflegten ethnisch konnotierten Helden- und Opferlegenden sind, und begibt sich damit zwischen alle Fronten. Suljagićs Erinnerungen sind in fünf Teile untergliedert, begleitet von einem sehr guten Nachwort von Michael Martens, seit 2002 Korrespondent für die *Frankfurter Allgemeine Zeitung* auf dem Balkan. Suljagić erinnert nicht chronologisch, seine Aufzeichnungen springen in der Zeit vor und zurück und betreffen die drei Jahre seines Lebens in Srebrenica genauso wie die Nachkriegszeit. Die im ersten und längsten Abschnitt, „Überleben", aufgezeichneten Erinnerungen an Mujo Džananović, einen Freund des Autors, sind Anlass, über die „innere Besatzung" der Enklave zu schreiben, über Srebrenica als eine Stadt, die auf die „Stufe einer Urgesellschaft zurückgeworfen war" (33), mit einer korrupten Stadtregierung und mit Warlords, die nach Stammesprinzipien die Macht unter sich verteilten – die entstehende Kaste der Kriegsgewinnler. Suljagić berichtet von den Bauern der umliegenden Dörfer, die, bevor sie im Frühjahr 1993 vor der serbischen Armee ebenfalls nach Srebrenica flüchteten, mächtig am Hunger der Eingekesselten verdienten. Er erzählt von der bosnischen Militärpolizei, die die Stadt zur Aufstockung der bosnischen Armee regelmäßig nach Männern jeden Alters durchkämmte – militärisch unausgebildete und, wenn überhaupt, dann schlecht bewaffnete Männer, die größtenteils an der Front umkamen (67-70). *Die* Bosniaken als Opfer schlechthin gibt es hier nicht. Auch am Leid derjenigen, die der eigenen Volksgruppe angehörten, wurde verdient – mit dieser Art von Erinnerungen dürfte sich der Bosniake Suljagić unter den Bosniaken nur wenige Freunde machen. Der erste Abschnitt endet im April 1993, als Srebrenica zur UN-Schutzzone erklärt wurde – für den Autor der Beginn seiner Arbeit als Dolmetscher (93).

Der zweite Abschnitt, „Der Krieg", dreht sich um den Kommandeur der bosniakischen Streitkräfte in der Enklave, Naser Orić, und die Kämpfe im Winter 1992/1993 um die umliegenden serbischen Dörfer Zalazje, Kravice und Voljavica. Orićs Charisma und seine unbestreitbare Rolle bei der Rettung von Menschenleben kommen ebenso zur Sprache wie sein Gefallen an der Macht und seine Schwarzmarktgeschäfte. Die Überfälle, die auf seinen Befehl hin auf die umliegenden Dörfer stattfanden, sind heute für die dortige serbische Bevölkerung Anlass, die vermeintlich einseitige Positionierung des „Westens" – der die serbischen Opfer in diesem Krieg ignoriere – anzuprangern. Für Suljagić sind die damaligen Reaktionen in Srebrenica („Die Nachrichten von einem Massaker an der Zivilbevölkerung hörten wir voll Schadenfreude", 109) Anlass, über die Verwischung der Grenzen zwischen Belagerern und Belagerten nachzudenken: „[...] das Opfer begann unter diesen Umständen – allerdings ist das nur meine Meinung – unvermeidlich dem Mörder zu gleichen" (110). Orić, der heute in Bosnien und Herzegowina wegen unerlaubten Waffenbesitzes in Haft sitzt, wurde 2006 vom Jugoslawien-Tribunal (ICTY) zu einer zweijährigen Haftstrafe verurteilt, auf die ihm jedoch die Untersuchungshaft angerechnet wurde. Seine damalige sofortige Freilassung hatte heftigste Proteste unter der serbischen Bevölkerung ausgelöst.

Im dritten Abschnitt, „Hoffnungslosigkeit", zeichnet Suljagić die Prostitutionsgeschäfte der UN-Soldaten nach, die sich für einige Schachteln Zigaretten junge Frauen aus Srebrenica kauften (153-157). Auch die westlichen Journalisten kommen nicht gut weg, die nicht das Leiden der Eingekesselten, sondern ein Schnappschuss von Orićs schwarzem Mercedes interessierte. Die Beständigkeit des Grauens, schreibt Suljagić, sei „zur Alltäglichkeit geworden [...]. In einem Ausmaß, dass erst noch etwas Schrecklicheres geschehen musste, damit die Welt außerhalb der Enklave begriff, dass überhaupt etwas geschah" (171). Es gibt bis heute keinen Versuch einer literarischen Aufarbeitung von Srebrenica. Was Suljagić im vierten Abschnitt seines Buches, „Der Fall", leistet, kommt dem nahe. Er beschwört bekannte Bilder herauf, bitterste Realität: sich in die UN-Basis in Potočari drängende Menschen, am Rand stehende serbische Soldaten, die zu bildenden Spaliere, die Selektionen, UN-Soldaten, die versuchen zu beruhigen anstatt zu retten. „Was in den wenigen Tagen im Juli 1995 in Srebrenica geschah, ist ein ungeheurer Verrat an der Menschheit" (175). Ein Verrat im Großen und im Kleinen: Suljagić erinnert an zwei Listen, die die UN zur Rettung von Menschenleben erstellen ließ – eine mit 17 Namen des einheimischen UN-Personals und eine mit 239 Namen derjenigen bosniakischen Männer, die gemeinsam mit ihren Frauen und Kindern Zuflucht in den Hallen auf der UN-Basis gefunden hatten, darunter Suljagićs Großvater. Diese Liste verschwand und wurde erst sechs Monate später durch einen UN-Angestellten wiedergefunden. „Jetzt hat sie für die Menschen, für die sie angefertigt worden war, keine Bedeutung mehr. Ihre Körper sind längst verwest, in den Gräben, in den Massengräbern auf Fußballfeldern und Wiesen am Weg" (209). Auf die erste Liste schummelten Suljagić und Hasan Nuhanović, der andere UN-Dolmetscher, den Namen von Nuhanovićs 17-jährigem Bruder Muhamed. Der stellvertretende Dutchbat-Kommandant Robert Franken strich ihn wieder aus: „Franken legte das Papier wieder auf den Tisch zurück, streckte seinen Arm etwas weiter aus, nahm einen rosa Filzschreiber und – ich kann es nicht glauben, dass er es mit einem rosa Filzschreiber getan hat, vielleicht hätte er schwarz sein müssen – strich einen Namen, einen Menschen, ein Leben aus" (205f.). Im letzten holländischen UN-Konvoi verließ Suljagić zehn Tage später Potočari Richtung Zagreb.

Im letzten Abschnitt, „Menschen", porträtiert der Autor vier Menschen aus Srebrenica. Einer von ihnen ist Nezir Omerović, getötet im Juli 1995 auf der Flucht nach Tuzla. Omerović hatte 1968 als Statist im sozialistischen Kriegsspektakel „Die Schlacht an der Neretva" eine kleine Rolle inne – ihm wurde im Film die Kehle durchgeschnitten. „Und wir wissen", schreibt Suljagić, „dass er beide Male als Statist starb, ohne aktiv an den beiden großen Massakern teilgenommen zu haben, die mehr als ein halbes Jahrhundert trennte und deren einziger gemeinsamer Nenner er war" (225). Für Suljagić gibt es keine direkte Verbindung zwischen den Ereignissen des Zweiten Weltkrieges und dieses Krieges – ihm erscheint jede diese Verknüpfung postulierende Rhetorik als Menschen manipulierende politische Propaganda.

Anders als Suljagić, der am ethischen Gehalt der Frage, ob jedes Verbrechen ein Verbrechen sei (98), interessiert ist, stellt Carla Del Ponte dieselbe in ausschließlich juristischer Perspektive, geleitet von der Maxime konsequenter Strafverfolgung, also der Verfolgung der Verbrechen aller Seiten im Krieg. Ihr Ziel als Chefanklägerin des Ruanda-Tribunals (1999-2003) sowie des Jugoslawien-Tribunals (1999-2008) sei es gewesen, schreibt sie, gegen die dominierende „Kultur der Straflosigkeit" (14) anzugehen. Mit dieser Position kämpfte sie gegen eine „sich als solche nicht zu erkennen gebende Verweigerungshaltung", den „muro di gomma" (13), die ihr, wie im Buch ausführlich dargestellt, von Seiten vieler, wenn nicht der meisten Politiker und Staatsmänner entgegenschlug

Das Buch enthält einen kurzen Prolog und 13 thematische Kapitel: Zwei Kapitel sind einführender und übergreifender Natur, drei befassen sich mit der Arbeit der Anklagebehörde zur Strafverfolgung der Verbrechen in Ruanda, acht mit jener im ehemaligen Jugoslawien. Den Schluss bilden Epilog, Anmerkungen, Karten, Diagramme und ein Personenregister – ein nützlicher Apparat, den man sich allerdings umfangreicher gewünscht hätte. Zwei Hauptproblematiken ziehen sich wie rote Fäden durch Del Pontes gemeinsam mit dem ehemaligen Balkan-Korrespondenten der *New York Times*, Chuck Sudetic, verfasste Erinnerungen: die Abhängigkeit der Tribunale von der Kooperationsbereitschaft der betroffenen Staaten sowie der drückende Zeitfaktor. „Das Tribunal ist in seinen Entscheidungen zwar unabhängig, es fehlen ihm aber die Machtmittel, über die Gerichte souveräner Staaten verfügen" (64). Die beiden Tribunale, schreibt Del Ponte, „besaßen nicht die Autorität ihrer Vorläuferinstitutionen" (18) von Nürnberg und Tokio. Nach dem Zweiten Weltkrieg hatten die Siegerstaaten die Ankläger mit weitreichenden Befugnissen ausgestattet, um beispielsweise Zugang zu wichtigen Dokumenten zu erhalten. Als UN-Tribunale waren und sind das ICTY und das ICTR dagegen auf Kooperationsbereitschaft oder auf die Ausübung politischen Drucks durch die Weltmächte und die EU angewiesen. Während ihrer acht Jahre in Den Haag, schreibt Del Ponte, „habe ich den größten Teil meiner Zeit damit zugebracht, politischen Druck auf Staaten wie Serbien und Kroatien zu erwirken, sich an ihre internationalen Pflichten zur Zusammenarbeit zu halten" (65).

Der zweite rote Faden, der stetig pressierende Zeitfaktor, ist durch die sogenannte „completion strategy" vorgegeben, formuliert 1993 in den UN-Resolutionen 1503 und 1534. Diese Strategie legte den Abschluss aller Verfahren bis 2008 nahe – heute geht man davon aus, dass die Tätigkeit des Ruanda-Tribunals bis 2011 und die des Jugoslawien-Tribunals bis 2012 bzw. 2014 weitergeführt werden muss. Als weitere erschwerende Faktoren nennt Del Ponte insbesondere unklare Personalentscheidungen, die von Flexibilität freie Bürokratie der Vereinten Nationen (174) sowie die Differenzen zwischen den kontinentaleuropäischen und den angelsächsischen Rechtssystemen, die vielfach den Prozess der Anklageerhebung erschwerten – wie sie am Beispiel des im Februar 2002 eröffneten Milošević-Prozesses darlegt (210). Ein unüberhörbarer Ton der Frustration prägt das Buch an jenen Stellen, wo es um den bis heute untergetauchten Ratko Mladić geht, der auf Hochzeiten gesehen wurde, der im Februar 2002 eine Abfindung für seine offizielle Entlassung aus der jugoslawischen Armee erhielt (205) und dessen Ergreifung immer wieder durch entsprechende Hinweise unmittelbar bevorzustehen schien. Ähnlich erlebte sie die Suche nach Radovan Karadžić: Hinter ihm schlossen sich erst im Juli 2008 die Tore des Untersuchungsgefängnisses in Scheveningen, als Del Ponte ihr Amt seit sechs Monaten nicht mehr innehatte. Im Zuge des Prozesses gegen Milošević, der sich als „erster Staatschef überhaupt vor einem internationalen Gerichtshof" (128) zu verantworten hatte, hielt Serbien für die Anklage wichtige Dokumente, wie die Akten des obersten Verteidigungsrates, trotz wiederholter Aufforderung zurück. Del Pontes „Enttäuschung und Ernüchterung" (471) sind zutiefst nachvollziehbar.

Insbesondere ihre Enthüllungen im Kapitel zu Kosovo haben der Autorin viel Kritik eingebracht, konnten doch die hier angeführten Details über von der UÇK organisierte Organentnahmen an aus dem Kosovo entführten serbischen Gefangenen in Albanien nicht bewiesen werden. Dennoch ist dieses Kapitel eines der interessantesten, da es sehr erhellend die Praktiken der UNMIK beschreibt und auf viele – leider kaum belegte – Dokumente, wie Auszüge aus Anklagen und Briefen, verweist. Die Ermittlungen gegen Teile der UÇK erwiesen sich, so Del Ponte, „als die frustrierendsten im Laufe der Arbeit des Jugoslawien-Tribunals" (361). Als im Frühjahr 2008, wenige Monate nach ihrem Ausscheiden, der Prozess gegen Ramush Haradinaj mit dem Urteilsspruch „nicht schuldig" endete, erntete Del Ponte sogar von ihren engsten Mitarbeitern am ICTY, wie Geoffrey Nice, heftige Kritik. Gegen Haradinaj ist im Juli diesen Jahres eine partielle Neuaufnahme des Verfahrens erfolgt – wegen massiver Zeugenbeeinflussung im ersten Prozess, ein Umstand, den Del Ponte unermüdlich, aber erfolglos beklagt hatte.

Sie bleibt zweifelsohne eine streitbare Person. Kroatien, Serbien und Albanien haben die Veröffentlichung ihres Buches verurteilt; das Schweizer Außenministerium hat ihr untersagt, öffentlich als dessen Autorin aufzutreten. Am Ende ihrer Amtszeit in Den Haag hatte sie 62 Anklagen unterzeichnet, 91 mutmaßliche Kriegsverbrecher nach Den Haag überführt und einen ehemaligen Staatschef vor Gericht gebracht. Von nicht wenigen auf das Äußerste beschimpft, besaß sie auch unermüdliche Unterstützer, wie Nataša Kandić oder Zoran Đinđić. „Djindjic war der einzige mir bekannte Politiker in Serbien gewesen, der bereit gewesen war, das Risiko einer Zusammenarbeit mit dem Tribunal einzugehen" (235). Del Ponte ist überzeugt, dass nur juristische Verfolgung zu Aussöhnung führen könne. Eine Wahrheits- und Versöhnungskommission, wie sie 2001 als „wissenschaftlichere, systematischere und analytischere Methode der Aussöhnung" dem damaligen jugoslawischen Präsidenten Koštunica vorschwebte, hält Del Ponte für einen „zahnlosen Tiger" (133). Das Tribunal, ereiferte sich damals Koštunica, „dürfe sich nicht zum Richter der Geschichte aufschwingen" (134). Das aber ist, wenn überhaupt, erst dann richtig, wenn Ratko Mladić und Goran Hadžić, angeklagt wegen Völkermordes, endlich gefasst und verurteilt sein werden. Am 1. Oktober 2010 verlieh das Institut für Auslandsbeziehungen Carla del Ponte, der – so ifa-Präsidentin Ursula Seiler-Albring – „mutigen Kämpferin für das Völkerrecht", den Theodor-Wanner-Preis 2010 für ihr herausragendes Engagement im Dienste des Dialogs der Kulturen.

Heike Karge (Regensburg)

Zeitschrift für Genozidforschung

GEWALT IN POLITIK, GESCHICHTE, BIOGRAPHIE UND ERINNERUNG

10 Jahre Zeitschrift für Genozidforschung
– Strukturen, Folgen, Gegenwart kollektiver Gewalt –

Das deutschsprachige Forum für

Theorien und Studien der Genozidforschung

Forschungen über Formen, Strukturen und Motivationen von Gewalt

Politische und völkerrechtliche Perspektiven auf aktuelle Entwicklungen

Streitfragen der Gegenwart

Historische Studien über Rassismus, staatliche Gewalt und Völkermord

Orientierungen für das Lehren und Lernen über Holocaust und Genozid

Die Zeitschrift für Genozidforschung erscheint halbjährlich mit einem Jahresumfang von ca. 350 Seiten.

Der Jahresbezugspreis beträgt EUR 34,90 (für Studierende EUR 27,90), jeweils zzgl. Versandkosten.

Neuabonnenten erhalten alle bisherigen Ausgaben kostenfrei auf CD-ROM
(wahlweise als gedruckte Fassung für EUR 5,- je verfügbarer Ausgabe)

Kontakt:
Wilhelm Fink Verlag - Ferdinand Schöningh
Jühenplatz 1-3
33098 Paderborn

http://www.rub.de/idg/zeitschrift